本项目为教育部中外语言交流合作中心本土资源建设项目，项目编号为：BJ202201

本书出版受到 2022 年国际中文教育研究课题重点项目资助，项目编号为：22YH46B

多元文化语境下
菲律宾本土汉语教学研究

汪敏锋 等 著

外语教学与研究出版社
北京

图书在版编目（CIP）数据

多元文化语境下菲律宾本土汉语教学研究：汉文、英文／汪敏锋等著.
北京：外语教学与研究出版社，2024．8．-- ISBN 978-7-5213-5763-9
I. H195.3
中国国家版本馆 CIP 数据核字第 2024H1C098 号

多元文化语境下菲律宾本土汉语教学研究
DUOYUAN WENHUA YUJING XIA FEILÜBIN BENTU HANYU JIAOXUE YANJIU

出 版 人　王　芳
责任编辑　杨　益
责任校对　袁季思
装帧设计　马庆晓
出版发行　外语教学与研究出版社
社　　址　北京市西三环北路 19 号（100089）
网　　址　https://www.fltrp.com
印　　刷　北京捷迅佳彩印刷有限公司
开　　本　710×1000　1/16
印　　张　19.5
字　　数　300 千字
版　　次　2024 年 8 月第 1 版
印　　次　2024 年 8 月第 1 次印刷
书　　号　ISBN 978-7-5213-5763-9
定　　价　69.00 元

如有图书采购需求，图书内容或印刷装订等问题，侵权、盗版书籍等线索，请拨打以下电话或关注官方服务号：
客服电话：400 898 7008
官方服务号：微信搜索并关注公众号"外研社官方服务号"
外研社购书网址：https://fltrp.tmall.com

物料号：357630001

记载人类文明
沟通世界文化
www.fltrp.com

序

近年来，随着中国国际影响力的不断提升，国际中文教育进入了高质量发展的新时期。区域国别中文教育研究是国别和区域研究与国际中文教育研究的交叉融合，旨在立足不同国家和地区的社会文化语境，深入考察当地中文教育发展的历史、现状、特点、规律及趋势，进而提出因地制宜、具有针对性的发展策略。这一研究范式的提出，是顺应国际中文教育区域化、本土化发展的必然要求，也是推动国际中文教育理论研究与实践探索协同发展的必由之路。作为这一领域的重要成果之一，《多元文化语境下菲律宾本土汉语教学研究》一书以菲律宾为案例，从多元文化语境和区域国别视角，深入探讨了菲律宾汉语教育的发展历程、现状、特点及面临的挑战，并提出了一系列切实可行的发展策略。该书不仅为菲律宾汉语教育的持续健康发展提供了参考，也为区域国别中文教育研究的理论化和体系化发展做出了积极探索和思考。

菲律宾是我国"一带一路"倡议的重要合作伙伴，也是东南亚地区中文教育的重点国家之一。菲律宾拥有独特的多元文化语境，多种语言并存，其中英语和菲律宾语为官方语言和通用语言。近年来，随着中菲关系的深入发展和"一带一路"建设的推进，菲律宾的汉语教育呈现蓬勃发展态势，无论是国民教育体系还是高等教育领域，汉语教学点和学习者人数都在不断增加。然而，菲律宾的汉语教育仍面临诸多挑战，如师资力量薄弱、教材本土化程度不高、教学模式有待创新等。这些问题亟须从区域国别视角进行系统研究，提出切实可行的应对之策。

本书共分六章，内容涵盖了菲律宾国民教育体系和高等教育领域的汉语教学现状、本土化教材开发、本土教师培养、学习者分析、孔子学院发展等诸多方面，视角独特，资料翔实，分析透彻，对策务实，是一部全面系统反映菲律宾汉语教育发展的力作，具有重要的理论价值和实践意义。

一、区域国别视角彰显研究的理论价值

长期以来，国际中文教育研究大多聚焦于对普遍规律和共性问题的探讨，缺乏区域国别视角下的个性化、差异化研究。事实上，不同国家和地区在政治制度、经济发展、文化传统、教育体制等方面存在显著差异，这些差异必然对当地的汉语教学实践产生重要影响。因此，区域国别研究视角的引入，有助于我们深入理解不同国家和地区中文教育发展的特殊规律，揭示影响各国中文教育发展的关键因素，进而因地制宜地制定符合当地实际的发展策略。

本书正是以菲律宾为研究对象，系统考察了菲律宾独特的多元文化语境、语言政策、国民教育体系等因素对本土汉语教学的影响，揭示了菲律宾汉语教育发展的特殊规律。这不仅丰富和深化了国际中文教育的理论研究，也为其他国家和地区的中文教育实践提供了重要启示和借鉴，彰显了国际中文教育区域国别研究视角的重要理论价值。

二、全面考察呈现菲律宾汉语教育发展图景

敏锋在菲律宾从事汉语教学和孔院管理多年，对菲律宾的语言文化环境、教育体制及汉语教育发展有着深入的认识和观察。全书以扎实的田野调查和翔实的一手资料，对菲律宾汉语教育发展的方方面面进行了全景式的考察和描绘。从国民教育体系到高等教育，从课程设置到教材建设，从师资培养到学习者研究，涵盖了菲律宾本土汉语教学的关键环节，勾勒出菲律宾汉语教育发展的完整图景。尤其值得一提的是，本书对菲律宾孔子学院的发展现状进行了重点考察。作为中外合作创办、致力于促进中菲人文交流的非营利性教育机构，菲律宾孔子学院在推动菲律宾汉语教育发展方面发挥着不可替代的重要作用。本书详细介绍了菲律宾5所孔子学院的基本情况，深入分析了其在办学模式、课程设置、师资配备、教学管理等方面的特色做法和宝贵经验，同时也指出了制约孔院发展的瓶颈问题，并提出了切实可行的应对策略。这些研究成果对于推动菲律宾孔子学院的可持续发展具有重要的实践指导意义。

三、比较视野凸显菲律宾汉语教育特色

在区域国别研究中，比较研究是一种重要的研究方法。通过对不同国家和地区中文教育实践的对比分析，可以更加鲜明地呈现各自的特色，进而总结出一般性规律。本书虽然聚焦菲律宾，但在研究过程中始终坚持比较的视野，努力将菲律宾的个案放置在东南亚乃至全球的宏观背景下来审视。例如，在分析菲律宾的语言政策和国民教育体系时，本书将其与新加坡、马来西亚、印度尼西亚等东南亚国家相比较，揭示出菲律宾在官方语言、媒介语使用和外语教学等方面的独特做法；在考察菲律宾孔子学院发展时，又将其与泰国、印尼等国的孔院对比，总结出菲律宾孔院在本土化办学方面的创新经验。这些比较研究不仅凸显了菲律宾汉语教育发展的特色，也为相关国家的中文教育实践提供了有益参考。

四、问题导向体现研究的实践价值

区域国别中文教育研究的根本目的是要解决中文教育发展实践中面临的现实问题。本书坚持问题导向，在梳理菲律宾汉语教育发展成就的同时，也深入剖析了制约其进一步发展的突出矛盾和挑战，如国民教育体系中汉语课程地位不高、高校汉语专业建设滞后、汉语师资数量不足质量不高、教材和大纲本土化程度不够等，并在此基础上提出了一系列切合实际的对策与建议。

这些研究不仅有助于菲律宾汉语教学相关机构和从业者审视自身存在的不足，优化完善工作思路和举措，也为国内有关高校和机构赴菲开展汉语教学提供了翔实的背景信息和行动指南，体现了鲜明的实践价值取向。

今年恰逢中文教师志愿者项目启动20周年。20年来，一批又一批志愿者教师不辞辛劳，远赴海外，为推动中华语言文化走向世界、促进中外文明交流互鉴作出了重要贡献。敏锋曾在印尼做过公派汉语教师，在菲律宾担任孔子学院中方院长。"舍得繁花成硕果，一程山水一程歌"，近6年的海外工作经历，不仅磨砺了意志，更赋予了他对国际中文教育事业的深刻理解和热忱，始有今日丰硕的科研成果。相信这份热忱将会持续不断

地滋养他的工作和研究。衷心希望敏锋能够再接再厉，继续在国际中文教育领域深耕细作，为推动中外文化交流、增进民心相通贡献更多智慧和力量。

宋晔

2024 年 6 月

目　　录

第一章　菲律宾的多元文化语境及语言政策 1

　　第一节　菲律宾的多元文化 1

　　第二节　菲律宾的语言政策 24

　　第三节　菲律宾的语言现状 41

第二章　菲律宾国民教育体系的汉语教学 47

　　第一节　中菲两国发展与语言交流 47

　　第二节　国民教育体系汉语教学点的分布 51

　　第三节　国民教育体系汉语课程设置 65

　　第四节　国民教育体系汉语水平测试 86

　　第五节　国民教育体系中汉语教学面临的挑战 105

第三章　菲律宾国民教育体系汉语教材本土化研究 116

　　第一节　菲律宾公立中学汉语教学环境与教材本土化 117

　　第二节　菲律宾公立中学现行汉语教材的本土化不足 124

　　第三节　菲律宾国民教育体系中本土汉语教材的编写方案 ... 129

　　第四节　菲律宾本土汉语教材中的中国形象 151

第四章　菲律宾本土汉语教师的培养 164

　　第一节　菲律宾本土汉语教师培养现状 164

　　第二节　菲律宾本土汉语教师的职业化培训 175

　　第三节　菲律宾本土汉语教师的专业化培养 180

　　第四节　菲律宾本土汉语教师的精准培养 189

第五章　菲律宾汉语学习者的学习风格——以非华裔女性为例 195

　　第一节　学习风格 196

　　第二节　菲律宾非华裔女性汉语学习者学习风格的调查........204

　　第三节　菲律宾非华裔女性汉语学习者学习风格的调查结果与

　　　　　　分析 213

　　第四节　教学启示及结语 231

　　附　录　针对任课教师访谈的结果与分析 235

第六章　菲律宾高校的中文教学及孔子学院发展 238

　　第一节　菲律宾高校的中文教学 238

　　第二节　菲律宾的孔子学院 254

　　第三节　结语 273

参考文献 274

后　记 297

第一章

菲律宾的多元文化语境及语言政策

第一节　菲律宾的多元文化

一、菲律宾概况

菲律宾共和国（Republic of the Philippines），简称菲律宾（Philippines），地处亚洲东南部，是一个群岛国家，素有"千岛之国"的美称。北面隔着巴士海峡与中国台湾相对，南面和西南面隔苏拉威西海、巴拉巴克海峡分别同印度尼西亚、马来西亚相望，西濒南海，东面濒临太平洋。菲律宾是贯穿亚洲、大洋洲和太平洋的海运通道，是沟通东亚和南亚的海上枢纽，也是中国从海上通向世界的重要通道，因此地理位置十分重要。

菲律宾总人口约 1.1 亿（2022 年），国土面积 29.97 万平方公里，共有大小岛屿 7000 多个，海岸线长约 18,533 公里，主要包括北部的吕宋岛、中部的米沙鄢群岛、南部的棉兰老岛三个部分。全国共有 18 个地区、81 个省和 117 个市，首都是大马尼拉市（Metro Manila）。菲律宾是一个热带国家，属季风型热带雨林气候，温度高，雨水多，湿度大，台风多。年均气温 27℃，年降水量 2000—3000 毫米。

菲律宾是一个多民族、多语言和多元文化并存的国家。由于地理环境相对开放，菲律宾很早就有外来移民涌入，国民皆为外来移民的后裔，以尼格利陀人、印度尼西亚人和马来人的后裔为主（李长傅，1936），其中马来裔占全国人口 85% 以上。菲律宾有 90 多个民族，主要包括维萨亚族、他加禄族、伊洛戈族、比科尔族和邦板牙族等，外来移民主要有华人、阿拉伯人、西班牙人、美国人和印度人。本地人和外来移民通婚，形成了大量混血人种。菲律宾的华人大约有 150 万，是外来移民中数量最多的。

菲律宾各民族使用的语言有 70 多种。菲律宾共和国现行宪法规定，菲律宾国语为菲律宾语，官方语言为菲律宾语和英语，各地地方语言具有辅助官方语言和教学语言的地位。菲律宾语、英语和各地地方语言都是菲律宾人日常生活和学校教育中广泛使用的语言（章石芳，2022），这些语言常常交杂在一起混合使用。菲律宾大约 79.7% 的人信仰天主教，12.7% 的人信仰基督新教，5.8% 的人信仰伊斯兰教，华人以信仰天主教、基督新教、佛教和道教为主，原住民以信仰原始宗教为主（朱东芹，2021）。菲律宾的文化是本土文化与西班牙文化、美国文化的融合，也带有一定的印度文化、中国文化和阿拉伯文化色彩。

二、菲律宾的多元文化

重要的地理位置、适宜各种农作物生长的气候环境以及丰富的矿产资源，使菲律宾一直以来都是东西方各种不同文明的交汇之处。菲律宾文化的发展离不开世界文明的共同作用，要想了解菲律宾文化，就需要在世界的、区域的范围内，沿着人类历史的发展脉络，在世界文化发展的大背景下进行考察。

外来文化与本土文化是推动菲律宾文化发展的两个根本动力。菲律宾人的来源主要分三类：一类属于尼格罗-澳大利亚人种尼格利陀人（Negrito），他们是最早定居于菲律宾的原始土著民族，他们的后裔主要是现在的阿埃塔人；一类属于印度尼西亚人；还有一类属于马来人。公元前 4 世纪到公元 15 世纪之间，前后有两批印度尼西亚人和马来人大规模迁入菲律宾（金应熙，1990）。在多个世纪之中，这三类人群共同创造了菲律宾的早期文化。"神灵创世、神生万物、万物有灵"是菲律宾早期原始宗教信仰的基本思想，包括对大自然、动植物的崇拜和对神灵的崇拜两个阶段（施雪琴，2002a）。接下来，外来文化开始进入菲律宾，它们先后是印度教文化、佛教文化、中国儒家伦理文化、伊斯兰文化、天主教文化和基督新教文化。这些文化首先作为外来文化进入了菲律宾，并与当地文化发生碰撞。随着下一个文化波次的到来，之前的外来文化在与本土文化的碰撞下发生融合，又形成了新的本土文化，依此循环往复，最终成为现在菲律宾人实现身份认同的根据所在（阳阳等，2014）。具体来说，覆盖在菲律宾的基础文化——"神灵创世、神生万物、万物有灵"信仰之上的是印度教文化和佛教文化，而后是中国儒家伦理文化，之后是伊斯兰文化，最后是西班牙殖民者带来的天主教文化和美国殖民者带来的基督新教文化。在国家独立后，这些就都一并融合成为菲律宾的文化了。菲律宾的多元文化正是在多种多样的外来文化与本土文化不断碰撞、融合的过程中产生的。当外来文化进入菲律宾以后，便扎根于菲律宾的土壤，与本土文化长期共存、相互影响，不断结出新的、丰硕的文化果实。

总的来说，历史上，菲律宾曾先后受到印度文化、中国文化、阿拉伯文化、西班牙文化、美国文化等几次大冲击，而又以西班牙文化和美国文化的影响最为突出。

（一）印度文化

以印度教和佛教为代表的印度文化是最早对菲律宾产生影响的外来文化。现在一般认为，印度文化在约 10 世纪至 14 世纪初传入菲律宾，但不是由印度移民直接传入，而是通过受印度影响的东南亚古国室利佛逝（Sri Vijaya）和满者伯夷（Majapahit）间接传入的，然后与菲律宾原有的文化发生碰撞、融合。整个印度化的过程比较缓慢，而且在传入过程中发生了不少变化，已经不是纯粹的印度文化了（金应熙，1990）。在有些情况下，印度文化和社会的基本特性甚至根本没有被采纳。例如，印度的种姓制度没有像印度教的仪式一样被菲律宾人接受（奥斯本，2012）。不过，以 13 世纪为界，随着阿拉伯文化在东南亚的传播，一度兴盛的印度教、佛教文化逐渐在菲律宾消退。菲律宾现在的印度教是由 20 世纪的印度移民带来的（王虎、杨静林，2011），菲律宾现在的佛教是由华侨从中国带来的汉传佛教，与印度的佛教大相径庭。

印度文化促进了菲律宾文字的传播。菲律宾当时有一种叫作"巴伊巴因"（Baybayin）的音符文字。这种文字有 17 个字母，其中元音 3 个，辅音 14 个，在标音方法上与梵语有共同的特点。遗憾的是，菲律宾人多是在树皮、芭蕉叶上书写，不易保存，再加上西班牙统治初期天主教传教士把所有与菲律宾文化有关的记录都销毁了，所以巴伊巴因文字几乎失传。现在仅有民都洛岛的芒扬人和巴拉望岛上的塔巴努阿人还在使用这种音符文字（申韬、缪慧星，2014）。

印度文化在菲律宾语言方面的影响最为显著。菲律宾的语言中来自印度的借词有 150 个，包括宗教词语、动植物名称、人体部位名称、商业词语、法律词语等，其中有 64% 见于他加禄语，36% 见于米沙鄢语，28% 见于伊洛戈语。这些词语多数是通过马来语、爪哇语等中介语传入的，在传播过程中几经演变，有些已与印度词语的本来面目大有出入（金应熙，1990）。

印度宗教（印度教和佛教）也通过一些东南亚古国传入了菲律宾，对菲律宾原始宗教信仰影响的痕迹非常明显，主神与下属神的划分与关系、众神的形象与功能、正邪对立观念等都能在印度教中找到源头和对应的原型（阳阳等，2014）。但是，印度宗教（印度教和佛教）受到后期其他宗教的冲击，未能在菲律宾居民中扎根。

菲律宾的诗歌、神话、寓言故事等也都折射出印度文化的影子。例如，棉兰老岛上马拉瑙族的叙事诗《摩诃罗狄亚·拉温纳》，其主题、中心内容和轮廓都与印度史诗《罗摩衍那》大致相同。

印度文化在菲律宾的影响非常广泛，菲律宾人的衣服、装饰、礼仪、宇宙观、法律制度、政治制度、生产技术等各方面都受其影响。

在多元文化背景中，印度文化对今天的菲律宾社会的影响日渐式微，在政治、经济方面已失去大的影响（合田涛，1986）。

（二）中国文化

中国文化是对菲律宾有深远持久影响的第二个外来文化。中菲两国人民之间的友谊源远流长，民间交往密切。中菲关系究竟从何时开始，说法不一。考古学家认为中菲在新石器时代初期便有了接触，但两国文化及贸易关系的正式建立，最迟是从晚唐开始的。有关中菲贸易的文字记载，始见于宋代史籍。华人定居菲律宾的具体时间难以确定，但可以明确的是，华人在明朝时已在菲律宾长期居住（黄滋生、何思兵，1987）。16 世纪 70 年代，菲律宾已有明确史料记载，有 40 个已经结婚的华人居住在马尼拉，但华人真正开始大规模移民是在西班牙殖民统治之后才出现的。到 1600 年，在菲律宾居住的华人已有 2 万人左右，大多集中在马尼拉，并逐渐在当地的经济生活中扮演重要的角色。到 1898 年美国开始统治菲律宾的时候，华人数量已接近 10 万，而且散居在菲律宾各地（任娜，2004）。此后，华人移居菲律宾的热潮一直没有停止。1975 年 6 月，中菲两国正式建立外交关系。菲律宾的历任总统都曾到中国访问，中国的领导人也先后到访菲律宾，并签署了一些重要的双边文件（易如成，2010）。近年来，随着"一带一路"倡议的持续推进，中菲两国在经济、贸易、文化等领域的交流和合作都取得了长足的进展（杨丹志，2018）。

随着中菲贸易活动的频繁往来和华人移民的大量增加，中国文化渐渐在菲律宾传播开来，在西班牙殖民统治之前就已经传入并扎根于菲律宾文化的土壤中。在宋元时期，由于中国文化相对强势的地位，作为文化输出者的华人在菲律宾本土民族的眼中是受尊崇和仰慕的（陈丙先，2015）。现在，菲律宾的华人大约有 150 万，在全国总人口中占比约 1.5%，绝大多数分布在大马尼拉地区，不过其他地区也少不了华人的身影。华人慢慢融入菲律宾的主流社会，与本地人通婚的现象十分普遍。目前，菲律宾有一千多万人口有华人血统（曹云华，2001）。华人中 80%~90% 来自福建省的闽南地区，其中又以泉州人居多，广东籍、台湾籍移民约占 10%，其他省份的移民为数不多。华人通过一代又一代人的努力拼搏，在菲律宾的各行各业中都占据着主导地位，甚至在一些政府要员中也出现了华人的身影，而具有华人血统的政府要员更是多达几百位。由于华人是菲律宾经济的重要支柱，控制着国家 70% 左右的经济命脉，因此社会地位比较高，中国文化很大程度上也对菲律宾文化产生了影响。华人的经济实力逐渐增强，新移民的知识层次也逐渐提高，华人慢慢萌发了参政意识，不仅华人个人积极参政，还成立了一个以参政为目的的华人社团——菲华公会。华人参政情况的出现，不仅使华人的政治地位得到了提高，也使中国文化进一步扎根于菲律宾社会（赖林冬，2017）。不管是在菲律宾人的日常生活中，还是在菲律宾的历史发展过程中，无不存在着华人。在长期的生存发展过程中，华人一方面受到了菲律宾文化潜移默化的影响，在固守本国文化的同时开始渐渐融入菲律宾文化；另一方面，他们也把中国文化带到了菲律宾，促成了中菲两国文化的交流与融合，丰富了菲律宾的多元文化形态。

1. 古代中国文化的传播和影响

早期漂洋过海来到菲律宾的华人，以商贩、农民和手工业者为主。他们在与当地人广泛接触的过程中，很自然地把中国古代的文化带到菲律宾，为菲律宾的经济繁荣和社会发展做出了巨大的贡献。

（1）农耕文化

菲律宾的梯田文化是由华人传入的（黄滋生、何思兵，1987）。菲律宾的梯田主要集中在吕宋的高山省。梯田引山水灌溉，种植水稻，梯田的灌溉技术至今仍被菲律宾的农民使用。13 世纪时，菲律宾人在跟华人进行棉花和丝绸商品贸易往来的时候，跟着华人学会了种植棉花和桑树以及养蚕和纺织的技术（Corpuz，1997）。16 世纪，华人从中国带去农作工具，教导菲律宾人如何耕种，开发菲律宾的农业，向菲律宾人介绍使用水牛、黄牛、中国犁耙等耕种方法（刘芝田，1958）。在西班牙殖民统治之前，菲律宾人家里养的水牛并没有被用来犁田，而是被当地的酋长用来骑乘，是一个人地位显赫的象征。菲律宾的史学家认为，华人把如何使用犁以及水牛犁田的方法传入菲律宾，是对菲律宾文化的一种技术贡献（李金明，1998）。华人工匠制造石磨，还把用石磨除稻壳的方法传授给菲律宾人民，这种用石磨把糙米的糠皮磨掉的方法，比棉兰老岛人民用木臼捣米的办法便利得多。华人把种植甘蔗以及使用垂直的石碾和浅熬锅从甘蔗中制糖的技术介绍给菲律宾人，并且创建了全菲第一家使用这种制糖技术的糖厂。华人还在菲律宾经营果园，种植蔬菜，以供出售。中国大豆、卷心菜、小青豆、芹菜、白菜、韭菜、萝卜、芥菜以及荔枝、龙眼、柑橘、柚子等蔬果的种植和嫁接技术相继传入菲律宾，丰富了当地的作物品种（郑甫弘，1993）。

（2）酿酒文化

1395 年，华人沈邦来到菲律宾，带来中国的酿酒技术，教授当地人如何用椰子酿酒，这种名为"土巴"的酒一直传承至今（郑甫弘，1993）。

（3）饮食文化

菲律宾面包制作工艺的发展与中国面粉的输入有关，华人用面粉制作食品，使一向只吃大米的菲律宾人在他们的饮食中也添加了面食，菲律宾人的饮食结构得到了丰富（黄滋生，1982）。

（4）陶瓷文化

中国陶瓷为菲律宾人民所钟爱，成为菲律宾人的日用器皿，影响了菲律宾的饮食文化，也是当地人财富和社会地位的象征。陶瓷也可用于婚姻中的聘礼，如苏巴农人、延吉安人在求婚时，男方必须给女方家赠送陶器，双方常因陶器数量的多少而发生争执。沿海地区部落酋长会向山地部落酋长赠送中国瓷器，以确保两部落间持续不断的贸易往来（杨静林，2010）。

（5）印刷文化

华人是菲律宾印刷业的开创者。菲律宾历史上的第一本印刷书籍是《天主教教义》（*Doctrina Christiana*），是由一位名叫龚容（Keng Yong）的闽南人于1593年印制的（张莲英，1984）。龚容接受洗礼成为天主教徒，教名为胡安·德·维拉（Juan de Vera）。菲律宾第一家活版印刷厂是1602年由龚容与神父桑·乔斯（Francisco Blancas de San Jose）合作创办的（朱东芹，2009）。

（6）建筑文化

华人还发明了用白珊瑚和牡蛎壳烧制优质石灰的方法。这种石灰非常便宜，大大降低了建筑成本。菲律宾建筑所用的石块、砖瓦也大都是由华人生产的（郑甫弘，1993）。菲律宾现存的教堂、修道院、桥梁、古城墙和医院等石头建筑，大部分都是由华人工匠建造的，可以体现出中国建筑的特点，有些还可以看到华人工匠刻下的名字。

（7）雕刻文化

华人把中国的石雕技艺带到了菲律宾。早期菲律宾建造天主教堂的石雕大都出自华人工匠之手，圣像人物有着明显的中国式鼻子和杏眼。中西文化融合的现象在雕刻作品中时有发生，比如，在一幅雕刻作品里，主体人物是欧洲人，背景却是中国风格的纹饰；还有的人物是华人的面孔，却穿着欧洲人的服饰，这些都表明在交流的过程中文化也在不断融合（朱东芹，2009）。

（8）儒家文化

华人去菲律宾的时候把中国的传统文化，尤其是孔子的儒家学说带到了菲律宾。菲律宾人重视家庭伦理道德，注重亲情血缘关系，尊敬长辈，孝敬父母，善待幼者，都来自中国文化的影响（格雷戈里奥·F.赛义德，1979）。亲属称谓也受到中国文化的影响，例如，兄弟姐妹按照性别和长幼次序称呼，大哥（kuya）、大姐（ate）地位仅次于父母，必要时可行使家长权力，大嫂（inso）、大姐夫（siyaho）亦有类似地位（金应熙，1990）。

（9）服饰文化

早期菲律宾人喜欢穿用中国丝绸和棉布制成的中式服装（黄滋生，1982）。他加禄人受中国文化的影响喜欢穿宽松的衣服和日用布鞋。米沙鄢群岛居民受到华人通过服装颜色来区分等级制度的影响，只有贵族和富人才能穿黄色，普通老百姓穿蓝色，葬礼上的丧服要穿白色，后来受西班牙殖民文化的影响才开始穿黑色的丧服（李金明，1998）。

（10）风俗文化

早期菲律宾人的一些风俗也起源于华人，例如，中国东南沿海的瓮棺葬在公元3—8世纪时就经由福建人流传到菲律宾（杨静林，2010）。节庆鸣锣及燃放鞭炮、婚姻由新郎新娘的父母包办、议婚时托媒人说媒、办丧事时请专业的陪哭人等，也都是受到了中国古文化的影响（陈丙先，2015）。

2. 近代和现当代中国文化的传播和影响

中国的闽南人移居到菲律宾的时候，还带来了自己的家乡话——闽南语，闽南语对菲律宾的他加禄语影响很大。据菲律宾大学语言学家曼纽尔教授（E. Arsenio Manuel）的研究，在他加禄语常用词语中，约有2%源自闽南方言。他在《他加禄语中的汉语成分》一书中列举了381个源于汉语的他加禄词语，不包括异体字、派生词和复合词，其中有关食物和烹饪的占20%，有关行为的占16.3%，有关抽象术语的占10%，有关铁匠术语的占9.2%，有关亲属称谓语的占6%，其余是有关农业、器械、工具、商业、工业和娱乐等方面的词语（朱东芹，2009）。他加禄语借用闽南语主要是因为闽南人来菲律宾时，还携带了不少日常用品和食物。这些都是菲律宾从未有过的东西，因而没有表达这些东西的词语，当地人就借用闽南语来称呼、传播和使用这些词语（林金枝，1989）。来自闽南语中的借词与当地人民的日常生活紧密相连。尽管借词的数量不多，但是从侧面见证了中菲文化交流的历史（罗庆铭，1997）。菲律宾英语的语调也受到闽南语的影响。Llamzon（1969）和 Wells（1982）认为，菲律宾人说的英语，就像音乐演奏中的"断奏音"（staccato）一样，语调不像英美人士那样有明显的连续性和重音节律，而是一字一音，音节划分明显。"断奏音"为东方语言所独有，菲律宾英语的这一特点与闽南人、新加坡人等所讲的英语类似，是闽南语对东南亚英语变体产生影响的重要标志。菲律宾英语中也有一些"中国式英语"的表达，例如开灯说"open light"，关灯说"close light"；在菲律宾饭店叫服务员，有"boss"和"brod"（"brother"的缩写）两种叫法，这和中国人的习惯差不多。更为奇特的是，一些菲律宾服务员在饭店和商店之类的地方，对顾客不论男女一律回应"yes, sir"（港产电影中也有这种现象）。闽南语中的一些称谓语也渗透到了菲律宾，例如对工程师、建筑师、律师和教授等专业技术人员以其职称作为称谓（陈恒汉，2010）。

中国饮食已经成为菲律宾饮食文化的一个重要组成部分。在饮食方面，中国的米粉、面线、炒面、馄饨、叉烧包、润饼、甜糕、粽子等，都深受菲律宾人的喜爱。华商开的米粉厂和面食厂可以说在菲律宾遍地开花。面食已成为菲律宾人继米饭之后的第二大食品。菲律宾人很喜欢吃中国的美食，在菲律宾到处都有华人开的餐馆。华人只占菲律宾总人口的1.5%，开那么多餐馆，主要用餐的人还是当地的菲律宾人，可见中国饮食在当地影响很大。

在宗教信仰方面，菲律宾人也受到了华人的影响。菲律宾的华人信仰的是以佛教、道教及其他民间信仰为主的本民族传统宗教。据统计，华人在菲律宾共修建道观和道坛58所，在这些道观之下还成立了全国道教总会和其他道教团体；华人在菲律宾共修建佛教寺院27所，在这些佛教寺院之下还成立了许多跟弘法、教育和慈善有关的团体。另外，不少华人也供奉着形形色色的闽南民间神祇。华人大多来自福建闽南地区，老一辈华人来菲律宾的时候，还带来了各种地方神祇，并把它们供奉在菲律宾这片国土上（曹云华，2002）。妈祖、观音、关帝、财神、土地公、广泽尊王、玉皇大帝、玉皇三太子等中国传统民间信仰中的神祇不仅在菲律宾的华人中具有很大的影响力，还在菲律宾人中得到了传播，并走进了一些菲律宾人的精神世界。在菲律宾人的店铺、车里、家里等各种场所，你会发现他们供奉的既有天主教的耶稣、圣母玛利亚，也有中国的财神、关公，这个时候你会猛然发现，华人信仰的财神和关公也已在异国他乡站稳脚跟了。特别有趣的是，菲律宾竟然出现了不同宗教的神像同摆一个神龛，华人和菲律宾人以不同的神号来称呼、以不同的或混合的仪式来供奉同一神像的奇特现象（洪玉华，1990）。现今菲律宾社会的宗教融合现象，体现为华人家庭内部多种宗教信仰并存，以及社会上多种宗教信仰相互渗透与融合（陈衍德，1995）。

中国的风水学在菲律宾风靡一时。许多地方的菲律宾人，会煞有介事地学习起华人，在门的斗顶上悬一面八卦。尽管经过数次发展演变，菲律宾式的"风水"逐渐背离了《周易》博大精深的哲学文化内涵，而变得日趋世俗化与庸俗化，却也算得上是深入民间，成为菲律宾民俗中不可缺少的组成部分（陈恒汉，2010）。在华人开的小商品店铺中，还到处能见到待出售的"八卦"。中国的民俗商品在菲律宾有销路，说明中国的民俗文化在菲律宾人的生活中得到了延续和发展。

菲律宾人庆祝中国春节是中菲文化交融的最好体现。2014年中国春节被列为菲律宾全国的"非工作特别假日"，马尼拉市把每年的春节列为特定假日，是为了认可华人对菲律宾社会所作出的贡献。每年的中国春节，由马尼拉市政府岷伦洛发展委员会协同华人社团、企业、菲律宾人一起在马尼拉的中国城举行庆祝活动。马尼拉市长参加一年一度的春节花车游行活动，跟市民一起把这个节日的庆祝活动推向高潮（杨琴，2018）。中国春节既是马尼拉市的重要节日，也是菲律宾全民狂欢的节日，华人过春节的风俗习惯早已被菲律宾人所熟知。闽南人过年的时候喜欢在家里摆上红柑，可以添些喜气，也图个吉利，不少菲律宾人也会效仿这种做法。闽南人爱吃菠萝，逢年过节也都爱买点菠萝放在家里。菠萝，闽南语也叫"旺来"，寓意来年生意兴隆，好运连连，菲律宾人也竞相效仿这一习俗。

菲律宾人一到春节，还会用戏谑的口气张口就要"Angbao"，也就是闽南语"红包"的意思。华人常常准备红包作为圣诞礼物，和春节包的压岁钱差不多。菲律宾的圣诞节也受到了华人春节文化的影响，他们送圣诞礼物的时候也会送红包。闽南人春节期间都要亲自制作或购买甜粿以敬神明，甜粿是用糯米粉、红糖或白砂糖加水搅拌后蒸制而成的，寓意来年发大财、生活甜蜜。春节的时候，许多菲律宾人也会到市场买个甜粿回去敬神。越来越多的菲律宾人开始庆祝中国的春节，他们也会像华人一样购买各种年货及春节装饰物，参加华人的春节游行活动，共同享受节日的欢乐气氛（何思源，2013）。

（三）阿拉伯文化

阿拉伯文化是对菲律宾有较大影响的第三个外来文化。1380年，阿拉伯人在苏禄群岛南端的锡姆努尔岛布瓦萨村登陆，伊斯兰教开始在菲律宾传播（合田涛，1986）。伊斯兰教初期主要以商贸、移民等方式传入，整个伊斯兰化的进程十分缓慢，对当地土著部族的影响也颇为有限。后来，一些本来就较有权势地位的穆斯林来到这里，他们与地方土著统治者直接联姻结盟，极大地促进了当地伊斯兰教的传播（史阳，2006）。到16世纪西班牙殖民者到达菲律宾群岛之前，伊斯兰化的进展十分顺利，伊斯兰教已有很大势力，其影响以苏禄群岛、棉兰老岛为中心，并逐步扩展到菲律宾的中部和北部，直至马尼拉一带。西班牙殖民者用了较短的时间就征服了菲律宾的中部和北部，并使当地居民天主教化，但却无法完全征服菲律宾南部的部族，到了殖民统治后期才只是通过多次的战争在表面上对南部进行了统治。美国取代西班牙对菲律宾进行殖民统治后，民族国家整合程度虽然较西班牙统治时期有所提高，但南部穆斯林在国家认同上与信仰天主教的人民之间仍存在着巨大的分歧与差异（陈衍德，2004）。菲律宾独立后，南部穆斯林与政府之间进入了军事斗争与和平谈判交替或并行的时期。在菲律宾的历史长河中，从反对西班牙、美国的殖民战争到现在反政府武装发动的恐怖袭击，南部穆斯林一直都在顽强地抵抗着外来势力和天主教文化的入侵。

阿拉伯文化对菲律宾的影响中最重要的是伊斯兰教的传播。虽然都是信仰伊斯兰教,但菲律宾的阿拉伯文化与中东的阿拉伯文化并不完全相同,前者会表现得更加开放、温和,在菲律宾传播的伊斯兰教已经是大量融入了菲律宾当地文化的本地化、世俗化的伊斯兰教,具有很强的包容性,很容易被菲律宾南部的人民所接受。"万物有灵"信仰与祖先崇拜在人们的生活中还有相当重要的地位,人们依旧沿袭以往的习惯。伊斯兰文化在传入菲律宾南部各个部族的过程中,由于传入的方式不同,对原始文化影响的程度也有差别,因此各地的伊斯兰文化不尽相同。这种伊斯兰文化内部的差异在菲律宾南部各个部族之间真实存在,并且随着历史的发展也在不断地发生变化,南部穆斯林在共同的宗教心理认同基础之上始终未能形成共同的文化认同(彭慧,2007)。在西班牙、美国殖民统治期间以及菲律宾独立后,政府一直都在对穆斯林实行民族同化政策。从美国统治时期开始,殖民当局就开始让北部天主教徒南迁,菲律宾独立后继续向南部移民,然而北部的天主教移民并非平均移居到南部各省,因此各地穆斯林接触天主教徒的数量不同,与天主教文化的融合程度也不同(施雪琴,2002b)。以棉兰老岛的北拉瑙省为例,作为政府南迁的重要区域,这里的天主教徒比例非常大,穆斯林潜意识中接受天主教文化的熏陶,开始倡导一夫一妻制。南部伊斯兰文化和北部天主教文化之间的相互影响也造就了南部不同区域伊斯兰文化的多样性。

自 14 世纪伊斯兰教传入后,阿拉伯语便成为菲律宾的宗教和教学用语。阿拉伯语主要在伊斯兰教学校使用,很少在官方文书、日常生活和交往中使用,其功能和使用情况很像在天主教中使用的拉丁语(李涛、陈丙先,2012)。阿拉伯语只是在学习《古兰经》时使用,大多数菲律宾南部的穆斯林不使用这种语言,他们平时主要用各种方言进行交流,如当地的陶苏格语、马巾达瑙语等(粟明鲜,1988)。

阿拉伯文化给菲律宾带来了政教合一的封建政治制度和以《古兰经》为根本的法律制度。阿拉伯人还传入了一些科技成果,如火器、阿拉伯历法、铜器铸造技术(失蜡法)等。阿拉伯文字的引进使用和伊斯兰教学校的开设都有利于提高菲律宾南部人民的文化水平。在菲律宾的民间故事、传说中也可以看到阿拉伯文化的痕迹,例如,马拉瑙人和马京达瑙人的叙事诗中就有不少故事脱胎于阿拉伯民间故事集《一千零一夜》（金应熙，1990）。

（四）西班牙的殖民文化

西班牙的殖民文化是对菲律宾有重大影响的第四个外来文化。1521年3月，葡萄牙航海家麦哲伦率领西班牙的远征队到达菲律宾的利马萨瓦岛（Limasawa）。1543年，西班牙航海家洛佩兹到达菲律宾的棉兰老岛，并进一步北上，一直到了莱特岛。为了炫耀西班牙帝国的荣耀，洛佩兹以西班牙王储菲利普二世之名，将这一片群岛命名为"Las Filipinas"，这就是"菲律宾"这一国家名称的由来。1565年，黎牙实比带兵攻占菲律宾的宿务岛。随后，西班牙殖民者继续扩大殖民势力，趁菲律宾当时还没有完成国家统一之际，于1571年攻占马尼拉，此后陆续征服了菲律宾北部和中部的大部分土地，并开始了长达300余年的殖民统治。殖民者必然会在文化方面对菲律宾进行方方面面的渗透。直到1898年，西班牙因在美西战争中战败而将菲律宾割让给美国，才结束了对菲律宾的殖民统治。

西班牙文化对菲律宾的最大影响是使菲律宾成为世界上第三大天主教国家。西班牙传教士为了向菲律宾人传播天主教教义，把教理问答翻译成菲律宾主要的方言，并把教理问答中的各种祈祷词、信条、戒律融入当地人的传统歌谣里，方便菲律宾人记诵（施雪琴，2003a）。西班牙传教士将天主教故事嫁接到当地的民间信仰中，这样一来，很多当地民族所崇拜的神灵便有了对应的天主教圣神形象。在日常和节庆仪式上，两种形象合二为一，于是持"万物有灵"信仰的居民纷纷皈依天主教。另外，西班牙传教士将天主教的宗教节日庆典活动与庆祝巡游、斗鸡及斗牛、宗教戏剧、燃放烟花等娱乐活动结合起来，并且利用节日活动推广先进的农耕技术、手工技术以及医药知识（Horacio de la Costa, 1961）。菲律宾的天主教既继承了罗马天主教传统和西班牙风俗，又融合了本土历史文化的特征，成为本土化的天主教。菲律宾天主教没有系统的理论体系、严密的组织和森严的教阶制度，教徒们不只信仰天主教的上帝和圣灵，还保留着其他信仰。菲律宾天主教仪式趋于简化，其宗教生活方式也一改其神圣面貌，而更关注趋福避难、农业丰收、子孙繁衍等现实生活中的世俗功利（阳阳等，2014）。菲律宾的许多节日都带有浓郁的天主教色彩，最能体现菲律宾天主教特点的是它的宗教节日文化。菲律宾天主教的节日丰富多样，除了万圣节、圣诞节、复活节之外，还有一些富有当地特色的宗教节日。这些宗教节日主要分为四类：第一类是纪念耶稣受难与殉道的节日，如黑色纳萨雷内节、莫里奥内斯节等；第二类是纪念圣婴的节日；第三类是纪念圣母玛利亚以及天主教传说中一些著名女性（如圣海伦娜等）的节日；第四类是纪念守护神灵的感恩节，主要是农夫的守护神灵圣伊西德罗，渔夫的庇护神圣米格尔、圣文森特、圣帕德罗以及各土著部族的庇护神（施雪琴，2003b）。天主教对菲律宾人日常生活的影响可以说是贯穿始终，无孔不入。人一出生就要进行圣洗，结婚要在教堂举行仪式，死后要在天主教的公共墓地举行葬礼。政府、军队、医院、商业大楼等重要部门的建筑上，都插有基督教旗帜，定期举行宗教仪式，重要的政治场合和国际会议也要由神职人员进行说教布道。街头传教布道的集会随处可见，听众云集。广播电台、电视台也要定期播放布道节目。此外，菲律宾天主教严格奉行罗马教廷的戒律，不准离婚，不得实行计划生育，不许堕胎，反对死刑等（吴杰伟，2005）。

在西班牙殖民者到来之前，菲律宾的教育主要是家庭教育，缺乏正规的教育体系（张成霞，2009）。在西班牙殖民者到来之后，天主教会便马上开始创办小学，并陆续创办了中学和大学，形成了正规、完善的初等、中等、高等教育体系，开创了菲律宾教育的先河。19 世纪末，菲律宾全国有公立学校 2150 所，注册学生约有 20 万人（李涛、陈丙先，2012）。初等教育主要是给儿童设立的教区小学。第一所教区小学是奥古斯丁教会于 1565 年在宿务建立的。随后，其他教会也奉西班牙国王之命在其教区内设立了学校。学校开设的主要课程有教理问答、方言读写、音乐、算术、手工业与商业知识等。借助这些教区学校，传教士们润物细无声地对菲律宾儿童进行天主教教育，并通过儿童带动他们的父母改变宗教信仰，从而在某种程度上促进了菲律宾天主教的蓬勃发展。跟教区小学相比，中等教育虽然也得到了政府的财政支持，但主要是私立学校，能够在里面接受教育的主要是西班牙人、西菲混血儿、菲律宾高官以及贵族的孩子。这类学校通常有四种类型，分别是修道院学校、学院（类似于现在的高中）、女子中学和神学院。私立中学里的男子学校以培养神职人员为主，女子学校除学习宗教课程外，还有数学、文学写作、拉丁语、地理、音乐、绘画、缝纫、刺绣、插花、家庭服务等课程，吸引了众多上流社会家庭的女眷前来就读。高等教育则是在中等教育的基础上发展起来的，其中的一些教会学校通过不断地完善和发展而一直延续到现在，并顺应时代变迁，除了保留宗教课程，还开设了很多自然科学和现代科学技术等方面的课程，成为当今菲律宾高等教育的重要组成部分（施雪琴，2007）。天主教会是菲律宾教育的先驱者和奠基人，在菲律宾教育史上占有举足轻重的地位，但是由于过于重视宗教教育，长期忽视自然科学知识与技术，大大地阻碍了菲律宾的经济发展和社会进步。

在西班牙殖民统治菲律宾期间，西班牙语是上层社会的专用语言，普通菲律宾人无法学习和使用西班牙语，所以在西班牙长达 300 多年的殖民统治期间，西班牙语仅仅是贵族阶层、官方场合或官方文件中使用的语言（姜兴山，2014）。直到西班牙殖民统治后期，西班牙语才被作为学校的教学语言。虽然西班牙语没能在菲律宾普及，但是西班牙传教士为菲律宾方言的发展作出了重大的贡献。出于翻译天主教教义的需要，传教士们参照拉丁语和西班牙使用的卡斯蒂利亚语（Castilian）的语音、语法结构来重新构建他加禄语，使其语音结构和词汇系统更加丰富，从而方便将宗教典籍翻译成菲律宾方言版本。在翻译天主教的宗教典籍时，传教士对菲律宾的方言进行了研究，并出版了一系列论著，对菲律宾方言的发展起到了促进作用（施雪琴，2003a）。由于西班牙人的统治时间较长，法律、宗教、建筑、音乐、饮食等一些新出现的事物在菲律宾的方言中缺乏对应的词语，因此很多西班牙语借词进入菲律宾。现在的菲律宾语中，西班牙语借词占 33%，西班牙语词根保留了 5000 多个，西班牙语的发音也对菲律宾语有影响，用菲律宾人自己的话说，"菲律宾国语是被改造了的西班牙语"。菲律宾很多城市、街道的名称仍保留着西班牙语的叫法，多数菲律宾人的姓氏和教名也源自西班牙语。

菲律宾人的饮食习惯深受西班牙人的影响。西班牙人引进了玉米、番茄、咖啡、圆白菜、小麦等新的食物。西班牙人很爱吃酸味的腌菜以及放了很多大蒜的蛋黄酱、番茄冷汤等，菲律宾人喜欢酸甜口味，烹饪时加大量的大蒜，也是受西班牙饮食文化的影响。菲律宾人十分喜爱的咖啡、巧克力、甜味饮料、牛羊肉、沙丁鱼、罐装食品等都是从西班牙引进的。西班牙人给菲律宾带来了刀、叉、勺、玻璃器皿等西式餐具（张成霞，2013）。菲律宾人的国菜之一阿多波（adobo）是由西班牙菜发展而来的。受西班牙生活方式的影响，菲律宾人喜欢喝下午茶，喝的时候会搭配三明治、饼干及热小食等。

西班牙殖民者在菲律宾留下了为数不少的古城或行宫，例如伊洛伊洛城（Iloilo）、马洛洛斯古城（Malolos Historic Town Centre）、皮拉古城（Pila Historic Town）、锡莱古城（Silay City）、维甘历史古城（Historic Town of Vigan）等。而马尼拉的西班牙王城、马拉卡南宫，更因其特殊的政治、经济、文化中心地位而深具历史意义。王城区内有多栋西班牙风格的建筑，更包含了多个著名景点，如圣地亚哥古堡（Fort Santiago）、马尼拉大教堂（Manila Cathedral）、圣奥古斯丁教堂（San Agustin Church）等。因教区的传教士大都是西班牙人，所以教堂在建造和装饰方面受西班牙天主教堂的影响较大，多用巴洛克式的建筑风格，用了大量的镀金图案，墙面装饰奢华，柱子刻面精美，浮雕细致逼真，显得富丽堂皇，而且营造出相当强烈的神秘氛围，正好满足了天主教会炫耀财富和追求神秘感的需要。此外，在吸收本土艺术风格的基础上，菲律宾天主教堂采用大量植物纹样装饰，显得更加繁复、华丽，并且结合当地多台风、多地震的实际，教堂大多设计为长方形，无侧廊，无交叉廊，建筑高度适当降低，从而形成了菲律宾独特的宗教建筑风格（吴杰伟，2010）。

西班牙殖民者在精神层面对菲律宾的社会生活产生了重大影响。随着活版印刷技术的使用，涉及宗教、语言、历史、地理、哲学、文学、戏剧、教育等多个领域的印刷物面世。至1800年，共计约有500种图书在菲律宾问世，除了以西班牙语成书的作品外，还有用他加禄语、伊洛戈语、宿务语等撰写的诗歌、小说、剧本等，推动了口传文学向书面文学的发展。在艺术领域，以《圣经》中的人物形象为主题的壁画及造像也随着教堂的修建大量出现，修道院除了作为宗教场所外，还成为教授本地工匠绘画、雕刻的学校。南伊罗戈的塔古丁（Tagudin）教堂竖起的两座日晷使用阿拉伯数字计数，代表了当时先进的计时技术。马尼拉天文台在观测、发布有关太平洋气候、地震和火山喷发等信息方面具有权威地位。天文历法、植物学、动物学、人类学等领域的研究也获得了成果，对菲律宾土著部族及草药治疗方面的研究也在殖民时期展开（阳阳等，2014）。菲律宾相当一部分舞蹈都带有明显的西班牙色彩，如国舞"Carinosa"是菲律宾人的求爱舞，保留了西班牙舞蹈火辣、热情、活泼的特点，但又比西班牙舞蹈柔美、轻盈了许多。服装方面在西班牙舞蹈服装的基础上融入了菲律宾元素，音乐方面增加了菲律宾本土的竹制乐器。盛行于西班牙的乐器吉他也为菲律宾人所喜闻乐见。斗鸡是由西班牙传入的，已成为菲律宾民间极为流行的一项娱乐活动。

（五）美国的殖民文化

1898 年 12 月 10 日，美西签订《巴黎条约》，西班牙将菲律宾割让给美国。1935 年 11 月 5 日，菲律宾在美国的监督下成立自治政府，被许诺 10 年后可以获得独立。1941 年 12 月日本发起太平洋战争，1942 年 5 月日本攻占马尼拉，结束了美国对菲律宾的殖民统治。1945 年日本战败，第二次世界大战结束，美国重新控制菲律宾。1946 年 7 月 4 日，美国宣布菲律宾正式独立。此后，美菲两国一直保持密切的盟国关系。虽然美国殖民统治菲律宾的时间并不长，但对菲律宾的影响却是巨大的，可以说美国文化在菲律宾无孔不入。菲律宾照搬了美国的民主政治制度，沿袭了美国的教育体制，学会了美国人的生活方式。直到现在，美国文化在菲律宾仍然根深蒂固。

美国对菲律宾进行殖民统治后，美国基督新教传教士纷纷来到菲律宾，协助政府开展殖民活动，以极大的热情投入传教工作中。美国实行政教分离的政策，传教士的态度也比较温和，他们施以小恩小惠，利用学校、医院等各种设施来笼络人心，试图在潜移默化中让菲律宾人接受他们的宗教信仰（左梵力，2018）。传教士在菲律宾扮演的不是管理者的角色，而是协助者与顾问的角色，教会的本土化推动了基督教在菲律宾的传播与发展（施雪琴，2007），不仅吸引了部分天主教徒皈依基督新教，还吸引了很多原始宗教信仰的人改信基督新教。在传教的过程中，传教士们还把美国的文化、习俗等也一并传给了菲律宾人。传教士在平原民族中传教的同时，也深入山地开展传教活动。很多新教徒在殖民当局的安排下有计划地迁徙到南部穆斯林的聚居区。这么做虽然有利于促进菲律宾的民族融合，但是也加剧了持有不同宗教信仰民族之间的对立，使宗教矛盾明显增多，宗教冲突日益严重。基督新教并没有在菲律宾获得压倒性的胜利，天主教仍深深扎根于菲律宾人的灵魂中，大部分菲律宾人仍然忠于西班牙给他们留下的遗产——天主教（方倩华，2003）。统计数据显示，1918 年菲律宾基督新教徒的人数为 124,575 人，1939 年上升到 378,361 人（施雪琴，2007）。

美国对菲律宾进行殖民统治后，宣布建立军事政府，总督由美国总统授权，总督拥有行政、立法和司法大权。菲律宾独立后几乎全盘照搬了美国行政、立法和司法三权分立的政治体制，即总统行使行政权；国会行使立法权，由参议院、众议院组成；最高法院和各级法院行使司法权。菲律宾被认为是美国在亚洲的"民主橱窗"。菲律宾虽然在表面上移植了美国的政治体制，但是在政治文化方面并没有完全复制美国的民主思想，而是融合了东西方政治文化的特点。菲律宾早期文化的一个重要特点是深受印度文化、中国文化、阿拉伯文化和西班牙文化的影响，这些外来文化在政治方面的显著特点是实行君主专制制度，以君主为核心，君主拥有无上的权力，臣民需要绝对服从（吴伟杰，2001）。君主专制思想对菲律宾的政治文化产生了重要影响。菲律宾的政治权力掌握在一些具有经济、政治权威的大家族和利益集团手中。各大政治家族和利益集团相互竞争、博弈，普通人很难有机会通过民主选举的方式走进政治权力的中心，只能通过依附当地政治家族和利益集团的方式进入政坛（张小倩，2014）。

普及教育是美国以殖民统治为目的在菲律宾作出的最大贡献，对殖民地时期乃至独立后菲律宾人的教育产生了深远影响，直到现在，菲律宾仍在沿袭美国的教育体制。美国军队刚占领菲律宾不久，就开始建立学校，以美国课本为教材，采用英语为教学语言。殖民统治期间，美国在菲律宾建立了完整的教育体系，成立了具有现代意义的学校。公立教育包括小学、中学、专科和大学。小学提供四年的基础课程和三年的中级课程，内容涉及英语、社会、科学、艺术、历史、文教等各个领域。中学为四年，是在小学基础上的扩展学习。专科则主要定向培养专业人才。菲律宾的大学始建于 1908 年，按照美国大学的模式开展教育，职称评定、课程设置、行政管理等都由教职员组成的委员会商讨决定。除公立教育外，还存在职业教育、成人教育和私立教育。职业教育主要教授劳动技术，包括烹调、缝纫、园艺、编织、伐木及木器加工等各种专业技能，以培养大量适应现代化社会分工的劳动力。成人教育主要是通过夜校的方式开展扫盲教育，向菲律宾人教授以英语为主的听、说、读、写等语言技能，以及与现代社会中公民身份和国家认同相关的通识。私立教育早在西班牙殖民时期就存在，美国接管菲律宾后，将私立教育一并置于行政管理体系中，并颁布相关法律规范私立学校。美国政府还在非天主教区、山区修建学校（阳阳等，2014）。学习优异者被公费送到美国深造，学成后回国供职于政府部门。美国殖民统治者在教育方面采取的措施对菲律宾总体教育水平的提高起到了一定的作用，但其主旨在于让菲律宾人从小就接受美国的文化教育（宋云伟，2008）。

美国教育给菲律宾带来的最大影响是使英语成为国民的通用语言。1913 年，英语和西班牙语被殖民当局定为官方语言。1917 年，教育部编订的《公务员手册》明确指出英语是在学校和公共场合中使用的唯一语言。到 1946 年菲律宾获得政治独立时，大多数人都已懂英语。美国人以推广英语、传播美国思想文化为长远目标，是为了使美国的影响力在菲律宾社会根深蒂固。1920 年前后，菲律宾已有不少作家使用英语进行文学创作，作品不仅在菲律宾大量发行，还在美国公开出版发行，引起了美国文学界的热烈反响。作为一个以殖民统治为背景的强势语言，英语在菲律宾的地位是之前的西班牙语远远不可企及的。作为一种教学语言，许多人自幼便接触美式英语，因此形成了美式英语的思维模式，可以讲一口流利、地道的美式英语。菲律宾人说的英语也像美式英语一样，发音和拼写趋于一致，比如，"菲律宾语"这个英文单词的拼写，从最开始的 "Philippines" 到后来的 "Philipino"，再到现在的 "Filipino"，可以看出跟美式英语一样，菲律宾英语也倾向于追求简便的发音和拼写风格（陈恒汉，2010）。许多年轻人喜欢起美国的名字，如安娜、爱丽丝、茱莉亚、蒂芙尼、索菲亚、戴安娜、约翰、保罗、马克、富兰克、汤姆、詹姆斯、罗伯特等，取一个美式名字成为菲律宾人的一种时尚。在美国殖民时期，英语在菲律宾得到大力普及和广泛运用，客观上推动了菲律宾人接触现代科技文明，加速了国家前进的步伐。直到现在，英语仍是菲律宾的官方语言之一，菲律宾成为世界上第三大说英语的国家。

美式教育改变了菲律宾人的思维，也改变了他们的生活。在以马尼拉为代表的人口集中地区，美式高楼拔地而起，电梯、空调等设备一应俱全，商场、饭店、剧场走入民众生活，街道、广场的命名体现出浓厚的美式风格。菲律宾人受到了像盎格鲁—撒克逊人那样自由民主思想的影响。美国的很多习俗也影响了菲律宾人，如圣诞节时送礼物、唱圣诞歌，感恩节时吃火鸡，万圣节晚上举办派对等（郑一省，2008）。美国人利用新闻媒介在菲律宾宣扬美国流行的时尚潮流文化。受美国饮食文化的影响，菲律宾人也非常喜欢吃快餐和油炸食品，快餐连锁店遍布全菲。菲律宾人喜欢听美国的流行音乐，看美国的好莱坞大片，跳美国流行的舞蹈，追捧美国的明星等。直到今天，美国文化带来的冲击仍然体现在菲律宾人生活的方方面面。

出于历史、经济、文化和战略原因，菲律宾与美国的联系特别紧密。美国重返亚太战略持续推进，加强了对菲律宾在经济、医疗、教育、环境保护等方面的援助，不断扩大对菲律宾的影响力（韩凝，2012）。在菲美两种文化接触中，菲律宾本土文化处于相对弱势地位。有学者指出，希望菲律宾能够逐渐摆脱美国文化的影响，重振民族经济，弘扬民族文化，走上独立自主的发展道路（黄建如，1991）。

（六）本土文化

虽然菲律宾几百年来遭受殖民主义的统治和压迫，但是菲律宾人从来没有忘记自己的本土文化这个根。菲律宾从 1935 年 11 月 5 日成立自治政府起，便开始逐渐摆脱殖民时期的束缚，注重文化构建，重塑菲律宾民族文化。在自治政府时期，菲律宾在教育方面进行了一定的改革。菲律宾人编写了新教材及补充读物，以取代殖民当局使用的旧教材。课程设置方面也有变化，民族主义、爱国主义教育得到强化，本国历史、民族文化等有关内容得到补充，用历史上的民族英雄激发菲律宾人的民族主义，重视道德教育，以消除美国文化对菲律宾人的负面影响。自治政府提倡菲律宾民族歌舞，举办了多种具有民族特色的文艺活动（范丽萍，1998）。自治政府在发展民族文化方面的一个重要举措是促进国语的形成。1937年，自治政府奎松总统宣布以他加禄语作为菲律宾语的基础。1959年，菲律宾政府在教育部第7号令中把菲律宾语确定为国语。1973年，宪法规定菲律宾语为国家的通用语言。1987年，宪法规定菲律宾语为国语。在发展民族文化方面，菲律宾政府虽相继出台多项政策，但受教育经费和行政效率的制约，收效甚微。20世纪90年代以后，在全球化与多元文化的发展趋势下，菲律宾越来越多地受到外来文化的影响，如何既要继续去除殖民文化的影响，又要在新的多元文化环境下保持本土文化的独立发展，成为菲律宾政府面临的重要任务。菲律宾的本土文化体现在饮食、服饰、建筑、音乐、舞蹈等方面，也体现在尤为重要的语言和文字方面。

菲律宾人因气候宜人、物产丰富等自然条件，逐渐养成了一种随遇而安的乐天态度，他们随和爽朗、生活悠闲、能歌善舞、热情奔放。

菲律宾约70%的人以大米为主食，30%的人以玉米为主食。他们喜欢用椰子汁煮木薯和米饭，然后用香蕉叶包饭，或在煮好的饭上浇汤，其他菜肴作为副食，副食主要是鸡肉和猪肉，或焖或炸，炒菜不多。菲律宾菜肴的特色是大胆组合甜、酸、咸。菲律宾不同岛屿的地理气候使得许多地区有着不一样的烹饪方式和饮食习惯，都各具特色、美味诱人。虽然菲律宾各地饮食多样，但有一些本土菜式在各地都流传广泛，深受不同地区人们的喜爱，被誉为菲律宾的"国菜"。例如，酸汤（sinigang）就是一道具有菲律宾本土特色的菜式，通过加入一些酸味作料——青杧果、番石榴、酸豆、番茄等，使其无论是搭配海鲜、肉类还是蔬菜，都能烹制出各具特色的酸辣汤。在热带地区，喝酸辣汤能够使身体消暑降温，而且烹制的原料可以因地制宜、就地取材，因此酸辣汤深受菲律宾家庭主妇们的青睐，菲律宾各地的人们都能烹煮出具有地方风味的酸辣汤。

菲律宾人的服饰颇具特色。男子国服名为"巴龙"（Barong），是一种丝质衬衫，从衬衣前胸到下襟两侧绣有抽丝镂空图案。菲律宾男人常常在很多重要的庆祝活动、外交场合和宴会上穿巴龙。在菲律宾，巴龙不仅仅是一种具有悠久历史的手工艺服饰，更是受到几个世纪以来菲律宾多元文化影响和承载着爱国主义情怀的文化遗产。女子国服名为"特尔诺"（Terno），是一种圆领短袖连衣裙，用原生态的香蕉或者菠萝等植物纤维编织而成。特尔诺的布料上通常装饰着繁复的刺绣，也会用手绘的花朵作装饰，或者用珍珠、亮片、珠子、人造钻石等装饰品作点缀。这种裙服裙摆宽大，腰身紧束，两袖挺直，两边高出肩膀稍许，犹如蝴蝶展翅，因此还有一个好听的名字——"蝴蝶服"。这种服装结合了西班牙女式服装的特点，逐渐发展为菲律宾女人的国服。菲律宾女人常常在重要的正式场合，如国庆游行、总统的就职典礼以及在宫殿中举行的各种国事活动中穿特尔诺。菲律宾的少数民族也有他们的民族传统服饰，如菲律宾的阿埃塔族就有质量上乘、纹饰精美的纺织品，棉兰老岛和吕宋岛北部山区的少数民族服饰颜色艳丽、做工精巧。尽管少数民族当中的很多人在日常生活中都穿着西式服装，但他们在一些仪式场合中仍然穿传统服饰。

菲律宾的本土建筑最早起源于一种建在水边的干栏式房屋，称为"bahay kubo"，意为"高脚屋"。它一般建在陆地、傍水或水上，离地1米到3米不等，四周围着竹篱笆。它的下部架空，以便防水、防潮、防虫。上部起居，四面开连续的窗户，以便通风。这种房屋的建造材料比较特别，墙用藤条片编结，屋顶用一种叫"聂柏棕"（nipa）的叶子覆盖，地板用竹片铺垫，墙上往往会留一个长方形的口作窗户。室内干爽通风，但不设床，人就睡在铺有竹片的地板上（李涛、陈丙先，2012）。这种房屋适合多雨、多日晒、多地震的热带地区，目前农村还保留有这种传统的住房。后来受西班牙建筑风格的影响，菲律宾人建造了一种永久性房屋，称为"bahay nabato"，意为"石头房子"。这种房屋既保留了菲律宾传统建筑的特点，又有欧洲建筑坚实、富丽的外观（汤羽扬，1990）。

在经历了西班牙和美国的殖民统治后，欧美音乐成了菲律宾的主流音乐，合唱、器乐、芭蕾舞等均在菲律宾有所发展，并在此基础上衍生出菲律宾本地的一些音乐体裁。在菲律宾民族音乐学家们的共同努力下，北部少数民族与南部穆斯林的民间音乐舞蹈成为菲律宾本土音乐舞蹈中不可或缺的一部分（陈自明，2004）。菲律宾北部的吕宋岛及其附近岛屿上生活在山区的民族在种稻、收割、婚嫁、驱病、丧葬等日常生活中都有歌舞为伴，著名的有水罐舞、节日舞、婚礼舞等。在乐器的使用方面，北方山区的人们常在其民间音乐中使用锣乐器。竹口弦、竹鼻笛、竹排箫、竹皮弦琴、竹蜂音器和捣击筒等各种造型和风格的竹类乐器也是当地常见的民间乐器。菲律宾南部穆斯林中流行的最有名的一种音乐舞蹈形式是竹竿舞。竹竿舞的背景音乐通常由一种叫作"库林堂"（kulintang）的铜锣编钟演奏出来，伴随竹竿的开合变化有节奏地发出强烈的撞击声，舞者随着音乐穿梭于竹竿之间，看起来优雅又不失活泼，要有很好的节奏感才能驾驭（孙波，2020）。菲律宾吕宋岛的平原地区和米沙鄢地区的音乐舞蹈受西班牙的影响很大，但后来随着时间的推移逐渐突出菲律宾民族特色，有的已经与传统民族风格融为一体，成为广大菲律宾人民喜闻乐见的民间音乐舞蹈。

总之，菲律宾是东南亚地区的一个群岛国家，由于其地理位置具有战略意义，又有长期的被殖民历史，因此成了东西方文化及本土文化的大熔炉。菲律宾虽然在历史上长期被西方国家殖民统治，但民族本土文化的根没有变。菲律宾的本土文化在面对强势的殖民文化入侵时，具有超强的吸收消化能力，把殖民文化本土化后植根于菲律宾文化的土壤之中，同时又与其他外来文化和谐相处，共生发展。菲律宾的多元文化之间并没有绝对的界限，常常是你中有我，我中有你，形成一个不可分割的整体，集中体现出菲律宾文化的多样性特征。在菲律宾，你可以看到西班牙王城、巴洛克风格教堂、维甘古城等殖民统治时期留下的历史文化遗产，可以在同一家餐馆里吃到菲律宾菜、中餐和西餐，也可以看到出租车里一边摆放着天主教圣像，一边挂着中国的"一帆风顺"装饰，一边播放美国的流行歌曲。一位到菲律宾做调查的西方人类学家在解释"什么是菲律宾人"时这样说道："菲律宾人是一个混合物，早在西班牙人和美国人来到此地以前，阿拉伯、印度和中国的文化因素就已经成为菲律宾文化的一部分。"（徐亚文、赵菊敏，2004）菲律宾文化未来将会如何发展呢？保持和发扬菲律宾优秀的传统文化，进一步培育菲律宾文化的特色，是摆在菲律宾人面前的一项重要任务。任何一个国家都应该不断挖掘本民族文化中的特质，并不断吸纳消化外来异质文化的养分，以此来塑造和完善自己的民族文化。

第二节　菲律宾的语言政策

语言（包括文字）是人类最重要的交际工具和思维工具，是人类文化最重要的组成部分和载体，而且常常具有民族身份认同、情感依存的作用（李宇明，2014）。在全球化、信息化、数字化加速发展的大变革时代，语言规划与语言政策已经演变为一种无比复杂的社会行为，不仅仅是一个国家的内部行为，还是一种国家战略行为。语言政策不是单纯的教育问题，而是一个国家的政治手段，是国家意识形态的体现，是影响世界政治、经济发展的潜在因素，是各国制度政策的重要组成部分（刘燕，2020）。语言政策总是与国家构建等核心利益紧密相连，并随着国家所处的国内外环境的变化而不断地进行调整。

古代菲律宾还没有形成国家，也谈不上国家通用语言，各部落使用自己的语言。14 世纪左右，菲律宾出现了苏禄国、吕宋国等割据王国。16 世纪中叶，西班牙殖民者占领菲律宾后，菲律宾才开始形成统一的国家，也开启了这个国家的语言政策发展演变史。菲律宾的语言政策受到了殖民历史、国家主权、经济发展、民族众多等各种因素的综合影响，从历史发展来看，经历了殖民时期、独立后以及全球化时代三个演变过程，具体又可以分为以下七个发展阶段：①西班牙殖民时期的语言政策；②菲律宾独立战争时期的语言政策；③美国殖民时期的语言政策；④菲律宾自治政府时期的语言政策；⑤日本殖民时期的语言政策；⑥菲律宾独立后的语言政策；⑦21 世纪菲律宾的语言政策。

一、菲律宾语言政策的历史发展演变

（一）西班牙殖民时期的语言政策（16 世纪中叶—1898 年）——分化

16 世纪中叶，西班牙开始在菲律宾进行殖民统治。菲律宾岛屿众多，不同岛屿之间的语言难以沟通交流。全国的方言多达一百多种，单是吕宋岛就有六种主要的方言以及许多小的方言群，米沙鄢群岛除了三种主要的方言外，还有很多方言群。对于菲律宾这样一个多民族、多语言的国家而言，西班牙人想要在这里传播天主教无疑面临着巨大的挑战。虽然西班牙王室多次下令要在菲律宾推广西班牙语，然而由于缺乏具体的教学方案，也没有足够的西班牙语教师，所以这些命令并无多大实效。西班牙殖民时期的语言政策主要是对菲律宾人使用的语言进行分化，菲律宾平民只能使用当地语言，西班牙统治者以及少数菲律宾本土权贵才有资格使用西班牙语。西班牙语仅限于行政、司法、立法、高等教育等特定领域。在此政策下，西班牙语在菲律宾长期未得到有效推广。西班牙殖民政府对菲律宾本土语言不加干涉，任其自由发展。西班牙传教士对菲律宾本土语言的研究使得很多方言得以保留甚至发扬光大，但同时也限制了西班牙语在菲律宾的传播。直到1863年，西班牙殖民统治末期，殖民当局才成立研究菲律宾教育问题的委员会，颁布《教育条例》，宣布将西班牙语作为小学阶段的教学语言。西班牙语虽然是菲律宾最早出现的官方语言，但是由于普及的时间较短，没能发展成为国家通用语言。

据统计，19世纪末，仅有3%的菲律宾人能说西班牙语（Gonzalez，1980）。1935年宪法将西班牙语定为菲律宾的官方语言，1973年宪法将西班牙语移出官方语言，1987年宪法规定人们可以根据意愿自由选择使用西班牙语。从此，西班牙语逐渐退出菲律宾人的日常交际。

（二）菲律宾独立战争时期的语言政策（1896—1902年）——准民族化

1. 1897年《破石洞宪法》

西班牙殖民统治后期，菲律宾人民的民族意识觉醒，兴起了寻求民族身份的民族主义运动，并决心推翻西班牙的殖民统治。1897年11月1日，菲律宾军队在布拉干省的破石洞召开代表会议，通过了一部有效期两年、用西班牙语和他加禄语两种语言颁布的菲律宾共和国临时宪法，史称《破石洞宪法》（Biak-na-Bato Constitution）。宪法的第8条规定"他加禄语为菲律宾共和国的官方语言",这是首次明确以菲律宾的民族语言他加禄语为官方语言的尝试。

1897 年 11 月 2 日,人民会议选出了最高委员会,阿奎纳多任总统,菲律宾共和国宣布成立。然而,在西班牙殖民当局的重兵进攻和许诺诱降下,菲律宾新政府很快妥协,于 1897 年 12 月 14 日同殖民当局签订了《破石洞条约》,同意解散政府,阿奎纳多总统随后流亡中国香港,菲律宾共和国随之消亡,《破石洞宪法》也只是在历史舞台上昙花一现。但是,菲律宾人民争取民族独立的斗争并未停止。

2. 1899 年《马洛洛斯宪法》

1898 年 4 月,美国发动了对西班牙的美西战争。美国声称要"协助"菲律宾独立,秘密派人到中国香港同阿奎纳多会谈。1898 年 5 月,阿奎纳多由美国军舰护送返回菲律宾。阿奎纳多回国后,重新领导军队反抗西班牙的殖民统治。1898 年 6 月 12 日,阿奎纳多发表了西班牙语的《菲律宾独立宣言》,宣告菲律宾独立。菲律宾革命者意识到未来必将和美国军队发生冲突,遂于 1898 年 8 月 22 日将国会迁至马洛洛斯市。1898 年 10 月 24 日,菲律宾国会制定《公共教育法令》,要求学生必须通晓西班牙语才能升入中学。菲律宾的大学预科教授拉丁语法、菲律宾地理(用西班牙语教授)、西班牙文学、法语和英语等。1898 年 12 月 10 日,美西签订《巴黎条约》,西班牙将菲律宾割让给美国。1899 年 1 月,菲律宾国会正式颁布菲律宾共和国宪法,史称《马洛洛斯宪法》(*Malolos Constitution*),宣布菲律宾共和国诞生,阿奎纳多任总统。该宪法用西班牙语颁布,第 93 条明显是妥协的产物,其中写道:

> 菲律宾共同语的使用尚在选择之中,它们的使用只能通过立法规定,而且只能用于公共当局和法院的行为中。对于这些行为,现在暂时使用西班牙语。

这一条款的结果是取消了他加禄语作为官方语言的地位,承认菲律宾所有语言平等,指定西班牙语暂时作为官方语言。1899 年 2 月 5 日,美菲战争正式爆发。1901 年 3 月 23 日，阿奎纳多总统被俘投降。1901 年 4 月 1 日，阿奎纳多宣布效忠美国政府，废除菲律宾共和国，并承认了美国在菲律宾的主权。1902 年 7 月 4 日，美国驻菲总督宣布美菲战争结束。

（三）美国殖民时期的语言政策（1898—1946 年）——同化

1. 1898 年美国麦金利总统指令

1898 年，西班牙因在美西战争中战败而将菲律宾割让给了美国，从此美国开始了对菲律宾长达近 50 年的统治。美国殖民政府做的第一件事就是建设覆盖整个菲律宾的小学教育体系。美国麦金利总统给美国驻菲总督塔夫脱领导的菲律宾委员会（Philippine Commission，相当于参议院）的指令中指出，在教学中既要使用英语，又要使用菲律宾当地语言作为教学语言（Gonzalez，1980）。小学教育的普及，使家境不富裕的菲律宾人也有了受教育的机会，英语因此得以在全菲推广开来。麦金利总统所阐述的语言政策在推广英语方面效果出奇地好，可是本地语言教学的政策却彻底失败了。因为缺乏全民皆懂的本地语言，也缺少训练有素的本地语言教师，所以麦金利总统的指令未能完全执行，英语逐渐成为共同的交流媒介。

2. 1901 年菲律宾委员会令第 74 号

1901 年 1 月 22 日，美国驻菲总督塔夫脱领导的菲律宾委员会颁布第 74 号教育令，成立公共教育局，在全国实行免费的小学义务教育，教学语言使用英语，教材来自美国，并从美国引进了大批职业教师。美国殖民者还选派大量菲律宾青年远赴美国学习，并在菲律宾兴办英文报纸，不断扩大英语的影响力。

3. 1902 年《组织法》(Organic Law)

1902 年的《组织法》规定：

> 能读、写英语或西班牙语的居民有选举权，能够阅读、使用菲律宾本地语言的居民不包括在内。

4. 1916 年《琼斯法》（*Jones Law*）

1916 年的《琼斯法》也叫《菲律宾自治法案》(*The Philippine Autonomy Act*)，规定如下：

> 第 13 条：不能读写西班牙语或英语的选民不得竞选菲律宾参议院议员。
> 第 14 条：不能读写西班牙语或英语的选民不得竞选众议院议员。
> 第 15 条：能读写西班牙语、英语或本地语言的选民可以投票。

5. 1935 年宪法

1934—1935 年，美国殖民当局召开立宪会议。1935 年 3 月 25 日，宪法得到美国总统罗斯福的批准，并于 5 月 14 日经过菲律宾全民投票获得通过。该宪法的第 14 条第 3 款内容如下：

> 国会应采取措施，在现有本地语言之一的基础上，培育、选择一种国家通用语言。除非法律另有规定，英语和西班牙语将继续作为官方语言使用。

这里的"现有本地语言之一"实际上指的就是他加禄语。菲律宾各地方言差异较大，人们沟通交流不便，英语成了全国的通用语言。美国在菲律宾的殖民统治时间并不算太久，却让英语得到了全面普及和推广。英语和西班牙语虽然都是官方语言，但在 1905 年，参加公职人员考试的菲律宾人有 80% 选择了使用西班牙语命题的考卷，到 1925 年，这个比例陡降到 1%，其他 99% 的人都选择用英文命题的考卷。现在，菲律宾成为世界上第三大说英语的国家，英文识字率高达 93%（Antonio & Lionel，2006）。

（四）菲律宾自治政府时期的语言政策（1935—1946 年）——民族化

1935 年 11 月 5 日，菲律宾自治政府成立。1936 年菲律宾成立国语研究所，选择他加禄语作为国家语言的基础。1937 年 12 月 30 日，奎松总统颁发第 134 号行政令，规定他加禄语为国家语言，英语和西班牙语作为官方语言继续使用。他加禄语在全国的使用人数上只能排第二位，之所以被选中，是因为其文学作品丰富，书面文献众多，是菲律宾各种语言中研究得最深入的一种语言，而且在地理位置上有着无可比拟的优越性，他加禄语使用者分布在首都马尼拉及其周边地区，马尼拉又是全国的政治、经济与文化中心（周子伦等，2015）。1940 年 4 月 12 日，奎松总统颁发第263 号行政令，规定所有的中小学都必须教授他加禄语。1940 年，教育部颁发第 26 号令，在中学率先开设他加禄语课程。

（五）日本殖民时期的语言政策（1942—1945 年）——同化

1941 年 12 月 8 日，日本入侵菲律宾。1942 年 1 月 3 日，日军指挥官宣布全菲律宾实行军事管制，并于当月 23 日成立菲律宾执行委员会（Executive Commission）。1942 年 2 月 17 日，日本军事管理委员会指示菲律宾执行委员会推广他加禄语。1942 年 7 月 24 日，日本军事管理委员会下令将公共事务使用的官方语言改为日语和他加禄语，暂时仍然允许使用英语。学校教育继续使用英文，但是新教材一旦编好、教师一旦到位，就将用他加禄语取而代之。日语教育开始于 1943 年 1 月。1943 年 9 月 4 日，新菲律宾服务联谊会通过了一部新宪法，该宪法第 2 章第 9 条规定：

政府应该采取措施培养、推广他加禄语作为国家语言。

1943 年 10 月 14 日，宣誓就职的菲律宾总统劳雷尔，是首位在就职演说中谈到国家语言问题的。他承认他加禄语是国家语言，但他却是用英文发表就职演说的。菲律宾总统劳雷尔任命的国家教育委员会（National Education Board）下令，从 1944—1945 学年开始，所有学校（公立、私立，小学、中学、大学）均要教授他加禄语，并赋予他加禄语在所有政府部门中作为官方语言使用的地位。1944 年 1 月 8 日，菲律宾师范学院开设菲律宾语教育学院，为实施政府语言政策准备必要的师资。1944 年，菲律宾国语研究所出版了英语、他加禄语双语版《国家语言推广》，号召所有新菲律宾服务联谊会成员积极参与推广他加禄语（罗伯特·卡普兰、小理查德·巴尔道夫，2014）。日本殖民时期的各种语言政策客观上促进了他加禄语在菲律宾的推广，提前将他加禄语提高到了官方语言的地位。

（六）菲律宾独立后的语言政策（1946—1999 年）——民族化

1. 1959 年教育部令第 7 号

1946 年 7 月 4 日美国宣布菲律宾正式独立。独立后菲律宾便开始弘扬民族文化，增强国家认同，确定国家通用语言并积极推广普及。1959 年 8 月 13 日，菲律宾教育部部长何塞·罗梅罗（Jose B. Romero）颁发第 7 号令，将菲律宾国语正式命名为菲律宾语（Filipino），以便缓和人们对于他加禄语作为国语地位的质疑。

2. 1973 年宪法

1973 年 1 月 17 日批准生效的宪法第 15 章第 3 条规定：

（1）本宪法将使用英语、菲律宾语两种语言颁布，并翻译成使用人口超过 5 万的各种方言、西班牙语和阿拉伯语。如有争议，以英文版为准。

（2）国会应采取措施，发展、培育一种全国通用语言（该语言将被命名为菲律宾语）。

（3）除非法律另有规定，英语和菲律宾语将作为官方语言。

3. 1974 年教育、文化、体育部令第 25 号——双语教育政策

1974 年菲律宾教育、文化、体育部（Department of Education, Culture and Sports, 简称 "DECS"）颁发第 25 号令《双语教育政策实施方案》，在中小学正式实施双语教育政策，分别使用菲律宾语和英语作为特定学科领域的教学语言。具体规定如下：

社会科学、音乐、艺术、体育、家政、实用美术教育和品格教育等科目的教学语言为菲律宾语，而科学、数学和技术等科目的教学语言为英语。

1978 年 6 月，该政策在中小学全面实施。1975 年，菲律宾高等教育委员会颁发第 50 号令，要求自 1984 年 6 月起，所有高等院校的学生只有通过菲律宾语和英语的考试才能顺利毕业。从此，双语教育政策得以在各级各类学校中全面推行，能够使用菲律宾语的人日益增加，菲律宾语在人们心目中的地位慢慢得到了提升。

4. 1987 年宪法

1987 年宪法第 14 章规定：

第 1 条：国家应保护和促进所有公民在各个年级获得优质教育的权利，并应采取适当措施，使所有人都能获得这种教育。

第 6 条：菲律宾的国语是菲律宾语（Filipino）。随着菲律宾语的发展，它将在现有菲律宾语和其他语言的基础上进一步发展和丰富。在不违反法律规定且经过国会批准的前提下，政府应采取措施，开始并保持使用菲律宾语作为官方交流媒介和教育系统的教学语言。

第 7 条：出于沟通和教学的目的，菲律宾以菲律宾语和英语为官方语言，除非法律另有规定。地方语言是各地区的辅助官方语言，应作为各地区的辅助教学媒介。阿拉伯语与西班牙语应在自愿选择的基础上推广使用。

第 8 条：本宪法将用菲律宾语和英语公布，并应翻译成主要的地方语言、阿拉伯语和西班牙语。

第 9 条：国会应设立一个由各地区和各学科的代表组成的国家语言委员会，负责开展、协调和促进菲律宾语和其他语言的发展、传播和保护的研究。

1987 年的宪法明确了国语的具体内涵，因为 1935 年和 1973 年的宪法对此并不明确，措辞也比较含糊。

5. 1987 年教育、文化、体育部令第 52、54 号——双语教育政策

根据宪法精神，1987 年 5 月菲律宾教育、文化、体育部颁发了第 52 号令《1987 年双语教育政策》，以及第 54 号令《1987 年双语教育政策实

施指南》。1987 年颁发的双语教育政策与 1974 年颁发的双语教育政策内容保持一致，同时还规定：

> 双语教育政策旨在通过教授菲律宾语和英语，并将它们作为各个年级教学的媒介语，从而在国家级层面实现双语能力的目标。地方语言应当作为一、二年级的辅助语言。菲律宾民族的愿望是让其公民掌握菲律宾语技能，履行自己的职能和职责，以满足国家在国际社会中的需求。

据统计，1985 年菲律宾出版的大学教材有 1182 种，其中只有 28 种（约 2%）是菲律宾语的。菲律宾语要想成为高层次的现代语文，需要经过极长时间的发展才有希望跟英语相媲美。因此，菲律宾实行双语教育政策是符合国家实际情况的（唐继新，1989）。

6. 1988 年阿基诺总统行政令第 335 号

阿基诺总统于 1988 年 8 月 25 日颁发了第 335 号行政令，要求政府所有部、局、办公室、机构、部门都应采取必要措施，以便在官方业务、交流和公函中使用正确的菲律宾语。该命令的发布是基于这样一种信念，即在政府办公室的官方业务、交流和公函中使用菲律宾语将会在全国范围内使人们更好地理解、支持政府的计划、项目和活动，从而促进国家的团结与和平。政府的所有部、局、办公室、机构、部门都必须做到以下几点：

> （1）采取措施，在中央和地方各级政府办公室的官方业务、交流和公函中加强菲律宾语的使用。
> （2）根据需要，在每个政府办公室任命一个或多个人员负责处理用菲律宾语书写的公文。
> （3）将办公室、建筑物、公共建筑以及所有办公室、部门或其机构的标志牌翻译成菲律宾语，如有需要，在下方以较小的字体印上相应的英文。
> （4）政府官员和工作人员的就职宣誓必须使用菲律宾语。

（5）作为政府工作人员发展培训计划的一部分，每个政府工作人员在官方交流和公函中都应熟练使用菲律宾语。

菲律宾语言委员会（前身为菲律宾国语研究所）受命制定、实施计划和项目，以便充分有效地实现行政命令中所述的目标。

7. 1996 年高等教育委员会备忘录第 59 号

1994 年菲律宾政府签署了设立高等教育委员会（Commission on Higher Education，简称"CHED"）的第 7722 号共和国法案。高等教育委员会独立于教育、文化、体育部，直接隶属于总统办公室。高等教育委员会成立后采取的第一个措施是更新高等教育阶段的通识教育课程，这样做是为了使课程更好地适应新世纪的需求。新的通识教育课程体现在1996 年高等教育委员会发布的第 59 号备忘录中，列在高等教育委员备忘录杂项条文下的是其语言政策。根据 1987 年教育、文化、体育部第 52 号令中强调的双语教育政策，以下是针对语言教学的指导方针，即：

（1）语言课程，无论是菲律宾语还是英语，都应该使用菲律宾语授课。

（2）在教学材料充足，且学生和教师都能胜任该语言的情况下，文学课程的授课语言既可以使用菲律宾语和英语，也可以使用任何其他语言。人文和社会科学课程最好用菲律宾语授课。

该法令从 1997—1998 学年开始执行，改变了菲律宾高等院校中一向重视英语的局面，使菲律宾语得到了进一步的发展。

（七）21 世纪菲律宾的语言政策（2000 年至今）——多元化

1. 2003 年阿罗约总统行政令第 210 号——《英语作为国家主要教学语言的"回归"》

由于菲律宾的双语教育政策在执行过程中逐渐偏重菲律宾语，因此学生的英语水平不断下降。为了提升菲律宾在国际社会中的竞争力，推动国民经济发展（李娅玲，2011），2003 年 5 月 17 日，阿罗约总统颁发了第 210 号行政令《英语作为国家主要教学语言的 "回归"》（*The "Return" of English as the Primary Medium of Instruction in the Country*）（覃玉荣、王璐，2022）。具体规定如下：

（1）英语课程的开设从小学一年级开始。

（2）英语作为教学语言（主要适用于英语、数学和科学科目）从小学三年级开始。

（3）为了提高学生的英语水平，促进学生掌握先进的科学技术，英语应作为所有中学的主要教学语言，所占课时不应低于教学总课时的 70%。

（4）英语应作为高等院校的主要教学语言。

（5）菲律宾语课程和人文地理课程应继续使用菲律宾语作为教学语言。

该政策表明了菲律宾政府重新重视英语的政策导向和决心。

2. 2008 年教育部备忘录第 560 号——外语特殊项目

菲律宾教育部于 2008 年 12 月 11 日颁发第 560 号备忘录，实施 "外语特殊项目"（Special Program in Foreign Language，简称 "SPFL"），规定如下：

（1）教育部将通过中等教育局在 2009—2010 学年开始试点实施外语特别课程。

（2）该项目最初应在每个地区的一所学校提供西班牙语作为外语课程，每所学校两个班级，每个班级 35 名学生。

（3）外语特别课程是为那些学生具备英语能力并有能力学习另一门外语的学校开设的。该计划旨在培养学生听、说、读、写、看的技能，这是获得第二外语交际能力的基础；让学生在语言多样化的全球工作场所中为有意义的互动做好准备；培养学生对其他文化的理解和欣赏。

该项目旨在让菲律宾学生在未来的国际竞争中更有优势。2009—2010 学年，西班牙语、日语和法语成为首批外语选修课程；2010—2011 学年，德语被列为外语选修课程；2011—2012 学年，汉语被列为外语选修课程；2017—2018 学年，韩语被列为外语选修课程。2012 年开始，菲律宾中小学施行"K—12"（幼儿园 +12 年中小学）新的基础教育体制，外语成为 7—12 年级的选修课程（章石芳、范启华，2021）。

3. 2009 年教育部令第 74 号——"基于母语的多语言教育"方案

随着全球化的发展，英语在全世界的使用范围不断扩大，以至于很多民族语言处于濒临消失状态，联合国教科文组织制定了"语言多元化"教育战略，以应对这一危机。在此背景下，菲律宾开始施行多元化的语言教育政策。2009 年，菲律宾教育部颁发第 74 号令，实施"基于母语的多语言教育"（Mother Tongue-Based Multi Lingual Education，简称"MTB-MLE"）方案。"基于母语的多语言教育"方案于 2012 年 6 月正式实施，其主要内容包括：

（1）当地语言的正字法能够被大多数教育界相关人士所接受，并促进当地语言的发展。

（2）在学校、部门和地区层面开发、制作、分发指定语言的便宜教学材料，特别优先考虑从阅读和儿童文学开始。这些材料应尽可能是原创的，反映当地人物、事件、现实，并适合学习者的语言、年龄和文化。

（3）从幼儿园到小学三年级，使用学习者的第一语言作为主要教学语言。在此期间，第一语言应是教授、理解和掌握所有学科领域（如数学、科学、公民教育）和语言学科（如菲律宾语和英语）的主要工具。

（4）母语作为一门学科和教学语言，应在小学一年级引入。

（5）菲律宾语、英语、其他当地语言、外语应精心筹划，作为一门单独的科目引入，不得早于小学二年级开设。

（6）在中学阶段，菲律宾语和英语应作为主要教学语言，学习者的第一语言仍应作为辅助教学语言。

（7）除了英语、菲律宾语或阿拉伯语以外，其他语言的选择应在教学资源允许的情况下按照父母的要求进行选择，并得到当地教育界相关人士的许可。当学生准备好时，菲律宾语和英语应在不早于三年级的时间内逐渐用作教学语言。但是，第一语言应该有效进行辅助学习。

（8）在所有以学校为基础的常规考试和全国性考试中，以及在所有国际基准测试和评估活动中，教学语言也应是测试的主要语言。教育评估的重点应具体放在学习者对学科内容的理解上，而不是被测试的语言所迷惑。

（9）必须与多语言教育专家合作开展持续的在职培训，以有效使用第一语言作为教学语言，促进学习者的阅读、认知学术语言能力以及认知和高阶思维能力的发展。同样，在职培训还将使教育工作者培养文化敏感性，并提高对文化和语言多样性的认识。

（10）确保地方政府、家长和社区对语言和识字计划战略的实施有重要的认识，能够最大限度地参与和支持。

该方案的目的是培养适当的认知和推理能力，使儿童能够平等地使用其地方语言、国家语言和英语。有效的多语言教育应该从学习者的母语开始，过渡到第二语言（菲律宾语）和第三语言（英语）。多语言教育是必要的，因为在学校中不使用母语的学习者面临许多问题。当学习者在课堂上不使用第一语言时会导致以下问题：低入学率和高辍学率；学习内容变得困难，成绩降低；缺乏与学习者真实世界经验和情况的关联和兴趣（Diane et al.，2010）。多语言教育是使用学习者的第一语言作为教学语言，以便学习者直接理解课程内容，提高教学效率和教学效果，并持续培养学习者的批判性思维能力，而不是专注于纯粹的记忆材料（Norma & Diane，2010）。

二、菲律宾不同时期语言政策对中文教育的影响

（一）西班牙殖民时期语言政策对中文教育的影响

西班牙殖民政府在统治初期，为了打通和中国的贸易通道，对华人十分友好，因此赴菲华侨数量众多，华侨社会初具规模，华语的使用人口也在逐渐增加。随着华侨在菲律宾大规模地经商并逐渐掌握菲律宾大部分的经济命脉，再加上很多华侨不愿意皈依天主教，西班牙殖民政府认为华侨影响其对菲律宾的统治，于是对华侨的态度发生大转变，实行种族歧视和压迫政策，还出台了一系列限制华侨发展的政策，华语的使用范围也随之受到了影响。西班牙殖民政府极力遏制华侨的发展，华侨自然没有条件开展华文教育（姜兴山，2014）。在西班牙统治期间，全菲律宾没有一所正规的华文学校，也根本谈不上华文教育。华人在菲所生子女，幼年受西班牙、菲律宾生活方式和文化的影响，接受天主教学校的教育，长大后跟着父辈学习经商方法、工艺技术，只有极少数人上教会办的高等学府（黄滋生、何思兵，1987）。华侨子女受教育的问题日益突出，对华校的需求十分迫切。

（二）菲律宾独立战争时期语言政策对中文教育的影响

1898 年 12 月，美国接替西班牙成为菲律宾的殖民者。美国非常重视教育，在菲律宾大力普及英语教育，对华文教育的政策也比较宽松。与此同时，菲律宾新政府忙着推翻西班牙殖民统治、反抗美国侵略、争取民族独立，也无暇顾及华侨群体的教育问题，华文学校得以顺利创办。1899 年 4 月，大清驻菲总领事陈纲成立了大清中西学堂，后改名为"中西学院"，华侨子女从此有了接受华文教育的机会。这是菲律宾成立的第一所华文学校，是菲律宾的华文教育开始的重要标志。菲律宾的中文教育是从华文教育开始起步的，如今已融入国民教育体系，在国际中文教育史中占有重要地位。

（三）美国殖民时期语言政策对中文教育的影响

美国殖民政府重视教育，鼓励外侨开办私立学校，与菲律宾人享有同等权利，注重教育公平。美国殖民政府相对宽松的教育环境为华校的创办提供了契机。菲律宾华侨可以自由办学，无须向美国在菲律宾的殖民政府备案。菲律宾各地先后涌现出一批华校。据1924年统计，全菲华校共32所。至1935年菲律宾自治政府成立时，全菲华校已发展至39所。菲律宾的华校接受中国政府的监督，所用教材以及师资均来自中国，主要依靠学费以及个人或华侨社团的捐赠办学。华校的学生都是华人，华校是中国教育在海外的延伸，华校选用的教材以及课程的设置都跟中国的教育体制保持一致。可以说，美国殖民统治时期的华文教育完全处于自由放任状态，华校的办学、教师的聘用、教材的选择、课程的安排等全部由学校董事会自行决定。这为华文教育提供了良好的政策环境。

（四）菲律宾自治政府时期语言政策对中文教育的影响

1935年，菲律宾自治政府成立后，语言政策的重心是对国语的地位进行确立，对华校的管制跟此前美国殖民政府保持一致，因此华校在此期间规模不断发展壮大。二战爆发后，很多华人为了躲避战争来到菲律宾，在菲华侨人数不断增加，在华校接受华文教育的学生也日益增多。据统计，1940年菲律宾全岛内华文学校有124所，到1946年全菲境内华校有150多所。菲律宾的华校从无到有，且发展到一定的规模，归根结底是因为华侨对华文教育的需求持续上升，中国政府高度重视华文教育的发展，菲律宾自治政府相对宽松的语言政策也起到了至关重要的作用。这一时期，菲律宾的华文教育蓬勃发展，华校规模大，学生数量多。

（五）日本殖民时期语言政策对中文教育的影响

1942—1945年，日本侵占菲律宾。1942年2月18日，日本殖民统治者宣布，凡是由华人或任何敌对国侨民管理或拥有的学校，在接到许可通知之前，一律不得重开。沦陷期间，所有华校被查封或停办，华侨四散逃难，华文教育也随之终止。日本殖民统治者野蛮地破坏了华侨在半个世纪中发展起来的文化教育事业。他们封闭了所有华文报纸和华文学校，以便控制华侨社会，推行愚民政策，消灭华侨的爱国思想和民族意识，把华侨变成日本的顺民（黄滋生、何思兵，1987）。

（六）菲律宾独立后语言政策对中文教育的影响

菲律宾独立后，华文教育进入繁荣、鼎盛阶段。当时菲律宾华校学生的中文水平远远超过世界其他国家华校学生的水平，并不比在中国受教育的学生差，侨生回国后的教育衔接没有问题。

后来，由于菲律宾国内民族主义情绪空前高涨，政府实行了一系列菲化政策，对华侨经济进行打压和限制，从而提高本国人民的经济地位。到了菲化运动后期，政府开始对教育进行菲化。1973 年 4 月 13 日，马科斯总统颁布第 176 号总统令，规定自 1976 年起，所有学校都必须依据 1973 年宪法有关教育的条款办学。1973 年宪法第十五章第 8 条第 7 款规定："除宗教团体、传教会和慈善组织设立的教育机构外，其他教育机构应完全由菲律宾公民拥有，或股份占比 60% 及以上的菲律宾公司、协会拥有。教育机构的控制权和管理权归菲律宾公民所有。不得专门为外国人设立教育机构，外国人群体不得占任何学校招生人数的三分之一以上。除非法律另有规定，本款的规定不适用于为外国外交人员及其家属设立的学校，也不适用于其他外国临时居民。"1975 年，政府放宽入籍条件，华侨集体申请菲律宾国籍，逐渐融入当地社会。菲律宾华校的性质彻底发生了改变，从不被监管到成为私立教育的重要组成部分。华语不再作为学生升学的硬性指标，而是变成了选修课，每天限制授课时长为 120 分钟。从此，菲律宾的华文教育从华侨教育转型成了华人教育。

20 世纪 90 年代初，由于华文教育日渐式微，菲华社会展开了轰轰烈烈的拯救华文教育的行动，并在华文教育的定位、华语教学的性质、教学大纲的制定、华语教材的编写、师资队伍的培养、考试的评价机制等方面对华文教育进行一系列的改革和探索。然而，在菲华融合加速推进的时代背景下，拯救华文教育的效果不甚理想，华文教育的发展前景不容乐观（朱东芹，2014）。

（七）21世纪菲律宾语言政策对中文教育的影响

随着中国综合国力的不断增强和国际影响力的显著提升，21世纪以来，中文教育迎来新发展，菲律宾政府逐渐放宽了对中文的限制。2001年6月，阿罗约总统宣布，菲律宾高等院校将开设以中文为外语的选修课，开启了菲律宾高等教育的中文教学。迄今为止，菲律宾共有25所高校开设中文课程。2006年10月3日，菲律宾建立了第一所孔子学院——雅典耀大学孔子学院。继西班牙语、法语、日语和德语成为菲律宾中学生的外语选修课程之后，2011年，中文也被教育部列入"外语特殊项目"，这意味着中文正式成为国民基础教育的组成部分，中文教育在菲律宾迎来发展的黄金时代。2011年，菲律宾有3所公立中学开设中文课程，到2019年已经发展到93所，覆盖全菲各地共11个区域（潘巍巍，2021）。截止到2022年，菲律宾先后建立了5所孔子学院，分别为雅典耀大学孔子学院、布拉卡国立大学孔子学院、红溪礼示大学孔子学院、菲律宾大学孔子学院和达沃雅典耀大学孔子学院，合作单位分别为中山大学、西北大学、福建师范大学、厦门大学和华侨大学。在菲律宾政府宽松的语言政策和中国政府的高度重视下，菲律宾的华文教育迎来新的发展机遇，华文教师的队伍建设、专业素养都在发生积极的变化。菲律宾的中文教育得以蓬勃发展，华校功不可没。现在，菲律宾的华校共有148所，在校各族裔学生6.8万人，华文教师1000余人（林子涵，2022）。除了学历教育，在非学历教育中，中文教育的发展也很迅猛。菲律宾技术教育与技能发展署（Technical Education and Skills Development Authority，简称"TESDA"）设立国家奖学金，对学习者进行中文培训，中文课程以短期集中培训的方式进行，每期课程共100小时，平均每天学习3小时，该职业教育项目委托菲华商联总会提供中文课程、师资及教材。另外，还有各种语言中心、培训机构等开设中文课程。总体来看，菲律宾的中文教育正处于加速发展阶段，规模也在不断壮大。

总之，语言政策是政府对语言问题进行规划、干预，以此解决社会发展过程中遇到的政治、经济、教育问题，从而维护国家统一，促进民族融合，增强国际竞争力，提高国民受教育的水平（张长明、初良龙，2021）。菲律宾作为多民族、多语言、多元文化的国家，制定语言政策时面临很大的挑战。虽然在不同的历史时期，菲律宾的语言政策各有侧重，但总体上体现出以下发展特征：①从殖民时期的独尊宗主国语言到独立后的重视民族语言；②从殖民时期和独立后的强化单一语言到21世纪的倡导多元语言；③从殖民时期和独立后的突出语言政治性到21世纪的强调语言发展性（江健，2011）。虽然菲律宾的语言政策得到了足够的重视，多次被写进宪法，但是由于政局动荡不安、制定政策时考虑不周、教育系统资金不足等，语言政策的执行力度和效果都受到了影响。

第三节　菲律宾的语言现状

语言是文化的载体，文化是语言的基石。菲律宾是一个群岛国家，共有大小岛屿7000多个。菲律宾现在有90多个民族，各民族使用的语言多达170多种，历史上又受到多国文化的影响，是一个多民族、多语言和多元文化并存的国家。目前菲律宾使用一种国语（菲律宾语）、两种官方语言（菲律宾语和英语）。在日常生活中，人们还使用各自不同的民族语言，这就形成了菲律宾人多种语言混用的独特语言现象。同时，菲律宾政府为了保持在全球劳动力市场中的竞争优势，还在中等教育、高等教育和职业技能培训中大力推广阿拉伯语、西班牙语、法语、日语、德语、汉语、韩语等外语。

一、菲律宾的国语和官方语言

目前，将菲律宾语作为母语或第二语言使用的人口，合计超过全国人口的90%。菲律宾语不仅是菲律宾通用语言，而且通行于海外菲律宾社群。菲律宾语从梵语、闽南语、阿拉伯语、西班牙语、英语等外来语言中吸收了许多词汇，这些外语对丰富和发展菲律宾本土语言产生了重要的影响。菲律宾语在语言谱系中属于南岛语系印度尼西亚语族，与马来语、印度尼西亚语等都有密切的亲缘关系。当前，菲律宾语中大约有英语词汇15,800个，西班牙语词汇5000个，汉语词汇1500个，但仍呈现出相当明晰的南岛语特色（杨亦鸣、赵晓群，2016）。作为官方语言之一，菲律宾语在政府机构、企事业单位、教堂、学校等非限定领域广泛使用。菲律宾语是历史、地理、社会科学、音乐、艺术、体育、家政、美术和品格教育等课程的教学语言，但是菲律宾语在科学技术和学术出版等方面还无法撼动英语的主体地位。菲律宾既缺乏足够的人力和财力，也缺乏把菲律宾语培育为精英话语的决心。

英语是菲律宾的官方语言之一，目前菲律宾是世界上第三大说英语的国家。英语在议会、政府的政策命令、国家的法律法规、法院的审理判决、企业的高层管理等限定领域使用。英语主要是数学、科学、技术、经济学等学科的教学语言。菲律宾人的英语优势成为国家在国际竞争中最大的优势，对国家的经济发展有着极大的现实意义。政府、学校和民间在推广菲律宾语的同时，仍然重视英语的学习。不过，英语也只是菲律宾人的一种交际工具，不太可能得到菲律宾人的民族心理认同。虽然大多数菲律宾人都能使用英语，但英语主要是作为第二语言来学习和使用的，真正以英语为第一语言的人很少。家庭日常生活中人们并不怎么说英语，而是使用各自的民族语言，当然其间可能会由于经常转换语码而夹杂英语单词。多年来，英语水平一直是身份的象征，因为英语说得流利的人被认为更聪明、更富有（Quebral，2018）。此外，菲律宾人认为英语是具有很高声望的语言，其功能是衡量社会阶层。英语流利的人被认为属于受过高等教育的中上社会阶层（Ledesma & Morris，2005；Sicam & Lucas，2016；Tupas，2003；Vizconde，2006），这种心态今天仍然存在。

二、菲律宾的民族语言

菲律宾共有170多种语言，根据2000年菲律宾人口普查的数据，使用他加禄语（Tagalog）的大约有2150万人，使用宿务语（Cebuano）的大约有1850万人，使用伊洛戈语（Ilocano）的大约有770万人，使用希利盖农语（Hiligaynon）的大约有 690 万人，使用比科尔语（Bikol）的大约有 450 万人，使用瓦瑞语（Waray）的大约有 310 万人，使用邦板牙语（Kapampangan）的大约有 230 万人，使用邦阿西楠语（Pangasinan）的大约有 150 万人，使用基纳瑞语（Kinaray-a）的大约有 130 万人，使用陶苏格语（Tausug）的大约有 100 万人，使用马拉瑙语（Maranao）的大约有 150 万人，使用马京达瑙语（Maguindanao）的大约有 100 万人（Magtanggol T. Gunigundo，2010）。这 12 种语言分布在全国各地，使用人口占到了全国总人口的 90% 以上，既是当地人们的母语，也是他们生活中的主要交际语言。这 12 种语言作为政府规定的主要地方语言，在各民族地区扮演着地方通用语言的角色。除此之外，菲律宾还有数量众多的少数民族语言。这些少数民族出于经济方面的考虑，更加积极主动地学习菲律宾语、英语以及地方通用语言，这导致一些使用人口特别少的语言受到挤压而面临生存危机，甚至走向消亡，这些濒危语言需要特别保护。

菲律宾各种语言之间的差异比较明显，基本不能相通，这就形成了菲律宾独特的语言现象：在主要民族语言区，菲律宾人在非正式场合多使用自己的民族语言，在正式场合多使用菲律宾语或英语。少数民族情况更为复杂，通常他们只会在家庭或部族成员等亲密圈内使用自己的民族语言，而在此圈外多使用地方通用语言，在特别正式的场合还能够使用菲律宾语或英语（周子伦等，2015）。

三、菲律宾的外语

2004 年，菲律宾教育部针对棉兰老穆斯林自治区（Autonomous Region in Muslim Mindanao，简称"ARMM"）颁发了第 51 号令《公立小学和私立小学标准课程》，实施"伊斯兰学校教育计划"（Madrasah Education Program，简称"MEP"）。该计划自 2005—2006 学年开始实施，旨在通过将阿拉伯语和伊斯兰价值观教育（Arabic Language and Islamic Values Education，简称"ALIVE"）纳入基础教育课程，为穆斯林学习者提供适当的、相关的教育机会（Philippine Department of Education，2004）。2011 年 5 月 19 日，菲律宾教育部颁发了第 40 号令

《2004 年教育部令第 51 号——〈公立小学和私立小学标准课程〉修正案》，从 2011—2012 学年开始，所有穆斯林学生人数不低于 15 名的公立小学和私立小学都要实施《伊斯兰小学新课程（修订版）》（Refined Elementary Madrasah Curriculum，简称"REMC"），旨在促进菲律宾民族认同，同时保护菲律宾穆斯林的文化遗产（Philippine Department of Education，2011）。需要注意的是，进入"伊斯兰学校教育计划"的机会只提供给穆斯林学习者。

2008 年，菲律宾教育部实施"外语特殊项目"，开始在全国的公立中学开设外语特别课程。该计划旨在培养具有全球竞争力的多语言学习者——他们具备 21 世纪所需的技能，能够自如应对多元文化环境，同时又能保持自己的民族身份认同，可以为未来的职业、高等教育或创业做好准备。到目前为止，该计划的外语课程已扩展到 3 种亚洲语言课程和 3 种欧洲语言课程。2009 年开设西班牙语、法语和日语课程，2010 年开设德语课程，2011 年开设汉语课程，2017 年开设韩语课程。此外，为了确保教师具备教授特定外语的良好能力，菲律宾教育部还与西班牙驻菲律宾大使馆、菲律宾西班牙国际发展合作署、菲律宾塞万提斯学院、法国驻菲律宾大使馆、菲律宾法语联盟、日本驻菲律宾大使馆、菲律宾日本基金会、德国驻菲律宾大使馆、菲律宾歌德学院、中国驻菲律宾大使馆、红溪礼示大学孔子学院、韩国驻菲律宾大使馆、菲律宾韩国文化中心合作，协助开展各种能力建设活动，特别是在语言和教学方法方面培训教师，并提供学习材料。"外语特殊项目"面向菲律宾公立中学 7—12 年级的学生，报名的学生需要通过"国家水平测试"（National Achievement Test，简称"NAT"）的成绩来证明他们的英语能力，并且有学习另一种外语的能力（Philippine Department of Education，2017）。菲律宾教育部 2019 年的统计数据显示，全国共有 22,446 名学生参与"外语特殊项目"，其中西班牙语学生 3531 名、法语学生 1112 名、日语学生 5020 名、德语学生 983 名、汉语学生 11,000 名、韩语学生 800 名。这些语言课程作为学生的选修课程，每周分配 4 个小时。目前的数据显示，"外语特殊项目"已经覆盖菲律宾全国 17 个行政大区。

与基础教育一样，菲律宾的高等教育也为学生提供选修外语课程的机会。菲律宾高等教育委员会（Commission on Higher Education，简称"CHED"）的任务是管理该国的高等教育机构。高等教育委员会支持外语教学和学习的方法体现在两份备忘录中：2010 年 CHED 第 23 号备忘录和 2017 年 CHED 第 23 号备忘录。2010 年 CHED 第 23 号备忘录正式将外语选修课纳入高等教育课程，以提高本地毕业生海外就业的竞争力。根据该指令，每个学生在校期间最多可以注册六个单元或两个科目的外语课程。2017 年 CHED 第 23 号备忘录为希望提供全面的外语学位课程的机构制定了政策、标准和指导方针。

菲律宾技术教育与技能发展署通过其免费提供外语课程的语言技能学院（Language Skills Institute，简称"LSI"），提供基于工作场所的语言培训。在当前的经济形势下，英语已成为菲律宾维持国家劳动力输出的竞争优势，因此需要熟练掌握外语来提供菲律宾在国际劳动力市场中的特色和附加值。语言技能学院教授的语言包括阿拉伯语、汉语、日语和西班牙语。除日语为 150 学时外，其他语言均为 100 学时。语言技能学院遍布菲律宾全国 17 个行政大区。

截至 2022 年，"外语特殊项目"中的汉语课程已在菲律宾的 15 个行政大区实施，涉及 93 所公立中学，学生人数多达 1.1 万名。菲律宾学习汉语的中学生主要集中在"K—12"第三个关键期，年龄在 11—16 岁，就读公立中学 7—10 年级。汉语走进菲律宾公立基础教育体系的课堂，意味着汉语作为一门学分选修课，在菲律宾公立中学广泛开展。在过去十来年的时间内汉语逐步成为该项目中影响最广、受众最多的语言之一。

2019 年 12 月 3 日，菲律宾教育部与中国孔子学院总部签署了《关于联合培养汉语师范教育硕士专业本土汉语师资协议》。该协议旨在支持公立中学外语特别课程——汉语的可持续发展。该协议的目标是在未来五年内培养 300 名菲律宾公立中学在职汉语教师，由菲律宾红溪礼示大学孔子学院和福建师范大学联合培养。汉语师范教育硕士奖学金专为参与"外语特殊项目"的汉语教师设立，以提高他们的语言能力和教学技能。该硕士学位课程为期两年，包括在福建师范大学为期六个月的学习，学生毕业后将回原公立中学继续任教（Philippine Department of Education，2019）。目前，菲律宾的公立中学正面临着汉语师资严重不足的问题，该协议对于缓解菲律宾本土汉语师资力量不足、提高菲律宾本土汉语师资水平，具有十分重要的里程碑意义。

第二章

菲律宾国民教育体系的汉语教学

第一节　中菲两国发展与语言交流

一、语言经济理论与国际中文教育

　　语言是民族的象征，语言的发展是国家经济发展、科技进步、文化繁荣的体现，是国家软实力的重要组成部分（俞燕君，2017）。语言是一种资源，陈章太（2008）认为，广义的"语言资源"是指语言本体及其社会、文化等价值。胡范铸等认为，广义的"语言资源"可以包括：语言本体、语言理论研究的资源（如语料）、语言的文化资源（如方言、语言符号、文学语言等）、语言的经济资源（人力资源、产业资源，如广告、旅游服务产业等）、国家安全及形象维护的语言资源（如军事机密语言）等（胡范铸，2010）。学界关于语言资源的研究成果很丰富，比如，语言资源建设与保护、语言资源的价值研究、语言资源的扶贫与开发，这些成果都指明了语言资源在推动国家社会发展中的重要性。保护和传承现有的语言资源，挖掘其潜在的社会价值，围绕国家战略对其进行科学管理和合理配置，将语言资源转化成语言资本，进而服务于国家政治、文化教育、社会经济，是当下语言资源建设的重要内容。

　　语言又是一种资本，瑞士经济学家Grin（2009）认为，语言能力是一种人力资本，这种人力资本的应用会带来一定的经济价值。语言是一种象征性资本，可以产生象征性利润，市场是语言资本的场所，强势语言有潜在的社会利润（张迈曾、郑荣萱，1999）。美国经济学家马尔沙克揭示了语言的经济学性质，认为语言作为人类经济活动中不可缺少的工具，具有价值、效用、费用和收益。语言输出得越多，越有助于提高其国际影响力，获得更多的国际话语权，在经济上有助于降低与其他国家的交易成本，有利于获得更多的自然资源和无形资源。为此，世界上许多国家都将语言建设提高到国家战略的高度，将语言作为一门产业来经营和推广。英国成立了英国文化委员会，德国建立了歌德学院，西班牙有塞万提斯学院，法国的法语联盟、韩国的文化中心、日本的国际交流基金会等机构都在全世界范围内积极推广本国语言，提升语言文化在国际上的影响力（俞燕君，2017）。中国的国际中文教育也在国家的大力支持下，不断走向世界。推广汉语课程，构建汉语文化传播网，既具有政治和文化上的战略意义，又是国家经济发展的助推力。

二、菲律宾的发展需求与国际中文教育

（一）菲律宾的社会经济发展需求

菲律宾是与中国隔海相望的近邻，两国睦邻友好源远流长。20 世纪，菲律宾先后经历了西班牙和美国的殖民统治，1946 年宣布独立。长期的殖民统治影响了菲律宾的政治、经济和文化教育等。虽然菲律宾拥有丰富的自然资源、庞大的劳动力市场以及具备国际竞争力的英语优势，但其经济发展和政治建设一直无法摆脱来自美国的干涉。虽然独立后的菲律宾一直在努力跻身新型工业化发展国家行列，但经济发展报告显示，近半个世纪以来，菲律宾经济一直增长缓慢。1997 年，东南亚的经济危机更是将菲律宾经济推向了寒冬。2000 年，联合国在"千年发展目标"（Millennium Development Goals，简称"MDGs"）中提出消灭极端贫穷和饥饿，这是摆在菲律宾政府面前的第一道门槛，"确保环境的可持续能力，全球合作促进发展"则对菲律宾提出了更高的要求。根据菲律宾国家经济发展总署的统计数据，2010 年菲律宾人均 GDP 只有 2237.275 美元，2021 年也才

3571.842 美元 [1]。为了摆脱贫困，拉动经济增长，菲律宾国家经济发展署在 2011 年制定的《菲律宾 2011—2016 年发展计划》中，将"摆脱贫困与不平等，提高国民生活质量，追求经济的快速和可持续性发展" [2] 作为重要任务。全球化进程不断深入的时代潮流，迫使菲律宾亟须突破旧有的经济桎梏，寻找新的经济增长点。

（二）"一带一路"建设推动中菲友好交流、协同发展

2013 年，中国提出建设"丝绸之路经济带"和"21 世纪海上丝绸之路"的合作倡议，积极发展与共建国家的经济合作伙伴关系，互惠互利、合作共赢，共同打造政治互信、经济融合、文化包容的利益共同体、命运共同体和责任共同体。菲律宾作为东盟重要成员国，与中国隔海相望，从地理位置、经济资源、政治、军事、外交等方面都具有举足轻重的战略性地位。2018 年 11 月，中菲两国签署《中华人民共和国政府与菲律宾共和国政府关于共同推进"一带一路"建设的谅解备忘录》，共建互赢、和平发展，全方位打开了两国合作之路。2022 年以来，中菲高层互访交流不断，政治、经济、文化、科技等多领域合作密切深入，推动了两国关系再上新台阶。

（三）中菲语言交流深入

2009—2018 年间，菲律宾依次将西班牙语、法语、日语、德语、汉语、韩语纳入 SPFL 项目。西班牙文化在菲律宾长期传播，已经融入菲律宾的本土文化中，在菲律宾的社会文化生活很多方面都能看到西班牙文化的影子，SPFL 项目实施后，西班牙语成为第一个进入该项目的语言。此外，日本是菲律宾除美国之外的重要战略伙伴，也是菲律宾的重要经济伙伴及主要发展援助来源。德国和法国是菲律宾在欧盟成员国中的第一和第二大贸易伙伴，是菲律宾重要的贸易出口对象国。经济上的贸易往来必须依靠

[1]　数据来源：菲律宾国家经济发展总署网站 https://www.ceicdata.com/zh-hans/indicator/philippines/gdp-per-capita。
[2]　引自《菲律宾 2011—2016 年发展计划》。

语言上的互通,因此菲律宾在 2008 年颁布实施"外语特殊项目"时,法语、日语、德语也相继进入了项目行列。

汉语被纳入菲律宾 SPFL 语言项目,与汉语国际地位的提升以及菲律宾的社会需求密不可分。周有光(1989)说:"学习汉语的主要动机大致有外交、贸易、学术和旅游。""一带一路"建设的兴起,为共建国家的整体交流以及关系缓和带来了重要契机。中菲政治障碍逐渐解除,外交关系出现转圜,中菲双方高层互访不断,各领域洽谈合作,在促进本国经济贸易快速增长的同时,也为菲律宾的经济发展带来了红利,中菲实现经济交流的同时,也推动了文化、教育、科学、旅游各方面的交流与合作。中菲两国隔海相望、一衣带水,一端是新时期正在崛起的经济大国,一端是亟须谋求发展的千岛之国。经贸文化互通需要高层次的汉语人才,互惠互利、合作共赢的方针政策必然会带来语言文化上的建设。

根据菲律宾华教中心统计的数据,截至 2021 年,菲律宾的华文学校共 143 所,学生 10 万余人 [1]。2006 至 2016 年间,在中国政府、中外语言交流合作中心(原国家汉办)的推动下,雅典耀大学孔子学院、布拉卡国立大学孔子学院、红溪礼示大学孔子学院和菲律宾大学孔子学院在菲律宾相继建立。2011 年,菲律宾教育部正式宣布,将汉语作为外语选修课程纳入国民教育体系 SPFL。菲律宾教育部中学教育局局长洛丽塔·安德拉达表示:"中国已经成为世界经济大国,汉语在这个经济大国中广泛应用,菲律宾学校引入汉语,其目的是培养更富有国际竞争力的毕业生,使菲律宾人更好地走向全球职业竞技场。"[2] 菲律宾民众对于汉语学习的需求以及汉语资源的价值在中菲合作发展中日益凸显,是汉语走进菲律宾国民教育体系的直接原因。

---

[1] 来源:菲律宾华教中心网 http://www.pcerc.org/。
[2] 来源:菲律宾教育部宣布公立中学将于六月开设汉语课 [N].光明日报,2011-02-26。

第二节　国民教育体系汉语教学点的分布

一、菲律宾国民教育体系与外语特殊项目（SPFL）

（一）菲律宾的国民教育体系

　　菲律宾的国民教育体系即幼儿园到12年级的教育体制，简称"K—12"，"K"是 Kindergarten（幼儿园），K—12包括幼儿园教育和12年的基础教育。12年的基础教育包括6年小学、4年初中、2年高中。小学和初中阶段（1—10年级）的课程主要包括：母语、菲律宾语、英语、数学、科学、历史、人文教育、音乐、艺术、体育教育、健康、家庭和经济教育、技术与生计教育。初中阶段（7—10年级）以通识、技能型学习为主，通过广泛而均衡的学科知识学习，培养学生的批判性思维和沟通技巧，学科知识呈螺旋式增长，内容不断巩固与强化。高中（11—12年级）课程有三个方向：学术、职业技术营生、体育和艺术，学生可以根据自己的兴趣、能力、学校、家庭情况等来自主选择学习方向。这样设计的目的是为了与大学课程接轨，学生可以在高中阶段提早接触他们选择的专业并最终决定是否进入大学继续深造。

（二）菲律宾外语特殊项目（SPFL）的发展

1. 国民教育体系中"技术与生计教育"课程体系与外语特殊项目（SPFL）

　　"技术与生计教育"（Technology and Livelihood Education，简称"TLE"）是中学的辅修课程，目的是培养学生的职业与生存技能，为将来的学习、家庭生活以及职业发展提供帮助。TLE课程包括家政学、农业渔业艺术、工业艺术以及信息和通信技术。作为选修课，TLE每周教学时长为240分钟，占1.2个学分。由于课程属于职业技能类，教学环节增加了社区工作实践部分，因此总课时往往超出规定时长。2010年，菲律宾教育部对 TLE 课程范围进行了扩展，增加了特殊课程项目，扩展后的 TLE 共有六个项目：艺术特殊项目（SPA）、体育特殊项目（SPS）、科技工程与数学项目（ESEP）、新闻学特殊项目（SPJ）、职业技术教育项目（TVE）、外语特殊项目（SPFL）。菲律宾教育部鼓励各地中学在保证核心课程的基础上选择开设上述六种特殊项目课程。公立中学也需要结合当地社区、行业的需求和学校的资源设备，尽可能为学生提供丰富优质的课程资源，而学生只要选修了特殊项目课程，就可以不再选修 TLE 的其他课程。

SPFL 是 TLE 课程体系中的子项目，目前进入 SPFL 项目名单的语言有 6 种：西班牙语、日语、法语、德语、汉语、韩语。SPFL 项目内的语言课程对 7—12 年级的学生开放。只有通过了国家水平测试并具备良好的英语能力的学生，才有资格申请学习第二外语。NAT 是菲律宾为 3、6、10 和 12 年级学生设置的标准化考试，考试科目主要有科学、数学、英语、菲律宾语、社会学。该测试旨在衡量基础教育阶段的学生是否达到预期的学习效果，并以此作为学生评价和教学效果评价的标准。可见，菲律宾教育部对于 SPFL 的课程定位非常明晰，保证本国核心课程不受影响的同时鼓励选修 SPFL，并将其定为国家教育的长期战略，旨在培养学习者在语言和文化多样化的全球工作场所中进行有意义互动的能力，提高他们在本土及国际上的竞争力，促进学习者对世界其他地区多元文化的理解和欣赏。

2. 开设 SPFL 课程的保障条件

菲律宾教育部鼓励有兴趣、有条件的学校开设第二外语课程，并提供了 SPFL 课程实施的模型图，如图 2.1 所示。

一个完整的课程教学系统需要来自 5 个方面的驱动，分别为教师、行政管理人员、学习者、支持小组、学习环境。每个驱动各司其职又彼此联系。教师要具备第二外语教学资质，掌握语言教学的方法和规律，熟悉外语所在国家或民族的文化并指导学生自主学习。学校及上级管理部门要对课程实施进行指导、领导、管理、监督及反馈，为课堂教学提供所需的设备，创设良好的环境。学习者经过阶段性的学习后应具备相应的语言竞争力及文化鉴赏力。以图 2.1 中的课程模型内容为指导，菲律宾教育部对申请开设 SPFL 课程的学校进行资质审核，并提出了具体的要求。申请学校需要提供以下材料：①学校所在区域管理部门的认可；②学校简介、合规办学资质证明材料、申请第二外语（下文简称"二外"）课程学习者的数量、学习二外的效益分析报告；③社区地图、当地社区是否具备二外学习的相关场所及配套设施，比如工厂、便利店、饭店等能让学习者练习二外的场所；④开设二外教学场地的合规证明、配备教室的面积以及所能够容纳学生的数量情况，每个年级至少有一个班级，每个班级最多35名学生，每个学校至少要能保证有1—2间教室供二外教学使用，具体班级人数可依据学生数量及学校教学条件酌情调整；⑤二外学习材料及相关教学资源。

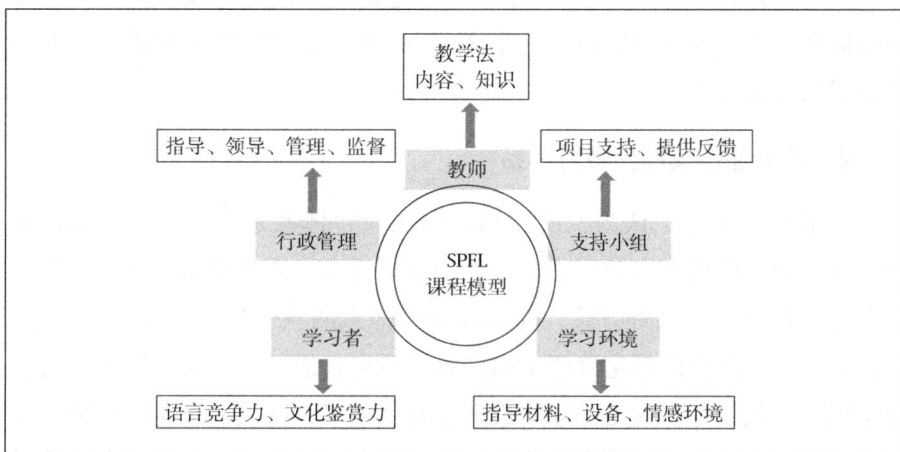

图 2.1　SPFL 课程模型

教师需要保证以下几个要求达标：①能提供由政府医院出具的身体和心理健康证明，能够保证教学和培训活动的正常开展；②能够参加且完成相关的语言培训和沉浸式语言项目，并在二外教学岗位上至少工作3年；③有责任心和热情投身语言教学，指导学生掌握二外技能。为了确保教师具备教授特定外语的能力，菲律宾教育部与歌德学院、西班牙大使馆、西班牙国际发展合作署（AECID）和塞万提斯学院、日本基金会、菲律宾红溪礼示大学孔子学院、法国驻马尼拉大使馆签订合作协议，获得支持以协助开展各种语言能力建设活动。

其他保障条件包括：①课时安排方面，菲律宾教育部在 2017 年明确规定 SPFL 项目内的课程每周为 4 小时，或者每周两节课，每节课 120 分钟；②在 2017 年教育部预算中，已为 SPFL 拨款超过 3500 万菲律宾比索，其中约 2200 万菲律宾比索用于 SPFL 教师的培训、研讨会和其他能力建设活动。

根据菲律宾教育部的统计数据，截至 2020 年，有 15.7% 的学生学习西班牙语，4.38% 的学生学习德语，4.95% 的学生学习法语，22.4% 的学生学习日语，3.56% 的学生学习韩语，汉语学习者最多，占 49%。毕业后有 23.88% 的学生从事教师行业，12.44% 的毕业生从事翻译或线上督导工作。有 50.67% 的毕业生反馈二外的学习对于他们进入高等院校和其他职业规划帮助非常大。SPFL 实施十多年已初见成效，这也为 SPFL 的进一步发展提供了信心和动力。

3. 汉语纳入菲律宾国民教育体系

李宝贵（2020）认为，汉语纳入国民教育体系是指海外各国通过颁布法令、教学课程大纲等形式，以大中小学开课、高中会考、汉语专业学历教育、公务员考试等方式，在国民教育体系的各个学段进行汉语教育。汉语纳入国民教育体系是汉语走向世界的重要标志。近年来，海外汉语学习呈现低龄化趋势，这是国际中文教育发展的又一次质的飞跃，象征着汉语学习价值的巨大提升。李宇明（2018）认为，汉语纳入国民教育体系是汉语的外语身份向"基础教育阶段外语"的突破性转型。《孔子学院发展规划（2012—2020 年）》中对于如何将汉语纳入对象国国民教育体系，提出要充分发挥孔子学院平台优势，"坚持中外合作、内生发展"，采取中外学校、企业及社团合作办学模式，积极发挥中外各方面作用，共建共管，促进孔子学院（课堂）办学与所在国的国民教育体系相结合[1]。

2011 年，汉语作为 SPFL 项目课程，正式进入菲律宾公立中学国民教育系统。同年 6 月，菲律宾教育部部长 Br. Armin A. Luistro 与红溪礼示大学孔子学院（以下简称"红溪孔院"）签署了"支持菲律宾主流中学开展汉语教学"的合作协议，委托红溪孔院承担菲律宾主流学校的汉语课程

---

[1] 引自《孔子学院发展规划（2012—2020 年）》。

建设重任，具体建设内容包括汉语教学点的推广设置、中文课程大纲及本土教材的编写、中文教学效果评估、本土师资培养以及汉语考试的组织与管理等。红溪孔院是中菲合办的第三所孔子学院，中方合作院校是福建师范大学，菲方合作院校是红溪礼示大学。

二、菲律宾公立中学汉语教学点的分布

（一）汉语教学点区域分布情况

截至 2021 年底，与红溪孔院合作的公立中学共计 93 所，其分布如表 2.1 所示：

表 2.1　公立中学教学点分布情况 [1]

行政区划	NCR	R1	R2	R3	R4-A	R4-B	R5	R7	R9	R11
公立中学数量	32	2	1	23	10	1	1	13	1	9
合计	93									

菲律宾共有 18 个地区，公立中学汉语教学点分布在以下 10 个区域：NCR、Region 1、Region 2、Region 3、Region 4-A、Region 4-B、Region 5、Region 7、Region 9、Region 11。其中，NCR 的公立中学汉语教学点有 32 所，居首位。其次分别是 Region 3（23 所）、Region 7（13 所）、Region 4-A（10 所）、Region 11（9 所），Region 1（2 所）、其余地区各 1 所。NCR、Region 3、Region 7、Region 4-A、Region 11 这 5 个区域共有 87 所公立中学设置了汉语教学点，大约占所有开设汉语课程公立中学的 93.5%。这样设置教学点的依据是什么？下面我们对菲律宾的自然、人文、经济环境等进行了调查分析。

（二）汉语教学点设置的生态学依据

语言的传播离不开人的活动，人的活动是在自然和社会等各种环境中

---

[1]　表格中"NCR"是"National Capital Region"（国家首都区）的简称，"R"是"REGION"（地区）的简称。

展开的。语言的传播必须依赖传播的生态环境，包括自然地理环境、人文环境、社会经济环境等。环境是语言存活的土壤，是语言传播的舞台（陈莉，2021）。

第一，优越的地理位置和良好的地理特征有利于语言的传播。语言传播依靠人群的接触和空间的移动。人是语言信息交流的主体，也是经济活动的主体。自然环境下的人与社会发生各种关系，语言就是最好的沟通交流工具。假如一个人或者一群人住在远离陆地、与世隔绝、人烟稀少、交通不便的地区，他们则很难与外界进行交际互动，地理位置的特殊性给对外语言交流带来困难,区域内的人群会自觉或不自觉地对外来语言有抵触。外来语言难以融入，语言交流受阻，区域内的语言就会处于一个相对稳定的状态，语言发展和变化的速度自然比较缓慢。反之，如果是一个交通便利的港口、人来人往的旅游胜地，或是经济繁荣的贸易区呢？人口的流动、思想文化的开放、经济的互动等都会强有力地推动语言的发展，刺激语言的双向交流。当然，互联网时代的到来让地理环境不再成为语言交流的障碍，然而在世界各地仍有很多贫困地区没有实现网络互通，经济与科技的落后使得网络资源非常匮乏，网络对于贫困地区和家庭来说仍是奢侈品。世界数据中心（World Data Center）互联网贫困指数显示，在接受调查的 169 个国家中，菲律宾在被视为"互联网贫困"的国家中排名第 38 位。2020 年，84.3% 的菲律宾家庭没有互联网连接。2022 年的调查数据显示，5800 万菲律宾人，即菲律宾人口的一半以上，负担不起每月 1GB 的互联网套餐。菲律宾马尼拉参议员 Jinggoy Estrada 在 2022 年接受《菲律宾星报》（The Philippine star）的采访时表示："当菲律宾人迫切需要使用互联网来在家工作或在线学习时，最不幸的是，他们连最基本或最便宜的互联网服务都买不起。在棉兰老岛邦萨摩洛穆斯林自治区，95% 的家庭没有互联网接入。""互联网穷人"不仅存在于菲律宾，根据世界数据中心的统计，当今约有 11 亿人生活在互联网贫困中。因此，利用互联网实现国际中文教育推广的全覆盖，这条路还很漫长。在教学点的设置上应优先考虑地理环境占优势的地区。

第二，良好的经济环境能够为语言传播提供坚实的物质保障。从语言经济学的角度来看，语言作为一种资本，必然会在市场运作下进行生产的投入与产出，包括投入的成本、获得的价值、产生的效用。人们决定学习第二语言（或外语），甚至让自己的子女从小就学习第二语言（或外语），部分原因是受经济因素的影响，即考虑到学习的"投资费用"和其后的预期投资回报率（宁继鸣，2006）。一个学校是否愿意开设第二语言课程，要考虑是否有足够的教学场地、教学设备以及足以支撑外语教学的师资力量和为学校带来的效益。学生是否愿意学习第二语言，需要考虑语言学习的费用支出以及将来能够为个人职业发展和家庭经济收入带来的经济效益。一个国家要想把语言输出作为国家的文化战略，就必须考虑语言的投资回报率，即语言的投入成本与产出效益。经济是文化教育的基础。经济发展水平较好的地区，学校资源丰富，财政收入有保障，能够为汉语课程的开设提供有力的经济后盾。收入较高的家庭也能为语言学习提供有力的支持，反之则不然。根据菲律宾教育部的统计，2020—2021 学年，菲律宾全国有五分之一（大约 500 万）的中小学生没有正常入学。在中国政府的支持下，红溪孔院通过奖学金的方式鼓励学生继续学习汉语。孔院汉语师范专业的学生都是 SPFL 项目中汉语班的优秀应届毕业生，经各公立汉语教学点的推荐参加红溪孔院的入学考试并择优录取。学生学习期间全程获孔子学院总部和红溪礼示大学奖学金支持，并承诺毕业后服务于菲律宾公立汉语教学系统。经济与教学需要形成一个良好的生态循环，才能为菲律宾的国际中文教育提供一个优质、可持续的发展环境。

第三，人口密度越高的地区语言传播越快。宁继鸣（2006）认为："在某一特定地区内，使用某一特定语言的个人和机构的数量，即使用该语言的密度，是决定该语言经济效用的首要因素。"Simon（2018）指出，一种语言使用的人口越多，其交际价值就越高，在语言竞争中就会占据优势，所以人口优势往往会转化为语言竞争的优势。语言是流动的，人与人之间的接触交际越多，流动性越大，语言新词增加的频率就越高，语言变化的速度就越快，就越有利于语言的多元化发展。帕特里克（2015）在《世界历史上的移民》中指出人口数量对于语言保持的重要性，他认为"至少要保持数百人的规模才能保证某一语言长期保存下去"。因此，人口数量越多的地区越有利于语言的传播与发展。当然，地区的语言文化情况、政策法律法规、民众文化程度、宗教信仰等都是汉语教学点设置的其他影响因素。

总之，理想的自然社会环境有助于提高语言的传播能力和传播效果，赢得社会效益和经济效益，而恶劣的环境则可能制约和破坏传播活动。因此，汉语教学点的空间布置都是通盘考虑、综合衡量的结果。最大限度地为国际中文教育提供优质的生态环境，保障汉语及中华文化的推广，是每一个海外汉语传播机构的责任与义务。

（三）菲律宾的自然、社会环境概况

1. 菲律宾的自然地理概貌

菲律宾有"千岛之国"的美称，大小岛屿共有7000多个，海岸线长约18,533公里。全国设有首都地区、科迪勒拉行政区、棉兰老穆斯林自治区等18个地区，下设81个省和117个市。从国土分布来看，菲律宾岛屿众多，陆地分散。其中，吕宋、米沙鄢和棉兰老是行政区划的三个主要部分。

吕宋位于菲律宾中北部，是菲律宾面积最大、人口最多、经济最发达的岛屿。主要城市有首都马尼拉、奎松、打拉、甲米地、碧瑶等，全国一半以上的工业和大部分公路、铁路都集中于此。米沙鄢由群岛构成，位于菲律宾中部，由米沙鄢海、萨马海和卡莫特斯海周围的7个大岛及数百个小岛组成。其中，班乃岛、薄荷岛、宿务岛都是著名的旅游景点，宿务是仅次于马尼拉的第二大经济中心。棉兰老岛地处菲律宾南部，是菲律宾境内仅次于吕宋岛的第二大岛。岛上山地、高原广布，自然资源丰富，农作物经济发达。岛内的达沃市是菲律宾第三大城市，也是菲律宾南部最大的城市和港口。

多岛、多山、多海的地理特征使得整个菲律宾的陆地交通并不发达，岛屿之间、城市之间常常需要借助船只、飞机进行客货物资的运输。铁路线非常有限，陆地交通以公路为主。其中，泛菲公路连接吕宋岛、萨马岛、莱特岛和棉兰老岛，是该国陆上交通的支柱。

综上，吕宋岛、宿务岛和棉兰老岛的达沃有着开放的地理位置和丰富的自然资源，能为经济的互动和语言的交流提供良好的环境。

2. 菲律宾的区域人口情况

图 2.2 是菲律宾统计局官方公布的 2020 年人口数据。

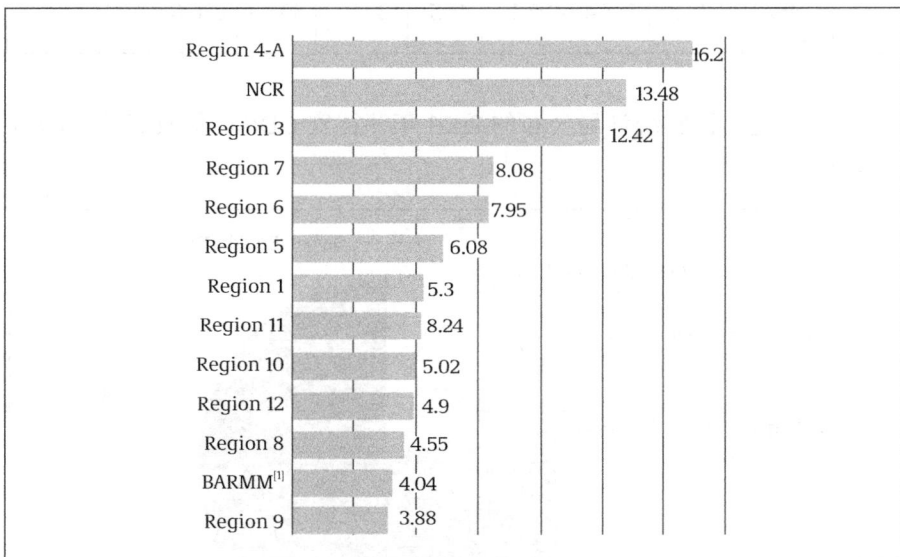

图 2.2　2020 年菲律宾区域人口统计（单位：百万）

数据显示，人口最多的地区为 Region 4-A，其次是 NCR，Region 3 位居第三，Region 7 居第四。人口数量在 500 万以上的除了以上几个地区，还有 Region 6、Region 5、Region 1、Region 11、Region 10。一般来说，一个城市人口越多，生产力就越大，消费力也越旺盛，就更容易吸引人口聚居，有助于经济规模的扩大。

3. 菲律宾的区域经济概况

表 2.2 是菲律宾审计委员会（Commission on Audit，简称"COA"）公布的 2020 年地方政府年度财务报告数据。2020 年，菲律宾城市 GDP 排名前十的城市如下：

---

[1] "BARMM" 是 "Bangsamoro Autonomous Region in Muslim Mindanao"（棉兰老穆斯林邦萨摩洛自治区）的简称。

表 2.2　2020 年菲律宾城市 GDP 排名 [1]

城市	奎松 （NCR）	马卡蒂 （NCR）	马尼拉 （NCR）	巴石 （NCR）	宿务 （宿务省）	曼达维 （宿务省）	塔吉格 （NCR）	达沃 （棉兰 老岛）	卡洛 奥坎 （大岷 区）	三宝 颜 （棉兰 老岛）
资产 （亿比索）	4523.3	2384.6	765.4	495.1	347.5	325.7	306.8	236.6	222	197.7

图 2.3 是菲律宾统计局公布的 2021 年菲律宾 GDP 产值较高地区的占比情况。

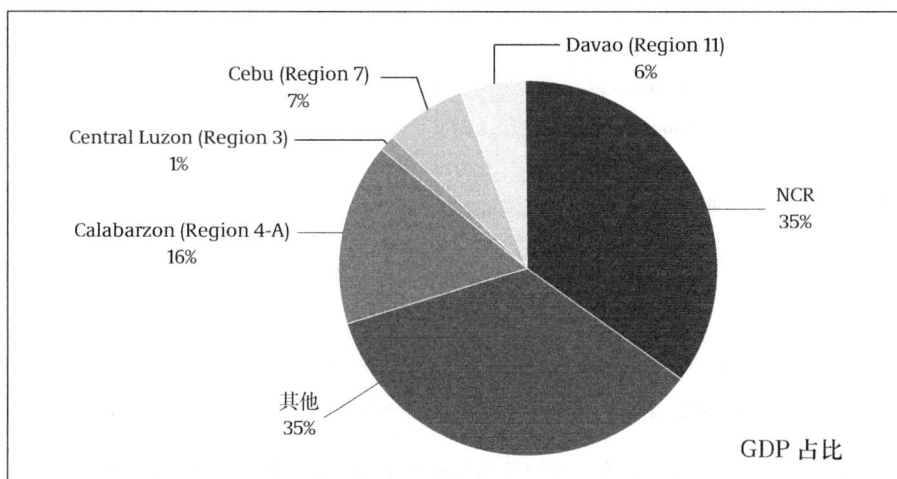

图 2.3　2021 年菲律宾区域 GDP 占比 [2]

　　通过分析表 2.2 和图 2.3，可以看到 NCR 区域在整个菲律宾经济发展中起到了"领头羊"的作用，紧随其后的几个区域分别是 Region 4-A、Region 7、Region 11、Region 3。NCR 是首都区，是以马尼拉市为核心，涵盖周边 15 个城市及 1 个自治市的大型都会区，又称为"马尼拉大都会"，当地人称"Metro Manila"，直属于菲律宾总统，是菲律宾所有领事馆和使馆的所在地，是全国的金融、文化中心和国际外交的重要地区，在菲律宾的政治、经济、社会、文化和教育发展中有着不可或缺的影响力。2021

[1]　来源：菲律宾统计局官方网站 https://www.statista.com/statistics/。
[2]　来源：https://en.wikipedia.org/wiki/List_of_regions_of_the_Philippines_by_GDP。

年 NCR 的 GDP 占全菲的 35%，遥遥领先于其他地区。Region 3 是吕宋所在地，位于菲律宾北部，与 NCR 相邻，红溪孔院就设置在这个区域。其中的克拉克市是菲律宾重要的商业文化中心，是菲律宾重要的国际航空港。美国在此拥有其本土以外最大的军事基地（克拉克空军基地）。目前，克拉克市仍有很多美国公民定居。Region 7 宿务位处菲律宾中部，是菲律宾的第二大城市，也是菲律宾最早开发的城市，历史悠久，仅次于马尼拉。宿务拥有东南亚最大的铜矿，是米沙鄢和棉兰老地区最重要的商业、贸易和工业中心，是菲律宾进出口枢纽地，是菲律宾除马尼拉之外最大的经济中心，被誉为"南方皇后市"（Queen city of the South）。Region 11 又称达沃地区，位于菲律宾南部，是菲律宾前总统罗德里戈·杜特尔特（Rodrigo Duterte）的家乡。它由 5 个省组成——南达沃、北达沃、东达沃、西达沃和孔波斯特拉。该区拥有丰富的自然资源、便利的城市设施、有利的商业环境和具有竞争力的人力资源。其公路、港口、机场交通便利，网络发达，是通往东盟和太平洋经济体的主要门户、菲律宾南部的贸易和投资中心，也是多家跨国公司的所在地。2022 年 2 月，菲律宾贸易和工业部宣布达沃市为米沙鄢和棉兰老岛整体最具竞争力、高度城市化的城市。

结合以上分析，我们得出的结论是 NCR、Region 3、Region 7、Region 4-A、Region 11 这 5 个区域地理位置优越、资源丰富、经济发达、人口密度较高、GDP 产值高、民众文化包容度较好，综合指数位居菲律宾前列，具备语言推广的有利条件。健康有活力的环境能给语言推广创造优质的条件，提供丰富的资源，语言的交流与发展又能为社会发展提质增效。汉语教学点开设在这样的地区往往会事半功倍，收到意想不到的效果。对于那些交通条件不便利、地区发展比较落后的地方，可以通过网络、广播等灵活多样的方式循序渐进地推广。

（四）公立中学汉语教学点的发展情况

自 2011 年汉语成为菲律宾 SPFL 外语成员后，主动设立汉语教学点的公立中学数量逐年增加，这意味着汉语得到了菲律宾当地的认可，在主流社会中受到欢迎。图 2.4 反映的是 2011—2021 年 11 年间公立中学汉语教学点的发展情况。

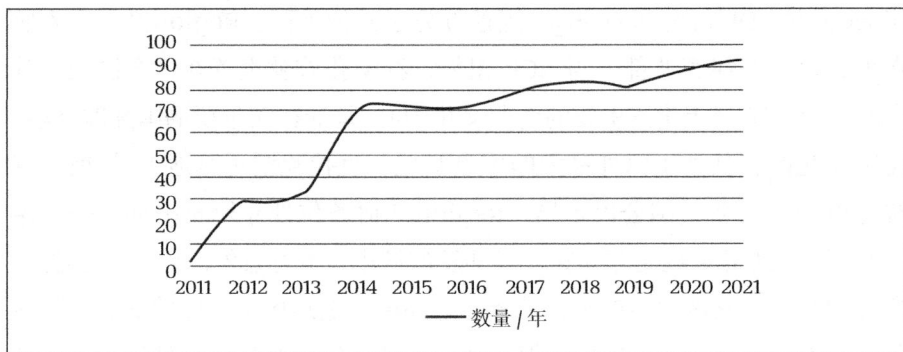

图 2.4　2011—2021 年菲律宾公立中学汉语教学点数量

2011 年，红溪孔院选择了 3 所公立中学作为试点开设汉语课程。2012 年教学点数量增至 29 所，2014 年达到 69 所。截至 2021 年，公立中学汉语教学点共计 93 所。教学规模的飞速发展与红溪孔院十余年间的努力耕耘密不可分。红溪孔院为推动汉语纳入菲律宾国民教育体系作出了以下贡献。

一是在各地区中学加强汉语及中华文化的宣传推广，增设汉语教学点，扩大教学规模。2010 年 7 月，组织 23 位主流中小学校长代表访华，推动两国在基础教育领域的合作交流。2011 年初，红溪孔院在凯迪雷拉大学（University of the Cordilleras）教学点组织中华文化"三巡"活动，举办孔子学院开放日，让更多的当地中学生及民众了解汉语及中华文化。2011 年 10 月，从全菲公立中学中筛选出 100 名优秀中学生代表前往中国福建参加"汉语桥——2011 年菲律宾中学生夏令营"活动。此后，校长团赴华访问，中学生夏令营、冬令营活动进入中菲两国中学友好交流的常态化日程。博大精深的中华文化和日新月异的现代化建设让菲律宾的中学校长们看到了汉语学习的前景；波澜壮阔、日新月异的当代中国给菲律宾的青年一代留下了深刻的印象，激发了他们学好汉语的热情与信心。2013 年，"第一届外语特殊项目会议"在马尼拉召开，会议部署了 SPFL 项目的总体发展规划，进一步为公立中学汉语教学的发展指明了方向。2014 年，红溪孔院与菲律宾教育部达成共识，新增公立中学汉语教学点。2014 年，公立中学汉语教学点得到了井喷式增长。同年，红溪孔院开办汉语师范教育本科专业，从公立中学汉语班筛选出优秀的毕业生入读该专业，毕业后成为本土汉语教师反哺公立中学汉语教学。公立中学汉语教学点自 2011 年的 3 个发展扩大到 2021 年的 93 个，菲律宾国民教育体系的汉语教学规模逐年递增。

二是全面承担菲律宾教育部公立中学汉语课程建设、中文教学大纲及本土中文教材编写、中文教学评估等任务，让中文教学能够融入本土，真正满足当地学习者的需求。2017 年，红溪孔院完成了菲语版《快乐汉语》教材本土化修订及翻译工作，并依托福建师范大学，承担菲律宾公立中学汉语课程教学大纲的编写工作，为菲律宾量身打造了一套本土适用性、针对性强的教材。其次，通过各类专家讲座、中菲汉语教学竞赛等方式让汉语教学更接地气。红溪孔院定期举办"菲律宾公立中学汉语课程研讨会"，安排国内专家讲座、志愿者教师和本土教师微课教学、中菲教师教学经验交流分享等活动，探讨课程教学方法，解决教学中遇到的问题。

三是承担汉语本土师资的培养任务，为菲律宾国民教育体系源源不断地输送一批又一批的专业汉语教师。菲律宾法律对国民基础教育体系的教师资质有着学历、从业资格等明确规定，必须持有本国有效的专业资格证书或者修满与 18 个专业教育单元同等学力的教师才能从事教学，外国教师不能直接向学生授课。因此，培养本土中文师资就成了 SPFL 项目最首要的任务。

2013 年，菲律宾教育部正式授牌红溪孔院为"菲律宾汉语师资培养培训中心"。作为本土汉语师资培养的拓荒者，红溪孔院采取学历培养和在职培训相结合的模式，双管齐下。截至 2020 年，由红溪孔院与红溪礼示大学教育学院合办的汉语师范教育专业已为菲律宾培养了 4 批汉语师范本科毕业生，他们持有菲律宾教师资格证和国际中文教师证书，已经奔赴菲律宾公立中学汉语教学一线。2019 年底，菲律宾教育部与中国孔子学院总部签署了《关于联合培养汉语师范教育硕士专业本土汉语师资协议》，由中国孔子学院总部和菲律宾红溪礼示大学联合设置汉语师范教育硕士专业，计划于 2019—2023 五年间在菲律宾选拔 300 名本土汉语教师进行汉语教育硕士学位的培养深造，以更高的知识标准、更专业的教学技能服务公立中学。

在职教师的培训方面，本土教师的在职培训周期为 3 年，以暑期孔院集中面授、赴华沉浸式汉语教学培训、周末跟踪培训以及评估考核为主要内容。2010 年 11 月，红溪孔院选派 6 名菲律宾本土汉语教师参加孔子学院总部组织的"国外汉语教师教材培训班"，由中国国家汉办（现中国教育部中外语言交流合作中心）选拔推送第一批汉语志愿者教师奔赴菲律宾公立中学汉语教学点进行汉语教学督导，协助本土教师授课。同年，红溪孔院与神舟矿业集团公司合作，资助 60 名菲律宾本土汉语教师赴中国国家汉办（现中国教育部中外语言交流合作中心）国际汉语教师研修基地进行为期四周的"沉浸式汉语教学培训"。每年 5—7 月，孔院联合各公立中学开设"暑期菲律宾本土汉语师资培训班"，旨在提高本土教师的汉语教学知识技能以及跨文化交流水平。截至 2020 年，孔院已为菲律宾教育部培训了 8 批本土教师，共计 320 人，服务于各公立中学的汉语教学岗位。

四是将汉语等级考试纳入公立中学汉语教学系统，以公立中学为单位组织中学生参加中小学生中文考试（Youth Chinese Test, 简称"YCT"）。为了增强中学生学习汉语的自信心和荣誉感，红溪孔院遵循"考教结合"的原则，"以考促教""以考促学"，每年定期规模化地组织 YCT 考试，分析评价考试结果，反馈汉语教学工作。随着合作汉语教学点规模的扩大，参加 YCT 考试的学生人数也在迅速增长，从 2011 年的 709 人增长到 2019 年的 12030 人次。截至 2020 年，红溪孔院先后三次荣获"汉语考试优秀考点"称号。

红溪孔院推动汉语课程进入菲律宾国民教育体系，立足本土，积极探索更灵活多样的办学模式，速度快、辐射面广、影响力大，丰富了汉语传播的层次，增进了菲律宾民众对中国语言和文化的了解，将两国语言教育合作推向纵深化，在促进菲律宾国民教育体系汉语教学的全面、健康、可持续发展方面作出了重要贡献。

第三节　国民教育体系汉语课程设置

一、课程与课程设置

"课程"一词见于文献，始于唐代孔颖达为《诗经·小雅·巧言》的注疏："维护课程，必君子监之，乃依法制。"此"课程"指的是社会秩序，和我们今天所谓的教学课程意义相去甚远。南宋教育学家、理学家朱熹在《朱子全书·论学》中写道"宽着期限，紧着课程""小立课程，大作功夫"，"课程"才以"教学"的身份面世。陈侠（1989）认为，"课程"指教学的进程。西方学者关于"课程"的定义主要有三个观点：课程是学科、课程是目标和计划、课程是经验和体验。随着课程理论和实践的发展，课程内容和范畴也不断拓展。"开什么课、怎么开、教什么、怎么教"，成为各级各类学校办学的重要内容。

根据陈侠（1989）的说法，课程设置就是对于"各个级别的各所学校开设的教学科目和各科的教学时数"的规定。国际中文教育学界，刘珣（2000）指出，课程设置的主要任务是选择教学内容并组织教学进程，从而构建专业课程体系。李泉（2006）认为，课程设置是教学设计的一个部分，是实现教学目标、分解教学内容的主要方法。蒋小棣（2009）认为，课程设置的具体内容包括合理的课程结构和课程内容，合理的课程结构不仅指各门课程之间的结构合理，还包括开设的课程合理、开设的先后顺序合理，包括各门课程在各个年级的顺序安排和学时分配，以及对学习目标、学习内容和学习要求的简要规定。各门课程之间衔接有序，能使学生通过课程的学习和训练获得某一专业所具备的知识和能力。

课程设置规划是学科研究和建设的重要内容，是人才培养的核心，合理的课程设置及完善的课程体系是实现教学目标的基本保障。课程设置是一套完整的体系，需要经历计划、形成、实践、评价四个阶段。第一阶段主要是依据人才培养方案勾勒出课程设置的方向。第二阶段形成教学大纲，确定具体课程的培养目标。第三阶段是课程设置中教育者的具体实践行为，包括具体篇章的教学、教学方法的说明以及学习实践。第三阶段是对第一、二阶段工作的具体实施，也是对前期工作检验的重要环节。第四阶段是课程评价，既包括对学生学习结果的评价，又包括对课程本身完成情况的评价，是衡量学生是否达到教育目标以及课程实施是否达到预期效果的重要手段。课程设置涉及面很广，科学、合理的课程设置不仅要考虑课程本身的教学体系和特点，还需要结合人才培养的需求与目标，根据反馈评价及时动态调整。

课程是为培养人才服务的，课程设置首先要明确服务对象，国际中文课程是为海外汉语学习者服务的，需要顺应国际形势，紧跟时代步伐。"一带一路"共建国家人文交流蓬勃发展，国际中文教育推广逐步走向纵深化、多元化。随着海外低龄学习者对汉语学习需求的增长，汉语在对象国国民教育体系中的推广势在必行。近年来，学界在汉语区域国别传播、国际中文教育"当地化"、汉语国民教育体系建设方面开展了不少有益的探索，形成了许多具有方向性、引领性的研究成果，如李宇明（2017）、李晓琪（2019）、李秋杨（2022）、李宝贵（2022）、李泉（2017、2020），为汉语融入对象国国民教育体系提供了有效的理论参考和实践依据。

汉语纳入海外各国国民教育体系是国际中文教育的新生事物，为汉语教学带来机遇的同时也带来了挑战（李宝贵、庄瑶瑶，2020b）。2011年，菲律宾教育部宣布汉语进入国民教育体系后，共计93所公立中学分批有序地将汉语纳入了学校课程体系。将汉语课程融入菲律宾当地，不仅要体现汉语课程本身的特点，还要考虑菲律宾当地的实际情况，中菲双方需要秉持求真务实、合作共赢的态度，积极共建健康、友好、稳定的教学生态，保障汉语融入菲律宾国民教育体系这条路走得稳、走得远。

二、菲律宾国民教育体系汉语课程设置的基本特点

课程建设是菲律宾公立中学汉语教学的重要组成部分。十年来，汉语教育融入菲律宾国民教育体系虽然已初显成效，但还处于建设初期。从培养目标、课程大纲建设到师资培养、教材教法建设等一整套体系都要从零启动。

部分国家如韩国、马来西亚、西班牙等由于历史文化原因，起步早，配套资源丰富，因此基础教育体系中汉语课程建设步伐比较快，整体发展态势良好。相比之下，汉语在进入菲律宾国民教育体系的过程中不断遇到新的问题。短期内汉语作为一门外语课程在公立中学还没扎稳脚跟，而教学点数量的快速增长又使得教学相关的配套资源跟不上扩张的需求，李宝贵、庄瑶瑶（2020a）在《汉语纳入海外各国国民教育体系之方略探索》中就提到了海外汉语学习需求的快速增长与配套资源供求不平衡的矛盾："一方面，构建系统化的汉语教学体系，完善师资的培养和配置，研发配套教材和教学方法是一个长期的动态过程，短期内难见成效。另一方面，这些国家的汉语教学基础无法满足汉语学习需求猛增的现状。"

　　地域的差别，国情的不同，国家社会发展、文化政策、受众心理认知等存在个性化差异，使得汉语在融入对方国民教育体系的实施进程中往往是边摸索边建设，力求"因地制宜，一国一案"。汉语纳入对方国民教育体系，需要中外在政策上合力互推，为中文扎根海外基础教育及快速成长提供肥沃的土壤。目前，菲律宾的国民基础汉语教育在前期项目建设上得到了双方国家层面的大力支持。菲律宾教育部鼓励各中学积极开设汉语课程，并对汉语课程的开设提出了相关要求。本节我们对菲律宾国民教育体系汉语课程设置的整体情况进行介绍。

（一）课程培养目标明确，课程标准向本土化迈进

　　关于"外语特殊项目"（SPFL），菲律宾教育部指出这是一项长期计划，明确提出了项目愿景、使命与目标。"愿景——致力于培养具备多语言能力的菲律宾学生，使其能在保持国家认同感的基础上，兼具国际竞争力与21世纪多元文化环境中所需的各类技能；使命——通过研究型的外语强化课程、合格的师资队伍、有力的行政支持以及与项目合作伙伴的紧密协作，为学生创造更多的外语学习机会；目标——①使中学毕业生有能力在多语言多文化的国际社会中进行有效的交流；②为学生的职业生涯、高等教育或自主创业做准备；③为学生提供终生学习的选择"（章石芳，2019）。菲律宾教育部认为，帮助学习者发展第二外语听说读写的能力，获得第二外

语的交际能力至关重要，这有助于提高学习者在语言和文化多样性的全球工作场所中进行有意义互动的能力。国际中文教育是"一种基于语言能力训练而展开的'国际理解教育'"，是"造就国际社会情感沟通的重要力量"（胡范铸等，2014）。菲律宾中学汉语课程以菲律宾青少年学生的需求为导向，以发展其汉语交际能力、增强其职业竞争力为目标进行课程设置。

2011年，菲律宾教育部颁布了中学生外语教学通用课程大纲综合评估标准，规定了7—10年级中学生第二外语学习的培养目标（如表2.3所示）。

表2.3 7—10年级第二外语课程大纲评估标准

七年级	八年级	九年级	十年级
学生能在日常简单的表达中听懂外语。	学生能在日常简单对话中听懂外语和相关文化，对熟悉和常规的相关信息能进行直接的交流。	学生能听懂并参与日常对话，通过简单的语句进行观点、思想、感受的交流。	学生能在多个话题中进行语言文化的书面及口头交流。

汉语教学纳入公立中学建设初期，由于所有的汉语资源建设都是从零开始，公立中学的汉语课缺乏统一的课程标准和适用的教学大纲，于是红溪孔院依托此课程大纲评估标准，秉承"以考促教，考教结合"的理念，将中小学生中文考试（YCT）大纲及标准作为前期中学汉语教学的课程标准和课程评估手段。然而YCT大纲是一个通用的海外汉语考试依据，如果长期作为课程标准使用，将不利于本土汉语课程建设。2017年，红溪孔院依托福建师范大学承担菲律宾公立中学汉语课程教学大纲的编写工作，目前编写工作已基本完成。

（二）课程性质为选修课

在"一带一路"倡议的带动下，共建国家积极为当地青少年感知中国拓宽渠道、创造条件。根据李宝贵、庄瑶瑶（2021）的统计，东南亚11个国家中，菲律宾、老挝、马来西亚、泰国、新加坡、印度尼西亚和越南

7国已出台政策正式将汉语纳入国民教育体系。选修课内容丰富、形式多样，易于拉近各国青少年与中国语言文化的距离，利于产生语言认同，由语言感情、语言认同继而产生文化兴趣、文化好感，甚至产生跨文化认同（李宇明，2018）。汉语课程作为选修课进入菲律宾国民教育体系，是汉语在菲律宾传播纵深化发展的重要一步。菲律宾教育部鼓励各地中学在保证菲律宾核心课程的前提下，开设丰富多样的外语选修课，这为汉语教学提供了发展的空间。同时，菲律宾教育部对外语选修课的具体教学时数也进行了明确规定，并且允许各中学在国家语言政策总体框架下，结合自身办学条件和学生学习情况对外语选修课的具体设置进行灵活调整。

（三）班级规模符合政策要求

根据菲律宾红溪孔院提供的信息和数据，我们从93个公立中学汉语教学点中抽样选取了10所不同地区的公立中学，对汉语课程的开设年级、班级学生数、周课时数、师资情况等进行了分析整理，结果如表2.4所示。

表2.4　2017—2018学年公立中学汉语课程开设抽样表

学校名称	开设汉语课程的年级	班级数/年级	汉语学生人数/班	课时数/周	本土教师人数	志愿者教师人数	有无文化活动
Quirino High School	7—9 年级	1	30—40	3（每节50分钟）	2	2	有
	10 年级	1	14	3（每节50分钟）			
Ismael Mathay Sr. High School	7—10 年级	0	0	0	0	0	无
Paoay Lake National High School	7—10 年级	4	35—40	2（每节45分钟）	3	1	有

（续表）

学校名称	开设汉语课程的年级	班级数/年级	汉语学生人数/班	课时数/周	本土教师人数	志愿者教师人数	有无文化活动
AUF-IS	7—8 年级	3	40—50	1（每节50分钟）	6	3	有
	9—10 年级	4	40—50	1（每节50分钟）			
Taal National High School	7—9 年级	1	35—45	3（每节60分钟）	2	1	有
Mabolo National High School	7—10 年级	4	30—40	4（每节60分钟）	4	1	有，多
Talamban National High School	7—10 年级	2	30—40	4（每节60分钟）	5	1	有，多
Cebu City National High School	7—10 年级	1	30—35	2（每节60分钟）	2	1	有，多
Pardo National High School	7 年级	2	30—35	6（每节60分钟）	4	1	有，多
	8—10 年级	1	30—35				
Digos City National High School	7—10 年级	4	45—60	3（每节60分钟）	3	1	有

　　菲律宾教育部 2008 年第 54 号文件对中学生的班级规模做了明确的规定，班级人数最少为 15 人，最多为 65 人，班级平均人数为 50 人。根据上表的抽样数据可知，大多数学校都能保证 7—10 年级全部开设汉语课，每个班的汉语学生人数控制在 30—50 人。因招生情况不一，班级人数略有浮动。年级总人数过多时，就被分成多个班级，例如上表中的 Pardo National High School，7 年级被分成了 2 个班。

班级规模会对课堂纪律、学生的知识量、教师的满意度和工作激情、学生的成绩等有直接影响（Achilles，1999）。根据 Anderson 的学习因果关系模型论，班级规模小，学生人数少，班级纪律问题就会减少，教师就会将更多的精力用于提高课堂教学质量、丰富授课内容、锻炼学生思维、培养学生能力等方面。教师的工作激情被点燃，师生课堂互动增加，学生主动学习的兴趣得以提高，更有利于学习成果的产出。反之，班级规模过大，教师与学生关于课程内容的互动就会减少，教师会花比较多的时间用于课堂管理和纪律维护等非教学活动，不利于课堂教学的实施。30—35 人的班级有利于教师掌控课堂气氛，维持课堂纪律，也利于教学活动的开展。总之，创建规模合适的班级能够为有效教学的开展提供基础性保障。

（四）校际汉语课时量差异明显

2011 年，菲律宾教育部颁布了《中学生外语教学通用课程大纲综合评估标准》，规定 7—10 年级外语教学课时量为每周 3 小时，每周授课 3 次，每次 1 小时。2017 年，规定将 SPFL 项目内课程的课时量调整为每周 4 小时，或者每周 2 节课，每节课 2 小时。

通过表 2.4 可知，这 10 所学校的汉语周课时各不相同，从 1—6 节不等，大多数班级每周安排 3—4 节。菲律宾公立中学的汉语课程以综合课为主，文化课为辅，不分设语音、汉字、口语等课型。其中，AUF-IS 每个班级每周只设 1 节汉语课，汉语周课时数较少；Pardo National High School 每个班级每周有 6 节汉语课。学校之间的汉语课时量差异明显。对于一周只安排 1 次汉语课的学校，学生接触和学习汉语的时间较少，很难实现教学目标；而一周安排 3 次及以上汉语课时的学校，教学总时长基本能满足教学要求。

汉语课时量的多少也能反映出学校对汉语课程的重视程度。重视汉语课程的中学在课程设置中会有意增加汉语课程的比重，甚至将汉语课作为宣传亮点吸引学生和家长，扩大招生规模。比如，Saint Paul American School 开设了两门第二外语课程，一门是汉语课，另一门是西班牙语课。每年在宣传招生时，学校都会布置汉语角，吸引学生和家长关注中华文化和汉语课程，并且在学业规划中鼓励学生报考中国的大学，因此每个年级的汉语课都很受欢迎。也有极少数的中学开设汉语课程只是为了应付教育部的政策，并没有将汉语课程落到实处，如表 2.4 中的 Ismael Mathay Sr. High School，虽然作为汉语教学点，却一直没有开设汉语课程。截至 2021 年，类似这样"零开设"或"少量开设"，以消极怠慢态度应付 SPFL 政策的公立中学共有 12 所。我们同样从这 12 所学校中抽取 4 所进行了调查，结果如表 2.5 所示：

表 2.5　2020—2021 学年菲律宾公立中学汉语课程开设情况抽样表

人数　　年级　　　　　　　　学校	7 年级	8 年级	9 年级	10 年级	合计
Dr. Josefa Jara Martinez HS[1]	0	0	0	0	0
Ismael Mathay Sr. HS	0	0	0	0	0
Natatas NHS	30	0	0	0	30
Don Alejandro Roces Sr. Science HS	0	0	35	0	35

Dr. Josefa Jara Martinez HS 和 Ismael Mathay Sr. HS 这两所学校在 2020—2021 学年完全没有开设汉语课程。根据红溪孔院的调研回访，这两所学校虽然被定为汉语教学点，但对于汉语课程开设表现得并不积极。Natatas NHS 和 Don Alejandro Roces Sr. Science HS 这两所学校都只有一个年级开设了汉语课程，学校的反馈报告提到，学生报名汉语课的意愿并不强烈。学校的重视程度与汉语项目建设息息相关，汉语课程建设与发展不仅需要输出国的主推力，还需要输入国主动响应，二者形成合力，共同推动。

（五）本土教师与志愿者教师协同教学

菲律宾教育部下属的公立中学汉语教学点都设有数名本土汉语教师，并配设 1 名中国志愿者教师。菲律宾教育部规定，只有持有本国职业资格

---

[1]　"HS"是"High School"（高级中学）的缩写。

证的教师才能进入公立中学的课堂给学生们授课。因此，在菲律宾语言政策框架下，红溪孔院为每一个汉语教学点派驻中国志愿者教师协助本土教师共同开展汉语课程教学。

1. 培养本土教师进入一线授课

2011 年菲律宾教育部正式启动 SPFL 项目时，菲律宾公立中学没有任何汉语师资储备。为了快速有效地解决"零师资"问题，红溪孔院采取了如下方法：①抽调在职教师，形成本土教师队伍；②对本土教师进行短期的培训和长期的培养。

这些本土教师并非汉语专业出身，而是从本校其他科目抽调过来的在职教师，大多数是英语教师。他们本身具有师范专业素养，持有菲律宾教师资格证，具备教学能力和教学经验。汉语课与英语课同为语言类课程，教学方法存在共通性。因此，抽调在职教师培养成本土汉语教师，理论上能收到事半功倍的效果。当然，每个中学办学条件和师资结构不同，也有部分中学抽调的是菲律宾语教师甚至是数学教师或计算机教师从事汉语教学。红溪孔院作为菲律宾本土教师师资培养单位，负责每年对这批本土教师进行暑期汉语知识及教学技能的培训，并派遣志愿者教师驻校进行跟踪培训和督课，巩固和提高本土教师的汉语水平。因此，志愿者教师被派驻在教学点除了需要指导文化活动课程的开展，还要监督汉语课的开展情况以及帮助本土教师提高汉语水平。

2. 志愿者教师辅助本土汉语教师开展汉语文化活动

菲律宾公立中学汉语总课时量有限，文化课基本每周只能安排一次，课时量少却深受学生们的喜欢。中国文化课内容丰富，精彩纷呈。教师们不拘泥于传统的知识讲授，而是借助各种体验式活动来增强文化课的趣味性，借以提高学生学习汉语的兴趣。常见的文化课有中华剪纸课、筷子文化课、中秋节灯笼手工课、中华书法课、京剧脸谱课、古典舞蹈课、中国歌曲教授课以及中国菜制作课。菲律宾教育部每年都会以区域为单位，组织各公立中学开展汉语文化活动。例如，在菲律宾 NCR 地区公立中学定期开展"汉语知识及中华才艺大赛"，在 Region 1 举办中学生校园中文歌手比赛。此外，由红溪孔院和菲律宾首都地区教育局联合举办的"汉语知识竞赛"（Festival of Talents，简称"FOT"）每年都会在 NCR 举办，学生参与面广，社会影响力大。"以赛促教、教学相长"，在中国汉语志愿者教师的积极辅助下，学生参与活动的热情高涨，本土教师的工作动力也有所提高。虽然文化课课时量少，但促进学生了解中华文化和提升汉语学习兴趣的力量却不小。

将语言教学与文化活动开展相结合，以学生为核心，根据学生感兴趣的文化内容设置教学主题，注重学习的趣味性和学生的主动参与性，通过课堂实践体验文化现象，激发学习者内在的学习动力，提高汉语水平，这是一种有效的教学探索。

（六）课程设置符合菲律宾青少年的认知和心理特征

汉语课程目前仅在公立中学的 7—10 年级开设。菲律宾地处热带，民众性格热情开朗，中学生们正处于青春期，精力旺盛，好奇心强，思维敏捷，喜欢追求新鲜事物，有极强的求知欲。另外，由于长期接受美式教育，学生们大多活泼好动，个性独立。在汉语课上，他们发言积极大胆，敢于表达自己的观点，课堂互动效果较好。此外，菲律宾的公立中学生大多无华裔背景，他们从小就生活在多语环境中，菲律宾语和英语是教学、媒体通用语言。受西班牙文化的影响，很多中学生对西班牙语也比较熟悉，多元的语言环境也使得菲律宾中学生对于外语有着天然的包容感。汉语和中国文化对他们而言既陌生又充满了吸引力，无论是横竖撇捺搭建起来的汉字、抑扬顿挫的汉语语调，还是具有中国元素的各种物件，都能引起学生的探究欲。在这个年龄段开设汉语课，符合学生的认知和心理发展特征。

三、菲律宾中学汉语课程设置案例

菲律宾各公立中学虽然办学条件有所差异，但在菲律宾 SPFL 框架下，汉语课程的开设存在着共性，下面以奎松市的 San Francisco High School 2020—2021 学年的汉语课程为例加以说明。

（一）汉语课程安排

表2.6　汉语课程表

时间	周一	周二	周三	周四	周五
10：40—11：35	7年级A班汉语课		7年级中国文化活动	10年级中国文化活动	
11：45—12：40		7年级B班汉语课	10年级汉语课		
12：45—13：40	9年级中国文化活动	8年级中国文化活动		9年级汉语课	YCT辅导
13：40—14：35				YCT辅导	8年级汉语课

该校汉语课为选修课，没有采用汉语分科教学形式，每个班级的汉语周课时为1节，每节课时长为55分钟，每个班级每周有一次文化活动课。一周一次的汉语课时量太少，一个学期学生只能学习五六课的内容，有时候本土汉语教师还会占用汉语课的时间上英语课或其他课程，汉语课时量就会更少。

（二）汉语班级情况

表2.7　班级人数情况

班级	7年级	8年级	9年级	10年级
人数	44	66	35	31
合计			176	

7—10年级每个年级都开设了汉语课，班级人数在菲律宾教育部规定的范围内。由于汉语是选修课，学生可以依据自己的兴趣爱好自由选修，很多公立中学同时开设了西班牙语、韩语等其他外语课。在语言市场竞争激烈的环境下，如何有效地保持学生学习汉语的兴趣与信心，保证汉语课程长期可持续性发展，这是每一个菲律宾汉语教学工作者面临的一项长期而艰巨的任务。

（三）师资情况

表2.8 师资情况表

教师情况	数量
本土汉语教师人数	4
本土汉语教师男女比例	1:1
志愿者教师	1
教师人均所带班级数量	1
本土汉语教师平均汉语水平	HSK 二级

由表2.8可知，San Francisco High School 有志愿者教师1名，本土汉语教师4名。每名教师教授1个汉语班，教师基本可以承担该校的汉语教学工作。该校本土汉语教师平均汉语水平为 HSK 二级。通过 HSK 二级的考试，并不表示可以胜任汉语教学。据督课的志愿者教师反映，本土教师授课时常常只解释词语，很少涉及语言点、课文、练习的讲解。他们对很多简单的汉语知识点也是一知半解，甚至不求甚解。本土教师的汉语教学能力和教学技巧有待提高。

（四）文化课活动开展情况

菲律宾民众性格热情活泼，喜欢参加各种形式的文化活动。中国文化活动课在汉语教学点非常受欢迎，并且得到了校方和家长们的支持。活动形式多样，学生参与热情高。常见的传统节日文化活动有中秋节和春节欢庆。校级文化活动包括中国音乐、舞蹈汇报演出和中华才艺作品展览。此外，志愿者教师还带领学生参加校际中华才艺展示比赛。由于文化活动课每周只有1次，而文化活动的组织和彩排需要花费大量的时间，活动频繁时常常会占用正常的汉语课进行活动排演，影响汉语课程的进度。

四、志愿者教师驻校开展汉语课程建设的案例

以下是汉语志愿者教师李丽在教学点的工作经历和思考。从她的工作总结中，我们可以真实地了解菲律宾汉语教学点的汉语课程建设情况。

2019—2020学年工作总结
李丽

我在菲律宾 Nueva Ecija 省负责两所公立中学，分别是 Munoz National High School-Annex（host school）和 San Jose City National High School。这两所公立中学基本都有较长的汉语教学时长，对汉语项目较为支持。关于督课及提高本土教师汉语水平，我的工作如下：

（一）对本土汉语教师的汉语课进行督课。为了更好地掌握本土汉语教师的教学动态，客观评价本土汉语教师的教学情况，及时发现本土汉语教师在教学中出现的问题，寻找解决方案并督促本土汉语教师进行汉语跟踪辅导，进行督课很有必要。主校共有两个汉语班级，每天上午 8：20—9：20 是七年级的汉语课时间，每天下午 2：20—3：40 是八年级的汉语课时间，但是他们经常会占用汉语课的时间上英语课或者让学生自习，而不是上汉语课。所以，我采用不定时到教室抽查的督课计划，一是为了检查有没有上汉语课，二是为了观察本土教师在语音、词汇、语法以及汉字书写方面的问题，课后进行纠正。

我采用的督课方案如下：

1. 本土教师每周五前把下周的教案发给我，我检查后周一早上上课前交给本土教师。

2. 每周两次抽查听课，记下有问题的部分，下课纠正。

3. 整理本土教师在课堂上出现的问题，并找到类似的问题。每个月进行一次教学问题总结。

通过对本土教师进行督课，可以更好地发现在汉语课堂上出现的问题，并及时与本土教师进行沟通和纠正，提高课堂教学效率，同时也能督促汉语课正常进行，不断提高本土教师的汉语教学水平，端正他们的教学态度。只有这样，汉语教学项目才能得到良好的发展。

（二）跟踪辅导本土汉语教师的汉语

我负责的两所学校共有 10 个本土教师。主校共有 7 名本土教师，其中 3 个教师通过了 HSK 一级考试，4 个教师通过了 HSK 二级考试。另一所任教学校有 3 名本土教师，其中 1 个教师通过了 HSK 三级考试，2 个教师通过了 HSK 二级考试。以此为基础，根据教师们本身的汉语水平，我调整了教学时间和人数，并拟了一份针对本土教师汉语教学的全年跟踪辅导计划表，如下表所示：

Follow-through 学年计划安排表

教师水平	教授教材	教师人数	学年计划安排
HSK1	《HSK 标准教程 2》	3	由于教师们基础薄弱，所以先用一个多月的时间复习《HSK 标准教程 1》的内容。待基础巩固后，开始学习《HSK 标准教程 2》的内容。一周两次课，一次约为 1 个小时。待学完《HSK 标准教程 2》，开始大量做题，准备考试。
HSK2	《HSK 标准教程 3》	6	教师们都已通过 HSK 二级考试，但都强烈要求重新学习《HSK 标准教程 2》，所以一周两次课，一次学习《HSK 标准教程 3》，一次复习《HSK 标准教程 2》。待《HSK 标准教程 3》学完，开始进行习题练习，准备考试。
HSK3	《HSK 标准教程 4（上）》	1	由于这名教师在另一所学校教学，离我所在的主校距离很远，所以一周一次课程，一次课约为 3 个小时。统一学习《HSK 标准教程 4（上）》，学完教材后，再用三周时间进行总复习。

Follow-through 主要是教授本土教师 HSK 教材，包括词汇课、语法课、阅读课、听力课、写作课、综合课等。我使用的教学资源有词卡、电子教材和 PPT。该计划一方面可以帮助本土教师提高自身的汉语水平，从而更好地帮助学生学习汉语；另一方面可以督促本土教师参加孔院的夏季训练，更早、更快地通过下一级 HSK 考试。

（三）教授学校的中华文化课程

任期内，我在所负责的两所学校教授过中华剪纸课、筷子文化课、中秋节灯笼手工课、中华书法课、京剧脸谱课、古典舞蹈课、中国歌曲课以及动手包饺子课等。教学过程以学生动手为主，让学生感受中国的传统文化，激发他们对汉语的兴趣，通过一些中华文化课的讲解以及文化活动的举办，让学生感受中国节日的氛围。在此过程中，我发现了菲律宾学生热情活泼，并与他们建立了良好的师生关系。

（四）举办中华文化活动

为了让汉语项目的学生展示学习成果，并在全校范围内宣传中国文化，我在学校举办了以庆祝春节为主题的新年文化活动，主要分为三个环节：汇报演出、cosplay、中华才艺作品展览。

五、汉语课程设置的不足及建议

科学优化的课程设置是课程体系建设的基础环节，也是实现培养目标的重要保障。对于汉语如何在菲律宾"走稳走远"，走好国民教育体系这条"路"是至关重要的一步。结合前文公立中学的汉语课程设置和志愿者教师的工作案例，我们提出以下建议：

（一）提高重视度，站稳脚跟，提升汉语课的地位

丁念金（2007）提出："选修课程是一个教育系统或教育机构法定的，学生可以按照一定规则自由地选择学习的课程种类。"它以培养兴趣为目标，旨在满足学生个性发展需要和拓宽知识面。学生可以依照自己的兴趣爱好自由地、有选择性地修习课程种类。选修课与必修课相对，重在"选"字。菲律宾外语特殊项目有 7 种语言可供中学生选择，如何在众多语言中

脱颖而出，被学习者"相中"，这不仅取决于学习者的需要，更取决于这种语言的"魅力"。汉语就是这样一种极富魅力与韵味的语言。古老的文化、有韵律的发音、构型独特的汉字很容易激发菲律宾青少年对汉语及中华文化的兴趣和好奇心。"一时兴起"的汉语学习是否能持之以恒，课程发展是否能后劲十足，保持可持续性，这既是对汉语课程本身的考验，也是对菲律宾教育政策的考验。选修课本身的定位就决定了课程开设的干扰因素和不确定因素很多，比如，学生的兴趣爱好、学习动力、家庭经济条件、办学条件、校长的教育理念、学校的管理机制、地区的教育政策等，任何一项都可能成为课程开设的绊脚石。相比之下，必修课在学校课程中的地位和重要性不言而喻，它是学生学分体系中必须修读的部分，直接关系到学生的毕业和将来。但目前只有少数国家，如巴基斯坦、西班牙、意大利、墨西哥，将汉语作为必修课程纳入国民教育体系（李宝贵、庄瑶瑶，2020a）。

汉语课程建设关系到汉语在菲律宾国民教育体系中的稳固性以及汉语在菲律宾传播的有效性和持久性。汉语具有语言和文化双重身份，"以文化人""深入人心"，文化自信是一股持久的力量，汉语课程真正扎根于海外国民教育体系需要中外双方合抓共建，夯实汉语文化传播的土壤。也希望菲律宾成为东南亚汉语基础教育发展的排头兵，实现选修课的必修化，让汉语课程在菲律宾本土基础教育系统真正扎稳根基。

（二）合理安排汉语课程时间，适当增加汉语课时量

菲律宾公立中学汉语周课时量差异很大，大部分学校能按照教育部的要求每周开设3—4节汉语课，每节课50—60分钟不等，也有不少中学每周只开设1节汉语课。赴菲志愿者在工作访谈中提到，一周有2个课时的学校，往往是将2节小课合并为1节大课，算作2个课时，中间没有课间休息。近2个小时的汉语课无法让活泼好动的菲律宾中学生长时间集中注意力听课，尤其是缺乏明确学习动力的学生，他们会在课堂上表现出各种问题行为。学生学习疲劳，充分准备的教学内容也难以按教学计划保质保量完成。每周只设1节汉语课的学校，更是无法保证教学内容按计划完

成。除此之外，菲律宾地处赤道，极端天气和自然灾害频发，加上节假日多，停课频繁，对于课时量本就不多的汉语课来说更是雪上加霜。

菲律宾汉语教学本土化建设，应该结合当地的教育状况和实际需求，充分调研当地政策法规、文化观念、教育水平等，结合汉语课程大纲与培养目标，合理安排课程时间，遵循教学规律，保证甚至适当增加汉语课时量，保障教学任务的完成和课程目标的实现。

（三）因地制宜，合理编班，实行隐性差异化教学

世界上没有两片完全相同的树叶，也没有两个完全相同的学习者。每个学习者的年龄、家庭背景、学习经历、学习能力、目的需求等都会导致学习的多元化和差异化。

在菲律宾中学，同一个年级或同一班级的学生汉语水平差异显著的情况比比皆是。为了照顾汉语水平较低的学生，教师常常放慢授课"脚步"，重复训练已经学过的内容。在复习巩固旧的知识后，汉语水平较低的学生仍然存在一知半解的情况，而汉语水平相对较高的学生却早已表现出"无聊、没兴趣"的课堂状态。这样一种"吃不了"和"喂不饱"的现象在汉语课堂中很常见。丁力（2016）、邱丽慧（2018）、李德斯（2020）的研究对菲律宾中学生汉语水平进行了详细的调查与说明。为了避免在课堂教学中出现两极分化的现象，很多海外汉语教师主张调整传统的按年龄、年级来分班的制度，利用汉语 YCT 水平测试重新划分班级，让班级之间在教学内容、进度、难易程度方面体现差异性。理论上讲，同一班级内的学生水平相当，不仅有利于教师教学的开展，也有利于学生更好地集中注意力，接受知识和锻炼技能。然而这种依照语言水平来分班的模式，容易给学生贴上"被歧视"的情感标签，一直以来饱受争议。美国学者罗伯特·斯莱文认为，任何一种以成绩作为分班标准的优势都会被其劣势抵消，学习效益不大。美国应用语言学家 Stephen D. Krashen 的"输入假说"提出"只有适合学生水平的语言输入量，才能够使学习者在情感上吸入已经理解的语言输入，语言水平才有可能提高"，映射到汉语课程设置上，就是语言教学要满足不同层次学生的要求。如何做到满足学生的差异性需求？20世纪 90 年代，美国教育学家 Tomlinson（1999）提出差异教学论，将教

学内容和教学进程与学生的学习状态、性格与兴趣挂钩。Heacox（2004）介绍了实施差异教学策略和差异课堂管理方法。我国自20世纪90年代也开始对差异化课堂教学进行了理论探讨和实践运用，积累了丰硕的成果。差异化教学理论源自西方，实际上与中国自古以来的"因材施教"观点有着异曲同工之妙，都是提倡根据学生的特点进行个别化、针对性、差异化的教学。

鉴于目前菲律宾中学课程设置情况以及汉语课发展现状，以成绩为标准分班难以实现，我们提倡在教师资源、教学场所、课时量有限的情况下采取班级内差异教学模式，即根据班级全体成员语言水平的不同，对学生进行隐性分层，将教学内容分为基本内容和额外内容，课程的进度、节奏、教学方法由教师灵活掌握，在不同层次的学生间体现差异，根据学生的接受度，由教师决定是否增加额外内容，从而满足不同学习者的学习需求（王静，2011）。例如，在班级内教授"你好、再见"这篇课文，给零起点的学生布置的作业是熟记并掌握"你好、再见"的字形与词义，懂得词语使用的场景；而给有一定汉语基础的学生布置的作业是自主创设对话情境，编写脚本，并用合适的语气进行对话。这样的隐性分层差异化教学不仅节约了教学资源，保护了学习者的情感，还为学习者提供了个性化指导，可以为海外中学汉语教学提供参考。

（四）齐抓共管汉语课堂，形成有效的课程评估反馈制度

菲律宾中学课堂与中国的中学课堂存在明显差异。中国的课堂讲究良好的纪律和自我约束力，因此课堂管理相对轻松。菲律宾中学因为受美式教育的影响，学生注重成绩也注重实践动手能力，课堂轻松活泼，喜欢与教师互动。这样活跃的课堂氛围能够保证充分的语言学习互动，有利于知识的输入输出和技能训练的增强。但是，作为选修课，汉语课没有与学分挂钩，加上学生学习动机不明确，因此汉语课很难让学生保持长期的学习热情和专注力。"动机是维持语言学习者学习热情，保证学习者时间精力投入，决定学习成败的重要情感因素。学习动机是直接推动二语学习的内部动因。没有充足的动机，再有能力的人也无法实现他的长期目标，再

合适的课程、再好的教师也无法保证学生的学习效果"（朱勇、倪雨婷，2021）。

根据对菲律宾公立中学汉语课堂的观察，我们发现在汉语课堂中会出现一些问题行为，例如，只有一小半的学生会集中半节课的注意力听讲，课堂聊天的学生占 90%，随意离开座位、打闹的情况随时可见，故意制造噪音（敲桌子、唱歌）、吃东西的情况屡见不鲜。这些行为干扰正常的教学活动，管纪律常常成为教师最头疼的事，尤其对于那些非公立中学的新赴任的志愿者教师，在还不熟悉教学环境的情况下，维持秩序、管理课堂常常会占用大部分的教学时间（项颖，2018）。

良好的课堂纪律是教师进行课堂教学的基本保证。良好的课堂氛围是教学活动顺利进行的重要保证。如何创建良好的课堂氛围？第一，汉语教师要提高课堂管理能力；第二，校方要提高对汉语课的重视，将课堂行为与学生的成绩、学分挂钩，明确学习目标，激发学习动力，提高学生对汉语学习的期望，从而增强他们汉语学习的热情，树立汉语学习的信心；第三，红溪孔院作为 SPFL 汉语项目负责单位，要加强与各中学汉语教学点的联系，做好汉语课堂的幕后监督工作，定期收集汉语教师的教学反馈，形成评价分析，并反馈给各教学点，对汉语课程设置的不合理之处提出整改。针对敷衍、忽视汉语教学的教学点，可以与菲律宾教育部商榷，撤销该教学点。创建良好的课堂氛围需要中菲双方建立长效的监督评价体系，齐拉共管，有力推进。

（五）推广信息技术教育，赋能汉语教学

如前文所述，菲律宾公立中学汉语志愿者的主要任务是指导开展文化活动，监督本土汉语教师的课堂教学并提高本土教师的汉语水平。然而，每年通过红溪孔院派往菲律宾公立中学的汉语志愿者人数非常有限。以2017—2019 年三年间红溪孔院派出的志愿者人数及其督课情况为例：

表 2.9　2017—2019 年菲律宾公立中学汉语志愿者数量统计

时间	公立中学教学点数量	汉语班级数量	学生人数	汉语志愿者人数
2017 年	73	404	13,874	60
2018 年	81	297	10,054	26
2019 年	82[1]	228	10,342	59

　　从表 2.9 可以看出，2017—2019 年，公立中学汉语教学点的总体数量有所增加。2018 年班级数量和志愿者数量出现了明显回落，这是因为 2018 年初，菲律宾南部地区爆发了武装冲突，部分学校因此停课。为了保证汉语志愿者的人身安全，红溪孔院没有为南部地区申派志愿者教师。但从每一年的志愿者数量与公立中学教学点的数量对比中可以发现，并不是每个公立中学都配有汉语志愿者教师。师资短缺一直都是国际中文教育的拦路虎，阻碍着汉语教学持续、稳定、有效地发展。菲律宾侨领蔡聪妙在 2019 年"一带一路"中国——菲律宾人文交流与经济合作论坛上表示："中国每年有 500 多名汉语教师志愿前来授课，但这依然无法满足当地学校的需求。"以 2019 年为例，红溪孔院向中国申请的 59 名志愿者教师中，有 9 名留在了红溪孔院本部从事教学和行政事务管理，其他 50 名被派往 82 个公立中学，平均 1 位志愿者要负责 1.6 个中学。鉴于菲律宾地理特征、交通条件以及教学点的分布情况，通常一名志愿者会负责相邻的几所中学。

　　以 2019 年被派往菲律宾 Region 4-A 地区八打雁省的两位志愿者——胡老师和张老师为例。两位教师共同负责八打雁省的五所公立中学，平均在一所中学任教的时间为 38 天左右，在完成一所学校的教学任务后又奔赴下一所学校，直到跑完五所学校，10 个月的志愿者教师海外任期刚好结束。一所中学在 1 年内能享有的志愿者指导时间也不过 2 个月，这也就意味着汉语志愿者教师在一个学校实际只能执行 2 个月汉语课堂监督和文化课指导工作。

---

[1]　2019 年菲律宾有 93 个公立中学教学点，但该年度只有 82 个教学点有汉语志愿者教师。

表 2.10 2019 年两名志愿者教师工作任务表

时间／学校／志愿者教师	胡老师	张老师
2019.7.29—2019.9.6	Dr. Crisogono B. Ermita Sr. NHS	Pedro Guevara Memorial NHS
2019.9.9—2019.10.18	Bilaran NHS	Taal NHS
2019.10.21—2019.11.29	Pedro Guevara Memorial NHS	Wenceslao Trinidad Memorial National HS
2019.12.6—2020.1.24	Taal NHS	Bilaran NHS
2020.1.27—2020.3.8	Wenceslao Trinidad Memorial NHS	Dr. Crisogono B. Ermita Sr. NHS

志愿者教师在短期内频繁更换工作地点，不仅在身体和心理上疲惫不堪，而且在重新了解和适应新环境的同时，也浪费了不少的时间。2020年网络教学成为汉语课堂的常规模式，趋于成熟的网络教学也为国际中文教学打开了新思路。由地理空间阻隔造成的汉语师资不足、课时量短缺、督课时效不足等问题都可以借助信息化教学手段进行弥补。

2021 年，红溪孔院的中方合作院校福建师范大学远程为菲律宾 93 所公立中学提供了日常汉语课程教学和本土教师的督课跟踪培训。此外，依托福建师范大学完整的远程教育技术和资源支撑体系，以及中国教育部中外语言交流合作中心（以下简称"语合中心"）创新项目的支持，红溪孔院与"长城汉语智慧云平台"合作，推出首个面向菲律宾本土汉语教师的网页版"孔子学院智慧课堂"，为本土汉语教师提供了实用的汉语学习资源。线上教学虽然是特殊时期的一个选择，但在互联网信息技术飞速发展的背景下，它因显而易见的优势，逐渐成为一种新的教学范式和中菲双方基础教育发展的共同选择。

第四节 国民教育体系汉语水平测试

一、语言测试理论与语言水平考试

语言测试，是应用语言学的一个重要分科，它伴随着语言教学出现，与教学法的发展一脉相承，它采用测试的方式对学习者的语言能力进行检查与评估。语言测试涉及二语习得理论、语用学、教育学、心理学等多种学科。语言测试从 20 世纪中叶开始成为一门独立的学科，受教学法发展的影响，语言测试的发展经历了以下四个阶段：科学前时期、心理测量—结构主义时期、心理语言学—社会语言学时期、交际语言测试时期。在交际语言测试时期，由于交际教学法的流行，交际语言测试受到了越来越多的关注。从 20 世纪 70 年代开始，西方学者对此展开了丰富的理论研究。美国学者 Hymes（1971）提出了交际能力的概念，他认为使用语言不仅要能够按照语法规则产出形式合格的句子，还需要具备在不同语境中合理使用这些句子的能力。而掌握一门语言则要求学生能够在特定语境中运用所学语言进行有效的交流，传达思想和感情，实现相互沟通的目的。此时的语言测试已经更加注重语言的交际运用。

20 世纪 90 年代，美国应用语言学家 Bachman 在 Halliday（1973）、Hymes（1971）等前人的基础上，提出了一个新的交际语言测试模式。这个模式主要包括两部分：语言交际能力、测试方法。Bachman（1996）认为，语言交际能力由语言知识和一系列元认识策略组成，测试方法涉及测试的环境、测试说明、材料的输入方式及答题方式等因素，并提出测试项目的设计、开发与评价需要符合情景和交际的真实性。这个以测量语言交际能力为主的交际语言测试在当时产生了广泛的影响，并且目前依然广泛应用于各种语言水平测试中。Anastasi（1982）认为："测试实质上是对受试者的某种水平所做的客观的标准化测量。"根据不同的目的，测试可以分为学习潜能测试、水平测试、成绩测试、诊断性测试和分班测试，这些测试彼此之间并不孤立。比如，在汉语教学中，汉语教师为了解学生的汉语水平设置的摸底考试既是水平测试，又是诊断性测试，如果依据摸底考试成绩进行分班，则又属于分班测试。

　　"水平考试是一种非常重要的考试，它不是以某个教学大纲为依据，而是试题设计者根据对语言能力的实际需要所制订的一定的科学标准，了解考生是否具有为完成特定任务所需的语言水平"（刘珣，1983）。"测试、评估作为检验教学、学习效果的重要手段，是国际中文教育重要的一环"（马箭飞，2021）。评价语言学习的效果是测试的根本目的（张凯，2019）。语言测试是为测试学习者的语言能力而设计的，是阶段性语言学习量化的反映。从试题的设计到评分标准的制订必须以科学调查为基础，以一致或标准的方式对每个受试者进行检测和评分，因此，科学性和标准性是语言水平测试的前提。语言水平测试还要能准确、有效地反映受试者的语言水平，因此，有效性和可靠性是语言水平测试的重要指标。

二、中小学汉语水平测试与 YCT

（一）中小学汉语水平测试的推广

　　国内最早的汉语水平测试研究见于 1983 年刘珣的《试谈汉语水平测试》，刘珣（1983）指出，语言测试不仅是科学地测量语言知识和能力、评估语言教学的手段，而且对语言教学和语言学习起着不可忽视的反馈作用。语言教学与语言测试是相辅相成又相互影响的，设计科学、优化合理的语言水平测试是推动语言教学发展的重要手段。

　　目前，海内外影响最大的汉语水平测试是 HSK。1992 年 HSK 正式面向国际社会开考后，受到海外汉语学习者的广泛欢迎。随着孔子学院全球建设步伐的加快，汉语学习者的数量猛增，在语合中心（原国家汉办 / 孔子学院总部）的指导下，海外汉语水平测试的考点也迅速增建。在"一带一路"倡议下，很多"一带一路"共建国家将汉语纳入本国国民教育体系，汉语推广不再局限于大学、学院等高等教育机构，而是深入到基础教育体系，越来越多的中小学生开始学习汉语。到 2022 年底，全球将汉语纳入国民教育体系的国家达到 82 个，建立了 1172 个中小学孔子课堂以及数以万计的中小学汉语教学点。

庞大的青少年群体加入汉语学习的行列，推动了汉语教学再次攀上发展的高峰。与此相匹配的青少年汉语水平测试一经推出，便受到广泛关注和热烈欢迎。语言测试是语言教学的重要环节，"以考促教、考教结合"的理念同样适用于中小学汉语学习者。为了激发海外中小学生学习汉语的热情，培养、提高他们的汉语能力，语合中心（原国家汉办 / 孔子学院总部）组织了中外汉语教学、语言学、心理学和教育测量学等领域的专家，充分调研海外中小学汉语学习的实际情况，开发了中小学生中文考试（YCT），并在海外各教学点广泛推广运用。

（二）YCT 介绍

YCT 是中小学生中文考试的简称。YCT 是一项国际中文能力标准化考试，考查中文为非母语的中小学生在日常生活和学习中运用中文的能力。YCT 分为笔试和口试两部分，二者相互独立。笔试包括 YCT（一级）、YCT（二级）、YCT（三级）和 YCT（四级）；口试包括 YCT（初级）和 YCT（中级）。YCT 是唯一的测试中文为非母语的中小学生中文水平的国家级标准考试，其目的在于测试考生在掌握基本汉语词汇的基础上，能否运用基础中文进行有效交际的能力。2016 年，孔子学院总部和高等教育出版社推出了新YCT 考试大纲，详细划分出各级别的语言能力。各级别汉语能力标准具体见表 2.11：

表 2.11　YCT 各级别汉语能力

YCT 笔试一级	YCT 笔试二级	YCT 笔试三级	YCT 笔试四级	YCT 口试初级	YCT 口试中级
理解并使用常见的汉语词语和句子	理解并使用简单的汉语词语和句子，能进行简单交际	听懂简单的汉语句子，能进行日常交际	听懂基本交际句子，能进行大部分交际	听懂并用汉语口头表达日常话题	听懂并用汉语进行简单的口头交流

根据大纲，达到 YCT 笔试二级的考生能够满足日常简单的交际要求，三级已经达到初级汉语的优等水平，四级考生能够运用汉语完成生

活、学习中的基本交际任务，在中国旅游时，能够应对遇到的大部分交际任务。

在汉语学习全球升温的大环境下，各级各类汉语教学资料数量众多，但内容水平参差不齐，不同国家、不同地区的中小学汉语学习应该选择什么样的教学资料，采用什么样的教学方法，以及如何有效衡量阶段性的学习成果，这需要国内的权威机构提供客观、适用的标准。YCT 就是语合中心（原国家汉办）为中小学生的汉语教学水平和教学质量的测试提供的专业平台，它以增强考生学习汉语的自信心和荣誉感为目标，与目前国际中小学生汉语教学现状、适用教材紧密结合，遵循"考教结合"的原则，"以考促教、以考促学"。YCT 的考试成绩可以作为考生自我评价汉语水平、提高自身汉语能力的参考依据，可以作为检验学校汉语教学成果的重要标准，也可作为学生晋升考试、出国留学、学习交流或者机构评价其教学水平的重要依据，同时在考生参加更高级别或更权威考试时用作成绩凭证。

（三）菲律宾公立中学 YCT 组织实施情况

1. YCT 考试时间

YCT 的考试时间由语合中心（原国家汉办）下设企业汉考国际教育科技（北京）有限公司（以下简称"汉考国际"）来设定，考试事宜也由汉考国际与承办国负责接洽，签订考试合作协议，保障汉语水平测试的顺利开展。汉考国际每年 9 月都会在官方网站上公布下一年度的 YCT 考试时间。根据汉考国际官网上公布的考试日程表，近年来，YCT 纸笔考和网考共设 6 次，时间分布在 2、3、5、8、10、11 月。承办国根据实际情况，可以承办所有的场次，也可以选择性地承办。遇到特殊情况，双方可以协商确定考试日期。根据汉考协议，菲律宾 YCT 由红溪孔院组织承办，原则上每年组织两次考试：春季（3 月底或 4 月初）和秋季（11 月底）。从历年组织情况来看，除了 2015 年红溪孔院组织过 2 场 YCT 考试（4 月、11 月），菲律宾 YCT 基本每年只考一次，考试时间设置在 11 月。因为每年的 11 月，除了举办 YCT 外，红溪孔院还会组织大学生、本土教师以及社会人士参加 HSK。如前一节所述，菲律宾独特的群岛地理环境导致交通不便，汉语教学点之间互通并不频繁，组织万人左右的大规模考试实属不易，因此 YCT 通常与 HSK 同期进行。

2. YCT 组织及实施情况

（1）以考促教，考教结合，扎实推进考试配套资源建设

测试是教学中最常用的评估手段，汉语水平测试不仅是对学生已经掌握的语言知识和语言技能的评估测试，也是对学生语言交际能力的检测。菲律宾公立中学汉语课程建设初期，汉语资源匮乏，公立中学没有统一的汉语教材和课程大纲，大部分学校将 YCT 等级考试大纲作为教学开展的依据，然而 YCT 考试大纲是全球通用的指导性测试标准，以帮助考生检测汉语能力、通过水平测试为目的，不具有针对性和本土性，缺乏菲律宾文化的融入，根据考试标准开展教学难以长期保持学生的学习兴趣，参加 YCT 考试对于缺乏学习兴趣的学生而言更像是一项"硬性任务"。另外，随着 YCT 测试工作的深入，考试人数增多，考点规模扩大，这对 YCT 考试提出了更高的要求。如何将"考教结合"落到实处？最有效的办法便是将 YCT 与课程大纲、本土教材建设相结合。2022 年，语合中心联合菲律宾教育部推出了《菲律宾中学中文课程大纲》，该大纲包括词汇、语法、汉字及相应的汉语能力等内容，从功能项目、句法结构项目、文化项目、语言能力表现四个板块细化目标要求，并分别参照 YCT 考试大纲、美国"5C"理论和菲律宾本土国情与学情，具有很强的针对性，为菲律宾中学汉语教学量身打造，凸显本土化特色，为菲律宾的汉语评估测试提供了重要依据。

（2）中菲携手为 YCT 的推广"保驾护航"

红溪孔院作为菲教育部项目唯一官方合作伙伴，承担了全菲公立中学汉语教学的重任，也得到了菲律宾教育部的大力支持。一年一度的菲律宾中学生 YCT 统考由菲律宾教育部和红溪孔院联合举办，YCT 作为教学考核及评估手段被纳入菲律宾公立中学汉语教学体系。

汉语的推广和发展与孔院的努力、菲律宾教育部的支持紧密相关。红溪孔院每年都会邀请菲律宾教育部官员出席公立中学项目建设会议，商讨汉语课程建设与汉语水平测试推广问题，为中学汉语课程的长期发展保驾

护航。"要把孔子学院办好，单单靠学术上的水平是不够的。因为在开展活动时，需要有组织、宣传、社交、联络等方面的紧密配合"（严晓鹏，2014）。"孔子学院不仅属于中国，而且属于世界，是中国与各国教育系统真诚合作的结晶。中外双方要坚持相互尊重、友好协商、平等合作，积极争取各国政府和社会各界给予孔子学院更多的关心和支持"[1]。从宏观的汉语教学点的分布与设置到微观的汉语课程建设以及汉语水平测试的组织，都离不开菲律宾教育部的大力支持。

2012年7月，红溪孔院成功承办菲律宾教育部"第五届外语教学会议"，来自全菲各地近200名公立中学的校长和各区域的教育局负责人受邀出席会议。2017年6月，菲律宾教育部部长与红溪孔院中方院长一行就如何深化菲律宾国民教育体系汉语课程建设进行了洽谈。2018年12月，红溪孔院组织菲律宾教育部校长访华团对福建、北京两地进行考察交流，并参观了孔子学院总部。2019年11月，红溪孔院中方院长带领17位菲律宾教育部官员及教育工作者访华，为菲律宾教育部的官员们提供了一次难得的中国文化体验之旅，菲律宾教育部官员纷纷表示学习汉语会提高菲律宾学生的竞争力，他们将会进一步加强对汉语项目的支持。2021年，菲律宾教育部"外语教学会议"再次在红溪孔院召开，探讨线上语言教学模式和课程开发。除此之外，红溪孔院每年都会承办"全菲汉语教学研讨会"和"公立中学校长论坛"，邀请菲律宾教育部汉语项目负责人、全菲各区域协调员、公立中学校长、各教学点汉语项目负责人出席会议。从会议交流到赴华体验，红溪孔院积极争取当地政府部门的支持，为汉语在菲律宾国民教育体系中的发展创造了良好的本土环境。

（3）与汉考国际合作，为学习者提供赴华交流的机会

汉考国际的设立是为了满足世界各国（地区）人民对汉语考试的需要，为各国（地区）提供汉语考试的研究和开发、考务的组织和实施及市场宣传推广等方面的专业化服务。汉考国际协助各地孔子学院组织和安排汉语水平测试，提供试题及网上成绩查询服务。孔子学院则在所在国积极宣传推介汉语水平测试、组织考生报名、安排考试地点、寄送试卷等。汉考国

---

[1] 引自第四届孔子学院大会主旨讲话。

际每年都会对各考点的工作成果进行评估，并为优秀考生提供孔子学院奖学金及汉语考试冬/夏令营名额。

在汉考国际的资助下，孔子学院每年都会从菲律宾各公立中学筛选出优秀的中学生参加"汉语考试冬令营"，前往北京、南京、上海、福州、厦门等地参观、学习和交流。来华交流学习能够加深菲律宾青年一代对中国文化的认识与感悟，增进两国青少年的友谊。"汉语考试冬令营"为菲律宾中学生了解中国、体验中国提供了良好的平台。"读万卷书，行万里路"，通过学习交流，来华中学生可以把课堂上学到的语言知识运用于生活实际中；走访名胜，可以加深他们对中华文化的认知与理解，并且把在中国的所见所闻分享给更多的菲律宾民众。通过学习交流，从语言学习到文化熏陶，可以培养菲律宾青少年对中国的情感认同，逐步实现中菲语言相通、文化共赏、民心相连。

（4）强化孔子学院的组织管理者角色，加强孔子学院与各公立中学之间的协同合作

红溪孔院与菲律宾教育部共同签署的合作项目管理规定中要求孔子学院积极协助公立中学本土教师为学生参加 YCT 做考前训练，并协助本土教师开展 YCT 监考工作。YCT 作为中小学生汉语能力的权威测试，考试流程必须严谨、规范。

YCT 考试的完整流程包括考前的宣传与推广、组织报名与考生信息录入、试卷接收及运送、考场安排与监管、试卷整理寄回国内等。红溪孔院作为负责 YCT 的机构，下属 93 个公立中学汉语教学点，是一个庞大的组织。随着教学点数量的不断增加，参考人数也不断创新高，2017—2019 年连续三年突破万人大关。YCT 考试从下达报考通知到组织各中学汉语教学点报名，安排考试直到考试完成，涉及许多繁复、细致的工作，这对孔子学院工作人员的能力提出了很高的要求。作为负责机构，孔子学院要实现高效的组织管理，前提是熟悉 YCT 考试业务，具有科学的决断力、强大的组织协调和沟通能力，与公立中学建立契约合作关系，彼此信任，实现情感认同，最终达到合作共赢的目标。

此外，加强与公立中学的沟通联络，增进相互理解，提高协作效率。孔子学院与公立中学是菲律宾教育部项目合作关系，再美好的国际中文传

播愿景都要落到中学汉语教学实践上，因此必须要重视发展孔子学院与公立中学之间的关系，为汉语的推广和发展创造良好的生态环境。每年有重要的汉语课程建设项目、交流会议以及 YCT 考试时，孔子学院都会主动联络各中学教学点。日常则由驻点汉语志愿者教师作为联络人，定期向孔子学院反映教学点的汉语教学情况。与此同时，孔子学院中外方院长都会不定时前往各教学点巡察汉语教学、文化活动开展、汉语考试等情况，并对汉语志愿者的生活条件进行调研。每年孔子学院也会组织中学校长团赴华参加沉浸式汉语体验活动。访华活动为菲律宾中学校长及本土教师代表们提供了难得的中国文化体验之旅，不仅让他们体验了悠久灿烂的中国传统文化，也让他们惊叹于中国日新月异的发展。校长团成员纷纷表示，学习汉语会提高菲律宾学生的竞争力，他们将进一步配合菲律宾教育部和孔子学院，加强对汉语项目的支持。2020 年开始，菲律宾很多公立中学一度停课，在菲律宾教育部的统筹安排下，部分公立中学逐步开始线上教学，红溪孔院竭尽所能为中文学习者提供教学及资源，做到了"停课不停学、不停教"，并顺利举行"第九届菲律宾全国中文教学研讨会"。

三、菲律宾 YCT 考试情况

（一）2011—2021 年菲律宾参加 YCT 考试人数增长情况

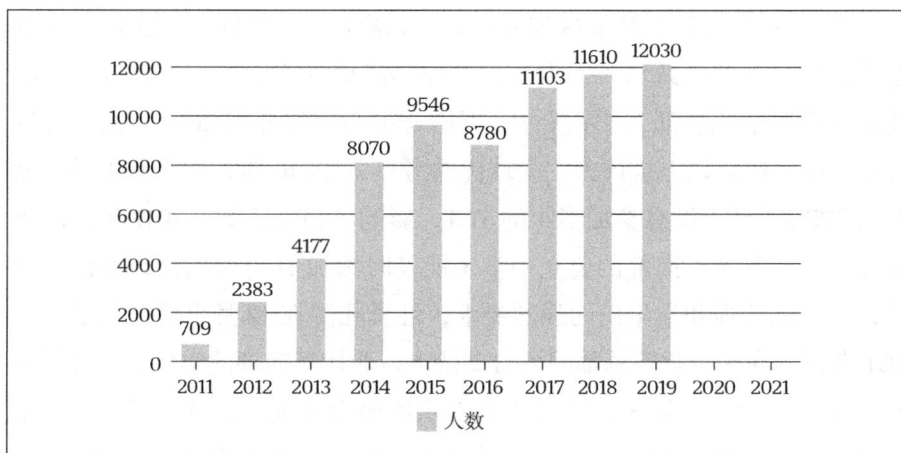

图 2.5　2011—2021 年菲律宾公立中学参加 YCT 考试人数

从图 2.5 可以看出，2011 年参加 YCT 考试的人数最少，从 2012 年开始，考生人数持续上升且增幅较大，2014 年考生人数较 2013 年几乎翻了一番，2015 年考生人数持续增长，2016 年考生人数有所回落，从 2017 年开始又保持增长态势，2019 年考生人数达到最高值，2020 年和 2021 年取消 YCT 考试。

2011 年，红溪孔院与菲律宾教育部联合签署汉语教学项目合作协议，承担菲律宾全国公立中学 YCT 的组织与管理工作，此后每年定期举行 YCT 考试。在与菲律宾教育部签署 SPFL 合作协议前，红溪孔院于 2010 年 11 月组织部分中学举办了首次菲律宾 YCT 考试，由于是试点考试，报名参考的学生并不多。2011 年 6 月，时任菲律宾教育部部长 Br. Armin A. Luistro 与红溪孔院签署了支持菲律宾主流中学开展汉语教学的合作协议。8 月，红溪孔院正式组织了 YCT 考试，菲律宾全国共 709 名中学生参加了考试。2012 年和 2013 年每年都组织 2—3 场 YCT 考试。从 2013 年起，红溪孔院每年都会组织各地公立中学校长和本土教师参加"菲律宾全国中文教学研讨会"，邀请菲律宾教育部官员参会，促进交流、深度联动，增强三方合作的黏性，从而建立长期有效的合作机制，保障汉语教学的稳定开展。2014 年，红溪孔院受邀参加菲律宾教育部外语特别项目 2014 年工作会议，双方在公立中学汉语教学点的设立与 YCT 考试的时间方面再次达成共识。同年，红溪孔院迎来第三批公立中学汉语教学点的大量加入，公立中学汉语教学点数量达到 69 所，汉语学习人数骤增，2014 年 YCT 考试人数呈现井喷式增长。由于在菲律宾汉语推广上的杰出表现，红溪孔院在孔子学院总部 / 国家汉办（现语合中心）举办的 2014 年汉语考试海外考点工作会议上被评为"全球优秀考点"。2016 年，有个别中学计划退出 SPFL 项目，没有参加当年的 YCT，影响了报考人数。2017 年，由于战乱问题，菲律宾南部的公立中学未能及时参加 11 月份的汉语考试。但是，应本土教师和学生们的强烈要求，红溪孔院在 12 月申请增加了一场 YCT 考试，在孔子学院总部的大力支持下，菲律宾南部的学生们实现了参加 YCT 的心愿。当年 YCT 参考人数首次突破万人大关，并且连续 3 年维持稳定水平。2019 年，考生人数达到 12,030 人，是历年参考人数之最。同年，在长沙召开的"2019 年国际中文教育大会"上，红溪孔院荣获

2018—2019 年度"汉语考试优秀考点"称号。综观数据发展趋势，可以看出参加 YCT 的学生数量逐步增加，这表明红溪孔院在菲律宾国民教育体系中推广汉语取得了良好的成效，菲律宾对于汉语的认可度越来越高。这一方面与汉语推广工作对汉语考试的推动作用密不可分，另一方面也与 YCT 更好地适应了菲律宾的需求有关。

（二）2014—2019 年菲律宾 YCT 各级别考试人数情况

表 2.12　2014—2019 年菲律宾 YCT 各级别考试人数统计表

年份 人数／占比 级别		YCT 一级	YCT 二级	YCT 三级	YCT 四级	总人数
2014	人数	5631	2158	281	0	8070
	占比	69.8%	26.7%	3.5%	0	
2015	人数	4896	3381	1096	173	9546
	占比	51.3%	35.4%	11.5%	1.8%	
2016	人数	4539	2482	1124	635	8780
	占比	51.7%	28.3%	12.8%	7.2%	
2017	人数	5510	4066	1152	375	11,103
	占比	49.6%	36.6%	10.4%	3.4%	
2018	人数	5885	3603	1529	593	11,610
	占比	50.7%	31%	13.2%	5.1%	
2019	人数	4973	4585	1650	822	12,030
	占比	41.4%	38.1%	13.7%	6.8%	

根据汉考国际的官方数据，我们统计出 2014 年到 2019 年 YCT 一级到四级的考试人数。从表 2.12 中不难发现，参加一级的考生能占到总人数的 50% 左右，参加二级的考生占比约为 30%，三级考生占 10% 左右，四级考生占比仅在 5% 左右。级别越高，报考人数越少。

根据YCT考试词汇量标准，达到YCT二级的考生已经学习了至少6个月，掌握了150个词语及短语，只要再学习半年，就可能达到三级水平，然而每年报考三级的学生只占10%左右。同样，YCT四级考试的报考要求是学习汉语1年及以上，掌握600个词语及短语，但是报考人数却非常少。

表2.13　YCT考试词汇量标准

YCT级别	试题内容	词汇、短语量	学习时间	
一级	听力　20个 阅读　15个	80个	3个月	每周2—3课时
二级	听力　20个 阅读　20个	150个	6个月	
三级	听力　35个 阅读　25个	300个	1年	
四级	听力　40个 阅读　30个 书写　10个	600个	1年以上	

从2014—2019年的动态情况来看，二级、三级、四级的考生占比整体呈缓慢上升趋势，2014年YCT二级考生人数占比26.7%，到了2019年参加二级的考生占比达到38.1%；2014年三级考生人数占比3.5%，2019年提高到了13.7%；2014年四级考生人数为零，因为中学汉语教学刚刚起步，四级对于中学生来说难度很大，2019年四级考生人数占比达到了6.8%。虽然涨势缓慢，但学生已经开始向更高的级别努力，这说明汉语教学取得了一定的成效。

与此同时，缓慢增长的数据背后，是什么抑制了YCT考试的发展？菲律宾的公立中学从7年级到10年级基本都开设了汉语课程，并且大部分课时为每周3至4节。按照YCT的考试标准，已经学习了三四年汉语的菲律宾中学生完全可以胜任三级或四级的考试，然而报考率却相当低，其中的原因值得我们思考、分析。

（三）2014—2019 年菲律宾 YCT 各级别考试通过情况

表 2.14　2014—2019 年菲律宾 YCT 各级别考试通过率统计表

通过率　　　级别　年份	YCT 一级	YCT 二级	YCT 三级	YCT 四级
2014	89.3%	94.1%	85%	0
2015	87.2%	76.4%	84.7%	72.8%
2016	85.4%	82.5%	87.7%	63.9%
2017	79%	72.7%	76%	54.4%
2018	88.8%	79.6%	88.2%	54.6%
2019	73.6%	76.4%	78.3%	56.4%

考试通过率与考生的语言能力水平和试题难度都有关系，一般而言，考试级别越高，通过率越低。从 2014—2019 年 YCT 各级别通过率来看，菲律宾公立中学 YCT 一级到三级的通过率一直比较稳定，反映出中学初级汉语教学成效显著。YCT 四级的通过率偏低，说明四级试题对于学习者而言比较难，同时也反映了学习者对于四级汉语知识点的掌握并不扎实。四级试题与三级相比增加了书写题型，书写汉字题共 10 道，计 100 分，占卷面总分的 1/3，并且四级试卷没有标注拼音，对于习惯了用拼音辅助学习的菲律宾中学生而言，这样的试卷很有难度，遇到困难容易退缩也是中学生的特点。汉字学习是汉语教学中的难点，学生普遍对汉字的学习具有畏难心理。同时，本土汉语教师的汉语水平也非常有限，大部分处于 HSK 二三级水平，他们对汉字的笔画及书写的掌握也基本停留在初级阶段。因此，YCT 四级考试对于菲律宾中学生难度较高，每年报考的人数不多，通过率也不高。

（四）2017—2019 年菲律宾 YCT 平均成绩情况

表 2.15　2017—2019 年菲律宾 YCT 平均成绩与全球平均成绩比较

年份＼平均分＼级别		YCT 一级	YCT 二级	YCT 三级	YCT 四级
2017	菲律宾	157.36	142.99	138.66	192.32
	全球	145.58	145.15	150.63	210.44
2018	菲律宾	167.54	150.49	149.64	197.53
	全球	146.31	146.09	149.32	215.23
2019	菲律宾	128.73	162.66	144.46	189.09
	全球	139.74	143.89	147.01	207.8

将 2017—2019 年三年菲律宾中学生 YCT 考试成绩与全球平均成绩进行对比，可以发现 2017 年和 2018 年菲律宾 YCT 一级、二级平均成绩明显高于全球平均水平，2019 年低于全球平均值；2018 年和 2019 年菲律宾 YCT 二级平均成绩高于全球平均值，而三级与全球平均水平持平甚至略低，四级三年都低于全球平均值。菲律宾的汉语教学在 YCT 一级、二级阶段收效显著，三级开始后劲不足，四级阶段教学的差距就显露出来了。国际中文教育是一场持久战，不是一朝一夕的成果。学生要明确学习目的，教师要提高自身的汉语水平和教学技能，汉语推广负责机构要为当地学习者提供配套适用的教学资源，同时校方也要为汉语学习者提供优良的学习环境和学习氛围。只有多方协作，才能促进汉语教学在菲律宾中学行稳致远。

四、YCT 实施过程中出现的问题及原因分析

菲律宾红溪孔院自成立以来，在汉语教学、汉语水平考试方面成绩斐然，与之合作的公立中学教学点众多，参加 YCT 考试的人数连续三年破万，耕耘十年，曾三次荣获"汉语水平考试优秀考点"称号，被语合中心（原

国家汉办/孔子学院总部）授予"先进孔子学院"称号。随着教学规模的拓展、合作中学数量的增多，红溪孔院每年参加 YCT 汉语水平考试的人数一直在持续上升，但是从考试成绩和通过率情况来看，与汉语教学发达的国家还存在着较大的差距，也暴露出了一些问题。

（一）高级别汉语学习后劲不足，汉语学习及考试断层

根据表 2.12，历年 YCT 一级、二级报考人数之和都占报考总人数的 80% 左右，虽然三级和四级的报考人数近几年有所上涨，但是在总人数中占比依然很低。愿意报考三级和四级的人数比较少，这样的现象从 2011 年 YCT 开考以来一直持续至今。菲律宾中学汉语教学长期在初、中级水平徘徊，影响了学生汉语水平的提高，也阻碍了汉语教学在菲律宾国民教育体系中的发展。究其原因，主要有以下几个方面：

1. 课程设置断层，不利于知识的巩固与提高

从 7 年级到 10 年级，菲律宾大部分中学平均一周开设 3—4 节汉语课。依照这样的教学进度，9—10 年级的学生完全有能力通过 YCT 三级或四级水平测试。然而 11—12 年级是学生职业规划阶段，学生可以自主选择学习方向，在这个阶段提早接触他们选择的专业，为将来进入大学继续深造做准备。但是，目前公立中学 11—12 年级还未开设汉语课程。如果汉语学习者想要继续学习汉语，他们必须等到高中毕业进入有开设汉语课程的大学才可以。9—10 年级的学生在学习汉语的动机和动力上明显弱于 7—8 年级的学生。

语言学习是一个螺旋式上升的过程，需要在不断巩固和复习的基础上拓展新知识点，提高语言能力。在菲律宾，由于缺乏汉语环境，学生在课堂上习得的汉语知识很容易被遗忘。汉语学习的断层对学习效果有很大影响。

2. 本土教师水平有限，难以指导高级别水平考试

截至 2021 年，菲律宾中学本土汉语教师一共 360 名，大部分本土教师的汉语水平为 HSK 二级或三级。虽然每年红溪孔院都会对本土教师进

行暑期短期培训，并且派遣志愿者对其进行跟踪指导，但并不能从根本上解决本土教师因缺乏系统专业的汉语知识学习而带来的问题。此外，大部分本土汉语教师都是从中学其他学科抽调过来的，他们不仅要教授汉语，还要教授其他科目，甚至承担行政事务。因此，本土教师常常工作繁忙，无法全身心投入汉语教学。

3. 汉语志愿者教师换任频繁，教学内容重复循环

汉语志愿者教师的海外任期是 10 个月，一般一个志愿者负责 3—5 所公立中学，有的志愿者甚至在一所中学驻满 2 个月就要离开，继续奔赴下一所公立中学。新上岗的志愿者来到公立中学，首先会对学生的汉语情况进行摸底测试，并和本土教师一起帮助学生复习巩固旧知识。由于驻校时间短暂，能够帮辅本土教师提高汉语水平的时间并不多，对学生汉语学习的指导往往停留在复习旧知识层面，没有更多的时间帮助学生学习新的汉语知识。因此，常常是 7 年级的学生在学习诸如"我喜欢吃苹果"这样的内容，而 8 年级和 9 年级的学生仍然在学习相同的内容，知识点和重难点没有变化。重复式教学使得公立中学的汉语水平始终徘徊在初、中级阶段，难以向高级阶段迈进。

（二）YCT 居家网考缺少硬件支撑

2020 年 3 月份，菲律宾教育部宣布全面取消各大中小学的面授课程，转为线上授课。汉语教学与考试也随之进入网络时代。2020—2022 年，菲律宾举办了多场 HSK 居家网考，但 YCT 却迟迟没有恢复考试，其原因主要有以下几个方面：

1. 菲律宾贫困加剧，普通家庭无力支付汉语考试费用

自 2020 年初至今，菲律宾国家经济增长缓慢，大量公司破产，失业率增加，很多家庭因此失去了收入来源。部分学校因条件有限，无法实施线上授课。据菲律宾 SWS（Social Weather Station）2021 年第四季度调查数据显示，有 49% 的菲律宾人认为自己正在经历贫困。虽然线上教学成为全球常态，但对于经济欠发达的地区而言，互联网的使用却很奢侈。

在菲律宾，HSK 的考生多为大学生和有工作的社会人士，他们一般能保证经济来源。而 YCT 的考生基本是在校中学生，他们的学习花销完全依赖家庭收入。虽然 YCT 考试在菲律宾的收费并不高（如 YCT 一级考试费仅为 50 比索，约合人民币 7 元），但在特殊时期，50 比索的考试费也会被这些经济困难的学生家庭视为额外支出。为此，红溪孔院曾资助过困难学生一半的考试费。然而当生计成为一个家庭的首要难题时，额外支出考试费用则更是一种负担。

2. 互联网建设相对落后，难以支撑大面积的居家网考

菲律宾的网络基础建设在亚洲相对落后，网络覆盖率低、网络速度慢、网费昂贵等一直都被诟病。菲律宾的互联网行业长期被 PLDT 和 Globe 两大巨头垄断。由于缺乏良性的市场竞争，落后的网络建设一直没有得到改善和提高。2019 年，中国企业将 5G 技术带进菲律宾市场，但遭到了某些西方国家的干涉，合作进程受到影响。在各国都争先恐后地将新技术运用于网络教学时，菲律宾却因为互联网问题，很多地区无法普及线上课程。2020 年 4 月，语合中心发布了《关于在中国以外国家增加居家网考的通知》，无法恢复线下考试的地区可采用网络考试的方式。

网考对电脑配置、网络速度、考试环境等要求对普通的菲律宾家庭来说都难以达到。结合菲律宾的经济情况，YCT 暂时只适合在教室里采取纸笔考试的方式。

（三）"以考促教、考教结合"的理念被部分教学点"僵化"实施

成绩测试的根本目的是评价语言学习的效果，提高语言教学质量。语合中心推广 HSK 和 YCT 就是要将考试和教学相结合，用汉语水平考试推动国际中文教育事业发展。红溪孔院在 SPFL 项目推广建设中一贯秉持这样的理念，但落实到各地公立中学时，这个理念被部分教学点片面化、"僵硬化"地实施，成了单方面的"为考而学"。其原因主要有以下几个方面：

1. 部分中学开设汉语课程的动机偏离了 YCT 推广的初衷

部分中学开设汉语课程的动机不清晰，存在应付 SPFL 项目的现象。对于一些教学条件较弱的中学来说，组织大量的学生参加 YCT 考试并获得足够高的通过率，是为了完成菲律宾教育部交付的教学指标，"以考促教"在某些中学被逆转成了"为考而教"，至于学生真正掌握了多少汉语知识、提高了多少汉语水平，校方并不重视。正是受这种观念的影响，菲律宾中学汉语课程建设的发展过程中出现了一些有待进一步规范的现象，比如，汉语课时量被压缩、本土汉语教师的积极性不高、YCT 考场监管不严格等。

2. 学生学习汉语动机不明确，动力不足

动机是"驱使人做出选择、采取行动、付出努力、坚持行动"的动力，在第二语言习得的过程中发挥着十分重要的作用。在影响第二语言习得的诸多因素中，动机占 33%，学能占 33%，智力占 20%，其他占 14%。内部动机是个体自身所产生的动力，常常来自个体对所做事情的兴趣和对其意义的认识，它对学习的影响更为深远和持久（刘珣，2000）。

菲律宾中学生学习汉语的动机不够明确，一方面与校方缺少必要的课程宣传和推介有关，另一方面与汉语课程在学校的地位不高也有关系。汉语课是没有学分的选修课，不与毕业挂钩，加上学校的 11 年级和 12 年级没有开设汉语课程，中文课程缺少延续性，选修汉语课程更多是始于对汉语或中国的兴趣等短时动力。而且参加 YCT 考试只是校方规定的硬性任务，对于部分中学生来说，YCT 考试缺少与个人学业和职业发展相关联的长久内驱力，往往参加完难度最低的 YCT 一级考试后，学生学习中文的积极性就会逐步下降。此外，菲律宾中学学制为一年三个学期，YCT 考试时间通常设在每年的 11 月份，YCT 考试结束之后，12 月便是菲律宾的圣诞节和新年假期。为了庆祝节日，很多学校都会占用这两个月的汉语课作为节日活动课，学生一年中真正花在汉语学习上的时间少之又少。

汉语学习的动机决定了汉语学习是否持久和深远。相比之下，菲律宾很多私立中学和华校的学生在学习汉语和参加 YCT 考试时，动机相对明

确。有的学生学习汉语是为了毕业后去中国留学；有的是为了获得汉语证书，从而提高求职竞争力；还有的是因为热爱中华文化，想要拓宽视野，将来能到中国旅游生活。总之，明确的学习目标和强大的学习动力是学好汉语的重要因素。

五、思考与建议

自从汉语进入菲律宾国民教育体系，在红溪孔院的不断努力下，汉语水平测试取得了骄人的成就。考点规模不断扩大，考生人数持续上涨。与菲律宾政府和当地中学的协同合作保障了每年 YCT 考试的顺利进行。在考务管理工作方面，孔院为 YCT 搭建了一个完善的服务平台，使考务管理工作相对清晰、规范。这些工作都提升了 YCT 在菲律宾考生及民众心中的品牌形象和认同感，也为汉语水平测试在菲律宾平稳持久地发展奠定了坚实的基础。但是，YCT 运营中出现的各种问题如果不加以解决，就会影响汉语水平测试的可持续性发展。为此，我们提出了一些设想和建议，希望有助于改善 YCT 考试现状。

（一）对于公立中学教学点，强化"以考促教、考教结合"的理念。

科学的考试不仅可以评估学生的知识和技能，而且可以起到正确的引导作用，同时还能帮助教师反思教学方法，促进教师业务能力和水平的提高。"以考促教、考教结合"的理念不仅关注考试评价的客观性和准确性，评估考生现有的汉语水平，还鼓励通过考试进一步提高和发展考生的汉语能力。考试不是最终目的，教学也不是唯一的手段，考教相长，最终的目标都是提高学生的汉语水平。因此，YCT 在推广和实施中切忌"唯考论"，即教学和考试的目的就是通过考试。针对部分中学在汉语教学中出现的考前、考后"两张皮"的现象，我们要提出问题并加以整改；针对部分中学为了提高 YCT 通过率而出现的不诚信、不规范的考务行为，我们必须要予以纠正。

（二）采用目的驱动引导学生自主学习，利用考试督促学生提高汉语水平

Dörnyei（1994）提出了外语学习动机的三维建构模式，从语言、学

习者和学习情境三个层面来测量学习动机。其中，在学习者层面，动机包括成就需要和自信心；在学习情境层面，动机包含学习者对课程的内在兴趣、个体需要及期望值，还包括学习的目标导向、规范和奖励体系等。激发学习动力、提高语言教学效果的关键在于创造和谐且充满个性化的语言学习环境，培养学生的学习兴趣，并帮助他们树立明确的语言学习目标和信心（王建勤，2016）。

支持孔院、本土教师、中学汉语项目负责人多端联动，采取有效措施引导学生科学备考。比如，孔院在筛选 YCT 优秀考生参加 HSK 冬令营的计划中，合理分配各级别入选名单，适当向高级别优秀考生倾斜；制订 YCT 优秀考生及优秀考点的奖励细则，吸引更多的考生参加 YCT 三、四级的考试；对于组织规范、考试成效显著的中学，孔院予以奖励并颁发优秀考点证书，提高中学汉语建设的主动性。本土教师在汉语志愿者教师的协助下为学生提供更丰富的汉语教学内容和考试辅导资料，鼓励学生克服汉语学习困难，树立汉语学习信心。公立中学汉语项目负责人要重视 YCT 在汉语教学中的地位，通过校园文化建设为汉语教学和汉语考试营造良好的学习氛围。多方面协作共管才能有效推动基础教育体系中汉语水平的整体提高。

（三）鼓励有条件的地区和家庭开展居家网考

为使汉语水平测试更好地服务于汉语学习者，语合中心推出 YCT 居家网考，支持在线发放试卷以及在线作答听力题、书写题、口试题等多种题型，并可以网络回传考试作答数据，整个考试过程实现了无纸化操作。网考的优势在于：①报名期限更宽裕；②报名截止时间延迟至考前 10 天，最大限度地为考生报考提供便利；③听力音频独立播放，减少环境干扰，语音更加清晰；④键盘输入更加快捷方便。采用网考手段不仅节约了大量的人力和物力资源，还节省了时间，提高了 YCT 的运作效率。尤其在公共卫生事件突发的情况下，居家网考既能保证汉语考试按时进行，又能保证学生的汉语学习不脱节，并且是最安全的考试方式。在数字化革命时代，信息化网考的运用更是社会发展无可阻挡的趋势。菲律宾 2020、2021、2022 三年 YCT 停考，不利于中学汉语教学的可持续性发展。鉴于菲律宾的网络环境和经济条件，建议孔院有节奏地开放 YCT 网考，鼓励有条件的家庭积极参加居家网考。

（四）完善本土师资培养监督机制，建立高素质、专业化的本土教师队伍，推动 YCT 向高级别迈进

"教育的存在与发展，首要前提就是要有一支数量充足、结构合理、素质优良的教育者队伍。因为只有有了这些'先知者'，教育活动才能组织、才能进行、才能提高、才能发展"（李晓延，2018）。汉语国际传播是提升中国形象、打造中国品牌的重要方式，建设稳定、高素质、专业化的国际中文教师队伍具有基础性和战略性的意义。国际中文教师在教学中面对的是海外学生，教师在教育中起着主导作用。教师的综合素质和专业水平越高，带给学生的帮助也就越大。

菲律宾国民教育体系的汉语教学主要依赖本土教师，但由于本土教师的汉语基础比较薄弱，他们的培养及成长需要时间。此外，建立一套相对规范、完善的监督评价机制也是不可或缺的。对每一个教学环节进行监督、检查、考评、反馈，才能确保本土教师的培养真正扎实有效，从而促进菲律宾汉语教学的长期、健康发展。

第五节　国民教育体系中汉语教学面临的挑战

教育一直以来被视为人才创新和国家发展的重要推动力，很多国家都将其置于优先发展的战略位置。进入 21 世纪，随着全球经济的发展、多元文化的融合以及信息技术的广泛应用，教育理念、教育方法和教育模式等都发生了巨大的变革。国际中文教育顺应社会发展的潮流，也在悄然变化。这些变化不仅源自教育本身规律的发展，还受到不断变化的社会环境的重要影响。

菲律宾国民教育体系的汉语项目自建立以来，取得了显著的成绩。在语合中心（原国家汉办 / 孔子学院总部）及菲律宾教育部的支持下，汉语

学习人数迅速增长，教学点数量逐年增加，汉语学习者的范围不断扩大，学习群体日益丰富，年龄层次趋于年轻化和低龄化。截至 2022 年，菲律宾国民教育体系中学习汉语的人数已达 1.1 万。除了国民教育体系的汉语学习者，其他私立中小学为了吸引学生，也在逐步开设汉语课程。菲律宾民众对汉语和中华文化的态度从"新奇陌生"转变为"喜欢认同"，汉语文化在菲律宾的影响力和传承力逐步显现。然而，随着汉语教学的深入以及教育环境的改变，菲律宾国民教育体系的汉语教学也面临着诸多挑战。

一、国民教育体系中汉语项目"提质增效"遇到的挑战

《孔子学院发展规划（2012——2020 年）》指出，目前高素质的专业教师数量不足，适用教材短缺，办学质量有待提高，资源整合亟待加强。另外，当下的海外汉语教学还不能完全满足全球汉语学习需求，要以提高办学质量为核心，建立健全质量评估体系，追求内涵式发展。

在菲律宾国民教育体系中汉语教学项目建设的十年间，菲律宾各地汉语教学点的布局和开拓成为前期发展的重要任务。在政策的支持下，教学点数量迅速增加，汉语学习人数持续攀升，初步形成了规模式的发展格局。然而，随着汉语课程在菲律宾公立中学的深入推广，教学建设中的一系列问题也相继出现。教学基础设施的建设无法满足日益扩大的教学规模，主要体现在教材短缺、师资力量薄弱、资金配置不足等方面。

（一）教材使用缺乏统一标准，本土教材建设进程有待加快

菲律宾教育部在 SPFL 项目建设之初颁布了统一的外语教学大纲。自 2011 年汉语项目启动以来，各公立中学的汉语教学并没有严格依照该大纲进行，使用的教材也不统一，不同地区和不同学校各行其是。有些学校使用《快乐汉语》，有些使用《成功之路》，有的直接使用 YCT 考试大纲，还有些学校使用汉语志愿者自编的讲义。《快乐汉语》《成功之路》是使用率比较高的两套教材。《成功之路》里的语言知识点丰富，搭配的练习有助于学习者及时巩固并有效运用所学知识。《快乐汉语》图文并茂，色彩鲜艳，并且使用了一些实景照片，贴近真实生活，内容更适合海外的低龄

学习者。这两套教材在红溪孔院建立之初由语合中心（原国家汉办 / 孔子学院总部）寄赠，由于数量有限，公立学校如使用需要向孔院申请，并且只有汉语教师才能领取原版教材。菲律宾的公立学校因办学条件差异，有些学校会为学生免费提供汉语课本复印件，但更多的学校实行自愿复印的原则。贫困家庭的学生难以负担汉语教材复印费用，他们将教师课堂上传授的汉语知识抄写在作业本上，不仅拖慢了课堂进度，抄写错误也影响了学生对知识的理解。教材不统一使得整个汉语项目资源纷杂，教学缺少标准指导。

教材本土化是汉语教学本土化的重要内容，《孔子学院发展规划（2012—2020 年）》中多次强调本土教材建设的重要性，孔子学院总部明确表示"支持各国孔子学院编写本土教材，形成适应幼儿、中小学生到高校学生和社会人士等不同人群、不同层次汉语学习需求的教材和教学资源体系"[1]，本土教材要"贴近外国人的思维，贴近外国人的生活，贴近外国人的习惯"（许琳，2007）。

菲律宾本土汉语教材的编写迫在眉睫，但编写工作并非一蹴而就。编写团队需要具备扎实的汉语专业知识以及丰富的汉语教学经验，较为全面和深入地了解当地人的思维模式、学习需求及文化背景，明确学习者的生理、心理认知特点，做足做实前期的调查研究工作，制定出逻辑清晰、科学、适用的教材框架，保质保量地完成整套教材的编写与出版。

截至 2020 年 10 月，红溪孔院完成了《快乐汉语（菲律宾语版）》教材的本土化修订及翻译，《菲律宾教育部中文项目课程大纲》也已编写完成。该课程大纲在前期调研的基础上，筛选出菲律宾中学生日常生活和学习的交际场景，以中学生群体感兴趣的话题为载体，进行语言文化任务设计。在内容上，该大纲以菲律宾教育部《K—12 基础教育外语课程》为主体框架，参考《国际中文教育中文水平等级标准》和《新中小学生汉语考试大纲》，贴近菲律宾中学生的交际日常，又与国内汉语水平考试保持同步。该大纲的发布是菲律宾汉语教材本土化建设迈出的重要一步，有望为菲律宾中学生的汉语学习打开新的局面。

[1]　参见《孔子学院发展规划（2012—2020 年）》。

（二）师资配套薄弱，本土教师"造血"之路"既阻且长"

以汉语输出国的需求为导向培养海外本土汉语教师，实现国际中文教育与国外师资需求对接，是汉语国际推广的一个重要课题。在菲律宾本土师资队伍建设方面，红溪孔院一方面对菲律宾本土汉语教师进行学历培养，另一方面对从各公立中学选拔出来的本土在职汉语教师进行长短期相结合的汉语培训。

2014年，红溪礼示大学在孔子学院总部的支持下，与福建师范大学联合设置了菲律宾首个汉语师范本科专业，为菲律宾中学培养汉语教师。该专业学制为5年，学生大二时赴福建师范大学进行为期一年的沉浸式学习，大三时返回菲律宾继续学业。该专业的学生毕业后将获得国际中文教师证书和菲律宾教师资格证双证书。截至目前，红溪孔院从菲律宾公立中学定向招收了2014级、2015级、2016级、2018级四届学生，与福建师范大学联合培养了81名本科毕业生，这些毕业生以合同约束的方式"反哺"菲律宾中学汉语课堂。

然而，对菲律宾1.1万中学汉语学习者来说，这81名本土汉语教师几乎是"杯水车薪"，无法满足庞大的市场需求。"订单式"的培养需要稳定、友好的国际环境作为保障，也需要经过时间的打磨。此外，以合同约束的方式要求毕业生返回原中学执教，也存在着一定的风险。毕业生是否会违反合同条款，是否愿意回原中学教授汉语，以及能够从事多久的汉语教学，这些都存在着不确定性。因此，在中菲联合培养专业师范生这条道路之外，将菲律宾的本土在职教师培养成一支强有力的汉语教师队伍，是红溪孔院师资培养的另一项重要任务。

在建设本土汉语教师队伍方面，红溪孔院首先从各公立中学筛选出在职教师担任汉语教师，并采取暑期集中培训、志愿者教师跟踪培训（Follow-through）和来华沉浸式学习相结合的方式来提升他们的汉语水平和技能。

暑期培训通常在每年的7月和8月，由红溪孔院组织，召集菲律宾全国各地的本土在职汉语教师进行为期一个月的培训。培训内容包括邀请中国专家赴菲开展讲座，本土教师展示优秀教学案例，进行教学研讨和交流等。截至 2019 年，红溪孔院为菲律宾教育部培训了八批本土教师，共计 320 人。2021、2022 年的本土教师培训转为线上形式，在此期间参培人数分别达到 160 人和 221 人。志愿者教师跟踪培训是指由中国的汉语志愿者教师驻校，对菲律宾的中学汉语课程进行督查和指导，并对在职本土汉语教师进行汉语知识讲授、答疑解惑等。沉浸式学习为本土教师提供了来华交流的机会，使本土教师得以走访中国院校并进行学习交流，还能游览风景名胜，体验中华文化。

从中学在职教师队伍里选拔本土汉语教师，在短期内填补了菲律宾汉语教师的巨大缺口，解决了师资困难。然而，从教师队伍建设专业化的角度来看，这种培养方式在实际操作中遇到了不少困难和挑战。

将一名菲律宾其他学科的在职教师培养成汉语教师，从选拔、上岗到成长，每一个环节都需要在项目执行单位的监督机制下，秉持严谨科学的态度进行细致规范的操作，同时还需要有力的考评制度进行项目评估。然而，这方面的工作目前还不够细致和规范。这与菲律宾国情和师资队伍建设的模式有关，也与汉语教学点数量众多有关。潘夏楠（2019）、陈慧姗（2021）指出了菲律宾在职教师专业化培训过程中的诸多问题，比如，本土教师对待汉语师资培训态度散漫、菲律宾教育部监督不到位等。在菲律宾执教的汉语志愿者曾多次反馈本土汉语教师对待汉语教学缺乏积极性的问题，比如，不配合跟踪培训、不让志愿者教师进汉语课堂督课等。汉语课程在菲律宾国民教育体系中属于选修课，并且在大部分中学选修汉语课程没有学分。因此，汉语课程在菲律宾中学教学系统中的地位相对"边缘化"。此外，从其他学科转岗过来"客串"汉语教师，不仅要完成汉语教学任务，还要兼授其他课程或者负责行政工作，工作量大。以上因素都直接或间接地影响了在职本土汉语教师的队伍建设。

总之，SPFL 汉语项目自实施以来，在职本土教师的成长并不乐观。志愿者跟踪培训常常流于形式；暑期培训时间过短且效果有待提高；来华沉浸式培训的名额有限，参训人员只有极少数是一线本土汉语教师，大部分是并不从事汉语教学的中学校长。从理论上看，培养模式有多条路径且环环相连，但实际上缺乏严格的监管机制，本土教师的成长并不明显。很多本土汉语教师经过几年滚动式培训后，汉语水平依然停留在 HSK 一级或二级，甚至有些教师连用简单的汉语进行交流都很困难，更不要说开展汉语教学。

2019 年，菲律宾教育部和孔子学院总部签署协议，在红溪礼示大学设置汉语师范教育专业硕士点。根据协议，由红溪孔院在 5 年内选拔出 300 名菲律宾本土汉语教师攻读该专业硕士，攻读期间赴福建师范大学学习，毕业后返回菲律宾原中学担任汉语教师，计划平均每年招收 60 人。截至 2022 年，共有 87 名本土教师报名参加了该硕士项目。

对在职教师进行学历的再塑造是建设在职本土教师队伍的创新性改革，对提高汉语教师队伍的稳定性和专业性具有重要的推动作用。好的项目需要坚定有力的政策支持以及扎实有效的推进，同时还需要科学适用的本土化评价指标来指导。上述问题都需要项目执行单位与当地政府部门加强沟通与协作，认真审视并科学执行。菲律宾公立中学本土汉语教师队伍建设是一项重要课题，也是一个长期的过程。只有扎实推进队伍建设，才能真正夯实菲律宾国民教育体系中汉语教学的根基。

二、孔子学院转隶给菲律宾国民教育体系中汉语教学带来的挑战

（一）项目实施主体单位责任更重

2020 年，孔子学院品牌由"中国国际中文教育基金会"全面负责运行，宗旨是通过支持世界范围内的国际中文教育项目，促进人文交流，增进国际理解，为推动世界多元文明交流互鉴、构建人类命运共同体贡献力量。转型后的孔子学院由民间基金会运作，在合作管理、运营模式上都发生了变化，在承担的任务方面，中外方合作院校要积极发挥主体责任意识，承担品牌运营、教学资源建设管理和资金筹措等具体工作。

红溪孔院作为菲律宾教育部汉语项目的支撑平台，在孔子学院总部升级转隶后同样面临着结构调整带来的挑战。升级转型前，红溪孔院由孔子学院总部、福建师范大学、红溪礼示大学合作共建，服务于菲律宾的语言教学需求，主要开展汉语教学和中外教育、文化等方面的交流与合作。转隶升级之后，对于国民教育体系的汉语教学项目，红溪孔院需要在中外双

方合作高校的指导与监督下进行自主规划，比如，汉语课程发展、教材建设、教师队伍建设以及文化交流等特色项目创新，其承担的任务更重，建设要求更高。

（二）孔子学院运营模式亟须创新

孔子学院作为非营利性的语言教学组织，前期主要依靠中菲双方在"共商、共建、共享"的基础上共同建设。随着服务对象的扩大和办学功能的拓展，孔子学院与社会组织、海外民众的关系日益密切，早期"单一的语言教学功能远远无法满足海外民众对中国语言文化的多元化需求"（李宝贵，2018），亟须根据汉语市场的变化调整、创新运营模式。

第一，转型后的孔院引入市场机制运作，经费由主体实施项目单位承担。主体实施项目单位主要指合作的中方高校和外方高校，双方合作院校组建理事会，理事会全权负责审议并评估孔院的工作，包括年度工作计划、工作总结、项目经费预决算情况等。这实际上赋予了主体实施项目单位更大的自主性和创新性，在资金运营获得自主性的同时也对资金来源提出了更高的要求。菲律宾国民教育体系中的教材开发与建设、师资队伍培养、校际联络交流、中学汉语文化活动的开展、数字化课堂的创建等项目的运转，无疑需要大量的资金投入。

第二，随着菲律宾公立中学汉语教学点的逐年增长、汉语学习人数的持续增多，对教学配套资源的需求也大幅增加。规模化的发展对教学场所、设备、教学资源的资金投入提出了要求，语言文化交流活动规模的扩大也需要追加更多的人力成本和资金投入。此外，汉语项目的创新研发与建设也需要资金的支持。

就汉语文化活动而言，菲律宾学生性格活泼，喜欢参加各类文化活动。每年，红溪孔院都会组织公立中学开展形式丰富多样的活动。然而，受区域资源和办学条件的影响，中学之间差异性较大。活动资金配给充足的学校汉语文化活动形式多样，反响热烈；而资金配给薄弱甚至无活动资金的学校，师生参与度不高，文化活动项目老旧，缺乏创新。均衡稳定的资金供给，是中学汉语文化活动开展的有力后盾，也是汉语项目可持续发展的重要保障。

孔院转隶后，如何解决孔院运营中出现的资金困难成了新时期孔院发展的热门话题。关于如何增加项目资金供给、拓展资金来源，李宝贵（2018）提出，创新办学模式，引导社会力量参与建设，鼓励国内外社会团体和中资机构积极参与和支持孔子学院建设，积极开拓国际中文教育市场，探索建立多渠道筹措资金的良性机制，走产业化发展道路。王秋彦（2022）提议，新时期的孔子学院可以结合所在国的本土特色，开发孔院特色文化服务产品，增强营收能力。许琳早在 2009 年就提出了孔子学院必须走产业化道路，她指出语言本身是文化产品，必须以产业和市场的方式来运作。孔院转隶后，产业化的走向越来越明晰，这不仅是提高汉语文化教学服务质量的重要举措，也是解决资金来源问题的关键。

红溪孔院需要及时顺应市场化进程，加强与政府、民间力量、企事业单位团体等机构的合作，资源互通，释放孔院的市场活力。同时，要与利益相关者保持沟通并加强交流，争取多渠道的支持和捐助，共同营造有利于汉语在菲律宾传播的发展环境，确保公立中学汉语项目的可持续健康运转。这既是新形势下的挑战，也是一次突破旧有模式的华丽"蜕变"。

三、激烈的语言市场竞争给国民教育体系中汉语项目带来的挑战

菲律宾政府将英语作为官方语言，并规定在菲律宾教育的每一个阶段都将英语列为核心课程，可见英语在菲律宾外语教学中的权威地位。菲律宾外语特殊项目（SPFL）包括西班牙语、日语、法语、德语、汉语和韩语。除了韩语是晚于汉语项目启动的，其他四种语言率先进入了菲律宾的语言市场，其推广机构分别为西班牙塞万提斯学院、法语联盟、日本基金会和德国歌德学院。这些外语在菲律宾较早地拥有了一批学习者。由于历史原因，西班牙语对菲律宾文化的影响最为深远。汉语于 2011 年进驻菲律宾后，韩语也迅速在菲律宾站稳了脚跟。要想在激烈的语言市场竞争中占有一席之地并长久稳定地发展下去，需要依靠品牌的力量。品牌是综合竞争力的体现，任何机构要做大做强，都需要借助品牌优势来占据市场。

孔子学院是汉语教学和文化交流的机构，是展示中国形象的重要平台。孔子学院现已成为全球最大、最多样化的国际语言教育共同体，成为

世界认识中国的重要窗口和国际社会了解、评价当代中国的一个"象征符号"。全球经济文化快速发展，语言消费群体的认知、消费心理和消费需求也随之不断变化。海外公立学校的学生日常大多通过媒体、影视作品、书籍等各种渠道接触汉语和中华文化。随着社会经济的发展和教育环境的变化，海外汉语学习者对汉语的学习需求和动机也在发生变化。为语言市场提供高质量的语言文化类产品和优质服务，树立良好的口碑，强化孔院的形象，是提高语言市场竞争力的重要内容。

菲律宾的中学汉语学习者已达到1.1万人，随着中学汉语教学点的不断开拓，学习人数也将越来越多。除了已有的93所合作中学外，部分小学、私立中学乃至职业学校也希望能开设汉语课程。2023年2月，菲律宾众议员马塞利诺·利巴南（Marcelino Libanan）在社交平台上呼吁菲律宾学生从小学习中文，增强国际就业竞争力。与此同时，其他语言也在积极提高在菲律宾中小学的占有率。2022年，菲律宾参议员张侨伟开始推动在棉兰老岛以外所有的公立和私立小学开设阿拉伯语课程。

红溪孔院作为唯一一个与菲律宾教育部合作的官方汉语教学服务机构，在激烈的市场竞争中，只有不断加强核心竞争力，才能占据有利位置。一方面，要关注不断变化的语言市场及日益更新的语言消费需求，明确自身的品牌定位与优势。另一方面，要提升服务品质，走内涵发展道路，打造良好口碑，提高社会认可度，让语言学习者对品牌产生认可和信任，从而主动追随。怎样为菲律宾国民教育体系的汉语学习者提供高质量的汉语教学服务？如何开展高品质的文化交流活动，将汉语课程建设和中华文化的推广真正融入菲律宾的土壤？在语种纷杂、竞争激烈的菲律宾语言市场中，汉语项目依然有许多问题需要深入思考。

四、信息技术的变革给国民教育体系中汉语项目带来的挑战

第四次工业革命的到来，推动了信息技术与社会生活中各个领域的融合。信息技术改变了人们的生活方式、工作方式和学习方式。在教育领域，信息技术推动了整个教育系统的改革。《国家中长期教育改革和发展规划纲要（2010—2020年）》指出："信息技术对教育发展具有革命性影响，

必须予以高度重视……我国教育改革和发展正面临着前所未有的机遇和挑战。以教育信息化带动教育现代化，破解制约我国教育发展的难题，促进教育的创新与变革，是加快从教育大国向教育强国迈进的重大战略抉择。教育信息化充分发挥现代信息技术优势，注重信息技术与教育的全面深度融合，在促进教育公平和实现优质教育资源广泛共享、提高教育质量和建设学习型社会、推动教育理念变革和培养具有国际竞争力的创新人才等方面具有独特的重要作用，是实现我国教育现代化宏伟目标不可或缺的动力与支撑。"

经过一段时间的探索、调整和适应，信息化教学相比于传统线下教学的优势逐渐凸显。信息化教学是一种以互联网和智能终端为载体的信息传递方式，它将教师的教学组织与学习者的自主学习相结合，推动了教育模式的创新，也促进了学习态度和学习方式的变革。在网络信息和数字技能普及的时代，信息化教学也必将成为未来教育的新常态。

2022年12月，"首届国际中文智慧教育研讨会"成功举办，世界汉语教学学会秘书长宋永波指出，以信息化支撑引领国际中文教育智能化，实现国际中文教育数字化转型、智能化创新发展，是国际中文教育的发展方向和重要课题，要强化合作创新，不断推动国际中文智慧教育协同发展。由中国教育部中外语言交流合作中心与海外教育文化机构合作建设的"语合智慧教室"，便是将互联网、大数据、人工智能、虚拟现实等技术应用于国际中文教学的新模式，可以进行课程研发、教学模式研究、中文教学等，是一个将线上与线下教学研究相结合的创新性平台，一经推广，便可以高效助力海外中文教学和中外文化交流。

在信息化改革浪潮前，菲律宾国民教育体系面临的首要挑战是校园信息化环境的创建。无论是智慧教室还是普通多媒体教室，电脑、网络和多媒体等硬件设施都是基础配置。多媒体教室或智慧教室的创建需要从中学中遴选条件较好的教室，安装电脑、投影仪、音响以及配套设备，构建安全高速的局域网，并引入功能强大的教育教学软件以整合课程资源，这些都需要大量的资金投入。除此之外，上述软硬件设施的日常维护与维修也需要纳入学校的财政预算。

从菲律宾目前的经济发展水平和网络建设总体情况来看，在公立中学推行信息化建设短期内困难重重。菲律宾区域发展不均、资源不足、网络基础建设相对落后、公立学校办学条件差异性大，信息化技术的全球应用与菲律宾落后的硬件条件之间存在矛盾。菲律宾教育部下属的公立中学中，少数办学条件较好、重视汉语课程的学校愿意在汉语信息化建设上投入资金，创建多媒体教室。然而，大部分公立中学办学条件相对艰苦，无力承担信息化建设的重任。根据赴菲汉语志愿者的工作反馈，部分公立中学由于教室资源紧张，只能将汉语课程安排在早上7点或晚上。有的学校没有网络，为了同步线上课程，教师们在上课时常常需要在校园内寻找公共网络信号的最佳接收点，甚至需要爬上屋顶去接收网络信号。

　　提质增效是海外汉语课程建设的重要路径，也是国际中文教育的战略需求。提高菲律宾汉语教学质量，做好孔子学院品牌建设，是长期且持续的动态过程。信息化改革浪潮给菲律宾国民教育体系中的汉语教学带来了层层挑战，国际局势的不稳定也为汉语项目的推进增加了隐患。在新形势下，国际中文教育既面临挑战也孕育机遇。要想推动菲律宾国民教育体系中汉语课程建设的健康可持续发展，必须抓住机遇、转变观念、创新思路、改革方法，凝聚中菲双方的力量，更好地为菲律宾汉语学习者服务。

第三章
菲律宾国民教育体系汉语教材本土化研究

　　根据不同的教学目标，郭熙（2015）将汉语教学分为国家通用语言教学、华文教学、汉语教学三个层级。菲律宾的华文教学开始得很早，19世纪末就建立起第一所华人学校，即今天的中西学院。针对菲律宾主流社会的汉语教学，也就是通常所说的汉语作为第二语言教学，这项工作才刚刚起步。

　　2011年，汉语正式被菲律宾教育部纳入国民教育体系，汉语作为菲律宾教育部 SPFL 项目的一员，和西班牙语、法语、日语、德语、韩语一起成为菲律宾主流社会公立中学的外语选修课之一。该项目为公立中学7—12年级的学生提供外语课程，学生在证明英语能力并顺利通过国家成就测试后可以选修其中一门外语。每个 SPFL 语言项目都有一个合作伙伴，SPFL 汉语项目的官方指定合作伙伴是菲律宾红溪孔院。红溪孔院为菲律宾公立中学开设汉语选修课程提供所需的各类帮助，其中包括编写本土汉语教材。当前，汉语教学在菲律宾公立中学呈现高速发展的繁荣景象，菲律宾一共有11个教育大区，合计有93所公立中学申请开设了汉语选修课，在学人数达到1万多。然而，在美好表象背后，菲律宾公立中学的汉语教学存在的问题不容忽视。其中，国民教育体系汉语教材的缺失和不适用已成为制约学生学习和教师教学的主要因素之一。

　　众所周知，教材不单单为学生服务，还是教师进行教学的主要依据。目前，菲律宾各公立中学使用的汉语教材没有统一的标准，其中《快乐汉语》《成功之路》《YCT 标准教程》是最常用的汉语教材。它们由原孔子学院总部赠送，但因为数量有限，有些公立中学甚至没有汉语教材可以使用。

在使用这些通用型汉语教材时，学生经常遇到各种问题，教师的教学效果也因此大打折扣。

赵金铭（1998）指出："教材要体现针对性，首先要确定好教材是为哪类目标人群编写，为哪种目的编写，编写出的内容要符合学生的自身需要。"通用型汉语教材在海外经常出现各种"水土不服"的情况，就是因为教材缺乏针对性。因此，针对不同国家和地区编写一套适合当地学习者的本土化汉语教材，已成为教材建设的新趋势，编写和开发"本土化汉语教材是提高各国汉语教材针对性的现实出路"。

现阶段，菲律宾华文教学界已有代表性本土教材——《菲律宾华语课本》，该教材由沈文、杨石泉两位专家编写，菲律宾华文教育研究中心出版发行。该教材多用于菲律宾私立华校教学，教学对象主要是华校的华人和华裔学生。教材共20册，其中1—12册供小学使用，13—20册供中学使用。教材内容循序渐进，梯度分明，体量也和华校的教学课时相适应。然而，无论从教材体量还是学生特点等方面来看，这套教材都不太适用于公立中学的菲律宾裔学生。

在多元文化的菲律宾社会里，和私立学校尤其是私立华校相比，菲律宾公立学校发展较为落后，汉语教学处于起步阶段。菲律宾公立中学的学生多是菲律宾裔，是菲律宾社会的主体，数量很大。与华人和华裔不同，菲裔学生缺少汉语语言环境，日常生活中很难有机会运用汉语进行交际，他们是国际中文教育的重要对象。因此，编写和开发一套针对菲律宾公立中学汉语学习者这一特定教学对象的本土化汉语教材，是解决菲律宾国民教育体系中汉语教材问题的根本之道。

第一节　菲律宾公立中学汉语教学环境与教材本土化

"本土化"一词源自英文"localization"，最初应用于经济领域。在汉语教材领域，"本土化"一词经常与"国别化""当地化"等混用，但都指针对某一国家或地区的教学对象而开发的教材。"本土化"这一说法既适用于中国人，也适用于他国人，因此本书采用"本土化"这一最广泛的说法。

教材有狭义与广义之分，刘珣（2000）指出："狭义上的教材单指教科用书，广义上的教材除了指代教科用书外，也可以指代教学参考书、讲义、讲授提纲、图表、各种教学音像资料等。"本节的汉语教材指的是汉语课堂教学中学生使用的教科书。"本土化汉语教材，指根据当地教育体制、社会文化、学习者母语特点等因素开发的适合当地人学习的教材"（周小兵、陈楠，2013）。

菲律宾公立中学的汉语教学是非汉语环境下的第二语言教学，汉语教材本土化需要考虑到其教学的本土特征。本节我们从影响教材编写的三大语言教学环境，即"社会环境、教育环境、课堂环境"（罗青松，2005），来阐明菲律宾公立中学汉语教学的本土特征，并基于此分析其对汉语教材本土化的要求。

一、社会环境与教材本土化

（一）社会环境

戴炜栋、束定芳（1994）指出："一个国家的语言政策，尤其是外语教育政策能在很大程度上影响学习者的动机和态度。"这里，我们考虑的社会环境主要是菲律宾政府实行怎样的语言政策和外语教育政策。

1. 语言政策

菲律宾作为一个民族大融合的国家，民族众多，语言庞杂，直到独立后的 1973 年，菲律宾语和英语才被菲律宾政府正式确立为官方语言。虽然官方语言为菲律宾语和英语，但各地区人们的母语和日常使用语言并不相同，有他加禄语、宿务语、伊洛戈语、邦板牙语等，超过百万人使用的语言不下 10 种。其中，菲律宾语就是在大马尼拉地区的语言他加禄语的基础上演变而来的，阿拉伯语、西班牙语和英语等外来语言对菲律宾语的演变与发展也产生了深远影响。

长期以来，菲律宾政府为了增强人民的国家和民族意识，规范国家语言，在构建语言教育政策方面曾做出两次重大决定。1974 年，菲律宾语和英语被确立为官方语言后，菲律宾政府颁布了"双语教育政策"，即在基础教育阶段将菲律宾语和英语作为教学语言，各地区语言只作为辅助教学语言。但这一语言政策的实施，导致菲律宾许多地区的语言出现生存危机。为了保护各地区语言，菲律宾政府于 2009 年出台了"基于母语的多语言教育法案"，即依据各地区、各民族母语学习其他语言，例如，在位于菲律宾南部旅游胜地宿务市的公立学校，教学用语为宿务语，而不是英语、菲律宾语或他加禄语。在小学阶段，公立学校的学生三年级前以学习母语为主，三年级开始学习菲律宾语和英语，到中学阶段才开始选修其他外语。

2. 外语教育政策

"基于母语的多语言教育法案"是一大机遇，也是一大挑战。据此，菲律宾教育部开设了 SPFL 项目。SPFL 项目的目标人群是菲律宾公立中学的学生，它旨在培养学生的第二外语能力，提高学生的国际竞争力。各公立中学可根据自身需求开展某种外语选修课程，教育部将联合各语言机构提供多项援助。2009 年，西班牙语、法语、日语作为第一批外语选修课程被纳入 SPFL 项目，2010 年加入德语，2011 年加入汉语，2013 年加入韩语。汉语教学在菲律宾公立中学稳步发展，至今已有 10 余年。

2019 年 11 月，菲律宾教育部 SPFL 项目督导员丽萨（Riza C. Gusano）女士在第八届全菲汉语教学研讨会上出具了 SPFL 项目中各外语的最新数据报告，具体情况如表 3.1 所示。

表 3.1　2019 年 SPFL 项目外语开设现状

语言	开设学校数量	学生数量	分布区域数量
西班牙语	83	3531	17
法语	12	1112	2
日语	38	5020	4
德语	9	983	1
汉语	93	11,000	11
韩语	18	800	2

由上表可知，2019 年，多达 93 所菲律宾公立中学开设了汉语课程，在学人数有 11,000 人。从目前来看，菲律宾的汉语教学成绩斐然，但也存在不足。在菲律宾全国 17 个区域中，虽然有 11 个区域开设了汉语课程，分布广泛，但仍有拓展空间。

（二）社会环境的要求

近几年来，菲律宾社会整体的汉语学习氛围浓厚，汉语被纳入国民基础教育体系，这表明汉语的地位得到了认可，汉语教学前景广阔。从社会环境角度看，国民教育体系中汉语教材本土化需要做到以下几点：

1. 教材用语英、菲并用

大部分本土化教材在教材用语方面都会使用所在国的母语，而不会和通用型教材一样使用英语。对于菲律宾这样一个多元化国家来说，语言种类繁多，各地区母语不同，难以形成统一标准。因此，教材用语使用菲律宾各地区母语并不现实，缺乏可操作性。鉴于此，教材用语可以英语、菲律宾语并用，在南部菲语地区，使用菲律宾语解释日常生活中的事物，这样更贴近学习者；使用英语解释专业知识，这样更规范。

2. 教材应满足基本需求

在菲律宾教育部和红溪孔院的推广下，申请开设汉语课程的公立中学越来越多，公立中学汉语选修班的人数也在逐年增加。面对庞大的教材需求市场，目前公立中学贫乏的教材资源不足以支撑起教师的教学工作，缺少教材的学生也无法通过教材进行自主学习。所谓"巧妇难为无米之炊"，我们认为，满足国民教育体系对汉语教材的基本需求，是本土化过程中无法绕开的一个关键点。

二、教育环境与教材本土化

教育环境对教材的影响十分深远，从教育环境角度看，我们认为国民教育体系中汉语教材本土化需要做到以下三点。

1. 教材要有梯度性

在"K—12"体系下，公立中学学制扩展到 6 年，虽然 SPFL 汉语课程暂时只在 7—10 年级开设，但教材仍需要考虑 11—12 年级。为了保证各年级学生的学习具有衔接性和系统性，本土化汉语教材需要具备梯度，为下一阶段的学习做好铺垫，方便学生顺利进阶。

2. 教材要符合课程标准

教材的编写要符合课程标准。按照菲律宾教育部 SPFL 项目的评估标准，公立中学的本土化汉语教材应该注重发展学生的听、说、读、写四项基本技能，尤其要强化"听"和"说"的技能，使学生在理解汉语的基础上，突出对口语能力的掌握。坚持以"听""说"为主，"读""写"为辅的理念。公立中学的汉语课程是初级课程，本土化教材应为学生进一步学习汉语，甚至进入大学选择汉语专业，打下坚实的基础。

3. 教材要与 YCT 考试相结合

YCT 考试成绩已成为公立中学的学生评估自身汉语水平的重要方式。鉴于红溪孔院每年都会面向公立中学举办 YCT 考试，本土化汉语教材在编写时应考虑与 YCT 考试相结合。教材不仅应让学生学习知识，训练交际技能，还应辅导学生通过 YCT 考试。

三、课堂环境与教材本土化

（一）课堂环境

课堂环境与教学主体直接相关，我们将主要从菲律宾公立中学的汉语课堂、本土汉语教师和中学生特点这三个角度进行分析。

1. 汉语课堂

菲律宾公立中学的教学设施较为基础，能配备多媒体设备的学校非常少。因此，教师大多只能使用黑板和粉笔，较少使用现代化的技术手段，如幻灯片辅助教学等。根据菲律宾教育部的规定，汉语作为选修课每周有4节，每节课60分钟。在课堂教学中，教师会采用多种多样的活动来丰富课堂，使课堂氛围轻松自由。

2. 本土汉语教师

菲律宾公立中学的课堂不允许外籍教师授课，因此，来自中国的汉语志愿者教师不能进入汉语课堂，只能由本土教师教授汉语。目前，本土汉语教师主要是由各学校原菲律宾语或英语教师经过培训后转岗而来，他们的汉语水平参差不齐，普遍不高。我们调查了72名本土汉语教师，他们的HSK等级分布如图3.1所示。

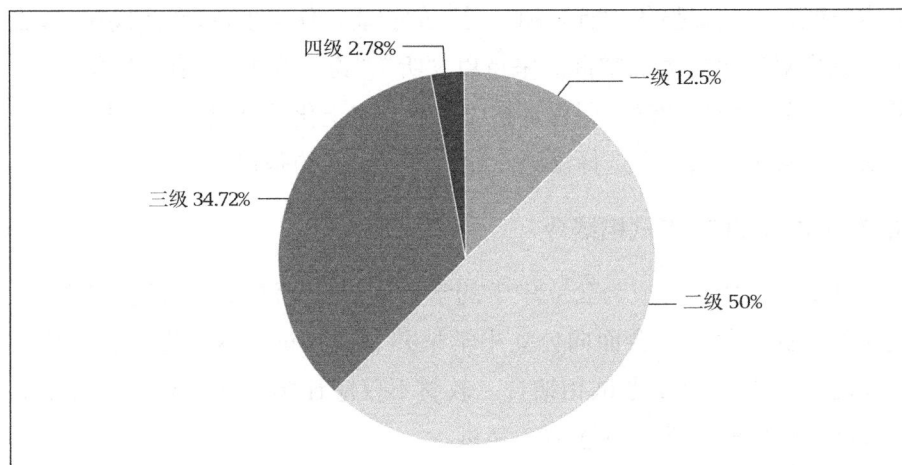

图 3.1　本土汉语教师 HSK 水平等级调查

由上图可知，72名本土汉语教师中，12.5%的教师汉语水平为HSK一级，50%的教师汉语水平为HSK二级，34.72%的教师汉语水平为HSK三级，2.78%的教师汉语水平为HSK四级。HSK二级人数最多，没有教师通过HSK五级和六级。由此可见，本土汉语教师的汉语水平普遍不高，如果教材设计过难，或者汉语知识点讲解不清楚，教师将难以理解，更不要说教授学生了。

菲律宾本土汉语教师汉语本体知识的增长和整体教学水平的提高仍需要较长一段时间，然而国际中文教育专业的本科生和硕士生必将会为菲律宾公立中学注入新鲜的血液，未来菲律宾本土汉语教师的汉语教学能力必将大幅度提高。

3. 中学生特点

"学生是课堂教学的中心，各类语言学习活动要通过学习者才能实现"（刘珣，2000）。因此，把握住学生的特点可以更有效地提高本土化教材的针对性，这里我们从中学生的情感因素——动机、态度、性格三方面进行分析。

（1）融合型动机

根据兰伯特（W. Lambert）和加德纳（R. Gardner）对第二语言学习动机的分类，公立中学汉语班学生的学习动机为融合型动机。学生们愿意与汉语社团有更多接触，愿意了解中国文化。他们热衷于参加各类中国文化活动，如志愿者教师举办的贴春联、剪纸、制作中国结等活动。每次开展此类中国文化活动，都会吸引众多学生参与。他们具有较强的手工制作能力，通常能够自己动手制作文化活动所需的道具。

（2）态度积极

大部分学生对汉语学习持有积极态度，学生进入 7 年级时，汉语水平处于入门阶段，对汉语学习充满了好奇和热情。在进入 8 年级和 9 年级并掌握了一定汉语基础后，学生们会积极参加由 SPFL 汉语项目官方举办的"汉语知识竞赛"（Festival of Talents，简称"FOT"），通过答题和表演等方式来展示自身的汉语学习成果。

（3）性格外向

菲律宾人普遍有着乐观开朗的外向性格，能歌善舞，善于表达，非常活跃。公立中学的学生们在汉语课堂上喜欢说话，愿意和同学、教师交流，不怕犯错。这样的性格有助于他们增加自身的语言输入和输出的练习，从而提升汉语的"听"和"说"技能。

（二）课堂环境的要求

公立中学的汉语教学主要依靠课堂进行，课堂是非目的语环境下教学的重要场所。从课堂环境角度看，我们认为国民教育体系中的汉语教材本土化需要做到以下三点：

1. 教材要提供丰富的活动

在公立中学的课堂上，本土汉语教师往往采用丰富的课堂活动和游戏充实教学，通过师生互动完成交际性任务。教材编写者在编写本土化汉语教材时，可以考虑提供具有菲律宾特色的活动和游戏来进行课堂练习，并安排科学的活动来练习汉语技能。

2. 教材要配备教师用书

教师在课堂中起到重要作用，要想帮助教师更好地开展教学活动，指导性教师用书不可或缺。具体详细、丰富实用的教师用书不仅可以为教师解释汉语本体知识，起到培训教师的作用，而且可以提供多种类型的实用教学材料，为教师的课堂提供更多教学思路和活动方案。

3. 教材要体现趣味性

菲律宾公立中学汉语课程是汉语初级水平的课程，教学对象是12—17岁的菲裔青少年。青少年不同于成年人，活泼好动，需要因材施教。因此，本土化教材应帮助教师使课堂更具趣味性，以"寓教于乐"为主。学生只有在"玩中学"，在"做中学"，才会对汉语学习充满积极性。

综上，我们从菲律宾的社会环境、教育环境和课堂环境角度出发，详细阐明了公立中学汉语教学的本土特征。社会环境对教材本土化的要求是：教材用语要英、菲并用，并满足基本需求；教育环境对教材本土化的要求是：教材要有梯度性，符合课程标准，并与YCT相结合；课堂环境对教材本土化的要求是：教材要提供丰富的活动，配备教师用书，并体现教材的趣味性。

第二节　菲律宾公立中学现行汉语教材的本土化不足

由于缺少语言环境，教材在菲律宾公立中学的课堂上占据重要地位，本土汉语教师主要通过教材进行授课，对教材的依赖度高。然而，由于现行教材不统一，各类教材混用，很多教材并不适用于公立中学的学生。此外，由于汉语教材稀缺，课堂中基本只有本土教师有汉语教材，学生上课时通常使用黑白复印版教材或者只做笔记而不使用教材。本节我们将立足于国民教育体系中汉语教材的使用现状，分析其存在的问题。

一、国民教育体系中汉语教材使用现状

我们统计了72所公立中学目前使用的汉语教材，具体使用情况如图3.2所示。

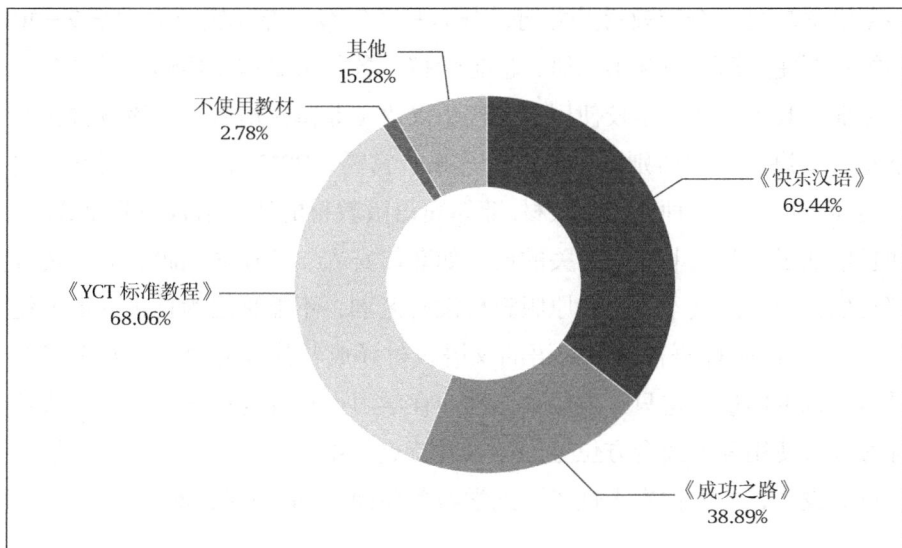

图3.2　国民教育体系汉语教材使用现状

根据上图可知，69.44%的教师使用《快乐汉语》，38.89%的教师使用《成功之路》，68.06%的教师使用《YCT标准教程》，15.28%的教师使用其他教材，2.78%的教师不使用教材。

这里的"其他教材"有《张老师教汉字》《跟我学汉语》等，只有少数公立中学使用，且不是主要教材；"不使用教材"指有些本土教师不使用孔院赠送的教材，而是自己从网络上寻找教学资源并自编上课内容。《快乐汉语》《YCT标准教程》和《成功之路》是最常用的汉语教材，其详细信息如下表：

表 3.2　教材信息表

教材名称	出版社名称	编者姓名
《快乐汉语》	人民教育出版社	李晓琪等
《YCT 标准教程》	高等教育出版社	苏英霞等
《成功之路》	北京语言大学出版社	邱军等

（一）《快乐汉语》

《快乐汉语》是由李晓琪等主编、人民教育出版社出版发行的一套通用型汉语教材。全套教材共九册，分为三个等级。菲律宾公立中学 7—10 年级主要使用第一册和第二册，但各学校、各年级具体使用哪一册没有统一标准。其中有部分学校使用了《快乐汉语（菲律宾语版）》，该教材从严格意义上讲属于"语别型"教材（李泉、宫雪，2015），而"语别型"教材实际上也属于一种通用型教材。菲律宾语版教材的注释语言为菲律宾语，并且增加了一些与菲律宾有关的词，如菲律宾人、菲律宾国旗、菲律宾首都马尼拉等，但其本质上和原版教材没有区别，不能称之为真正的本土化教材。"把以某种语言为媒介语的汉语教材译成其他媒介语，加几个当地词语，减少体量，这只是表层本土性。在学习点选择与排序、教学方法及练习方式使用等方面全方位考虑学习者特点，基于文化、语言对比和学习难点的设计，才能把本土性渗透到学习各层面"（周小兵，2014）。

（二）《YCT 标准教程》

《YCT 标准教程》是专门以海外中小学生为目标人群的通用型汉语教材，全套共分六册。菲律宾公立中学本土教师在教学时，主要使用第一册至第四册。教师选择这套教材的主要原因是菲律宾红溪孔院每年都会举办 YCT 考试，本土教师为了使学生们顺利通过考试所以使用了该教材。但是，该教材每课的内容过于单薄，练习量少，第一册没有涉及对语音的讲解。菲律宾语和汉语差异较大，入门级的学生如果不先学习语音，就无法打下良好的基础。因此，本土汉语教师会同时选择其他教材辅助教学。

（三）《成功之路》

《成功之路》作为一套通用型汉语教材，内容十分翔实，有完整的进阶体系，更适用于来华本科或长期进修的留学生，而不太适用于中学生群体。在菲律宾，本土教师在红溪孔院进行培训期间所使用的教材是《成功之路》，因此有些本土教师在教材不足的情况下便使用它来教授学生。《成功之路》全套共有22册，本土教师主要使用的是《入门篇》《起步篇》和《顺利篇》三册。这套教材的单课内容十分丰富，本土教师通常会选取其中的几课来充实教学。第一册《入门篇》对汉语语音知识进行了透彻的讲解，有利于学生学习，这是《成功之路》的一大优势。

综上，国民教育体系中主要使用的汉语教材包括《快乐汉语》《YCT标准教程》《成功之路》。然而，由于菲律宾教育部并未为公立中学指定统一的汉语教材，各公立中学和各年级之间没有统一的标准，教材混用现象严重。同一学校的本土教师所使用的汉语教材之间甚至不成系统，更不用说年级与年级之间的衔接性。总的来说，现有的汉语教材并不能满足公立中学的学习要求，公立中学亟需一套真正的本土化汉语教材。

二、现行汉语教材存在的问题

菲律宾公立中学现行的汉语教材都不属于本土化教材，这些教材无法满足学生和教师的需求。对于学生和教师来说，教材在以下四个方面不适用：

（一）教材内容没有贴近菲律宾真实生活

通用型教材的内容基本只谈及中国的文化和日常生活，而很少涉及海外国家的文化和日常。菲律宾国民教育体系中汉语教材的内容如果可以适当地贴近菲律宾人的真实生活，将会更受学生欢迎。比如，课文的某些对话背景可以设置在菲律宾的现实场景中。"情景作为教材中人物活动的现场，应要具有真实性"（杨寄洲，2003）。真实的情景不仅可以使课文更加生动有趣，而且可以增强学生的代入感。因此，教材中的课文可以在涉及中国文化的同时兼顾菲律宾的日常生活和文化，将菲律宾的真实情景融入教材的方方面面。

举例而言，《快乐汉语（菲律宾语版）》第一册第八单元谈及交通和旅游话题时提到的出行方式并不贴近菲律宾的实际情况，学生很难代入理解。这是因为菲律宾的公共交通并不发达，短程出行一般使用吉普尼（Jeepney）或三轮车等交通工具。如果在教材中加入这些词语来操练"某人 + 坐 + 交通工具 + 去（某地）"这个句式，一定会产生更好的效果。再比如，谈及季节类话题时，如果只单纯地向学生介绍春、夏、秋、冬也许无法引起学生共鸣。这是因为菲律宾的气候和中国完全不同，菲律宾只有两种气候，雨季（6—10 月）和旱季（11—5 月）。雨季降雨量大，而且湿热；旱季几乎不下雨，天气干燥。所以，在介绍季节时，教材中可以对中、菲两国天气进行对比。这种做法可以让教材贴近菲律宾人的生活，也有利于学生实际运用。

（二）教材体量与课时不匹配

菲律宾公立中学的开学时间由教育部决定，每年具体的开学时间都会根据实际情况进行微调。一般每年 6 月至 10 月为第一学期，11 月至次年 4 月为第二学期。每年除学期之间的假期外，各种国家节假日和各自城市的节日也会放假，如圣诞节等。除此之外，由于菲律宾特殊的地理环境，每年突发的台风、地震、暴雨、火山爆发等自然灾害也会导致学校放假。从课时量来看，公立中学汉语课的周课时为 2—4 节，而国内编写的通用型汉语教材大多适用于每周 6—8 课时的来华留学生。因此，汉语教材在编写时需要充分考虑课时的问题，不能照搬国内通用型教材的课时数。目前，公立中学现行的教材大多没有考虑到这方面。有些教材体量过小，比如《YCT 标准教程》；有些教材体量过大，比如《成功之路》。

（三）教材的难易程度与学生的汉语水平不匹配

汉语教材的编写要做到难易适中，与学生的汉语水平相匹配。教材既不可以过难，使学生产生畏难心理，又不可以过易，导致教师教学内容不够。菲律宾公立中学的学生在七年级时的汉语水平是零起点，基本没有汉语学习的经历。因此，针对七年级学生的教材应以学习语音为主。在学习汉语语法结构时，也不宜过多介绍或强调汉语语法知识，"知其然"即可。

（四）教材配套资源短缺

教材的配套资源包括教师用书、练习册、词卡、听力音频等，这些资源可以帮助教师更好地教学。然而，菲律宾公立中学的汉语教材本身就已经非常稀缺，更不要说配套资源了。在众多资源中，听力音频对公立中学的教师和学生来说尤为重要，因为本土教师目前的汉语水平较低，发音仍存在缺陷，学生们需要标准化的听力音频来规范发音。

总之，当前菲律宾公立中学使用的汉语教材主要有《快乐汉语》《YCT标准教程》和《成功之路》，本土教材方面还是一片空白。上述三套教材存在的问题主要有：教材内容没有贴近菲律宾真实生活，教材体量与课时不匹配，教材难易程度与学生水平不匹配，教材配套资源短缺。

第三节　菲律宾国民教育体系中本土汉语教材的编写方案

教材的编写与开发不是一蹴而就的，在此之前，我们需要一份详细的编写方案作为依据，才能有的放矢。本节将基于菲律宾公立中学对汉语教材的实际需求和现行汉语教材存在的问题，提出菲律宾本土汉语教材的编写开发方案，主要包括教材设计方案、编写方案和开发方案。

一、教材设计

"总体设计是教学的总纲，有了总体设计，并在这总纲的支配下，才能安排好教学的各个环节，包括编写出科学性较强的教材来"（赵贤洲，1988）。本节将对菲律宾本土汉语教材提出设计方案，包括教材的编写目标、编写原则、编写标准和编写体例。

（一）教材编写目标

菲律宾本土汉语教材的教学对象是公立中学7—12年级、年龄在12—17岁的菲律宾裔学生。教材的编写目标主要有三个：一是让各年级学生通过教材提高学习兴趣，在轻松快乐的氛围中掌握汉语知识；二是帮助学生建立系统化的学习路径，确保年级间的无缝衔接；三是培养学生在日常生活中使用汉语进行基本交际的能力。

（二）教材编写原则

教材的编写需要一个整体的指导性原则。根据语言教学环境对本土化教材的要求，我们将确定以下三种原则：

1．核心原则

刘珣（2000）指出：结合教材的特点，可以概括出五项编写原则：针对性、实用性、科学性、趣味性和系统性。为提升菲律宾本土汉语教材的质量和水平，确保教材的科学性，我们将这五项原则定为核心原则。

（1）针对性

在编写本土化教材时，针对性原则最为重要。"理论上说，教材的适用面越小，针对性越强；适用面越广，针对性越弱"（李泉，2004）。菲律宾本土汉语教材的适用对象既不是私立学校的学生，也不是华裔学生，而是公立中学的菲裔学生。编写教材要做到三个方面：一是针对汉语课程设置，将教材体量控制在合理范围内，确保教师在课堂上能顺利完成教学任务；二是针对学生特点，选择他们感兴趣的话题；三是针对菲律宾语的特点，对菲律宾语和汉语进行对比，降低学习难度。

（2）实用性

语言教学的最终目的是培养交际能力，如果学生学习的内容不能帮助他们在现实生活中进行有效交际，那将毫无意义。菲律宾本土汉语教材的课文话题应选取与菲律宾学生日常生活相关的内容，贴近学生们的生活。学生可以通过模仿语言材料，将所学知识和现实生活联系起来，从而完成交际过程。

（3）科学性

科学性原则要求教材编写必须按照一定的规范进行。教材应教授普通话，使用简体字，遵循《汉语拼音方案》等。语言知识各部分需按照先易后难的学习顺序进行编排，内容应选取新时代学生感兴趣的话题，做到新颖不陈旧。同时，为保证教材的可信度和权威性，教材的编写团队应包括国内外的教材编写专家、一线本土汉语教师等人员，进行中外联合编写。

（4）趣味性

如何体现趣味性是教材编写的重难点。为提升趣味性，菲律宾本土汉语教材应从课文和练习两个方面入手。一是在课文中设置具体真实的人物角色，通过人物的交谈推进课文内容，让学生自己发现角色间的趣事；二是设置丰富的练习活动，如快速问答、配对连线、听音辨词、制作词卡、角色扮演等。通过这些趣味性活动，培养学生们的各项言语技能。教材应秉承"以学生为中心"的理念，将课堂最大限度地交给学生发挥。

（5）系统性

系统性原则要求教材编写内容要平衡协调，有章法。教材的各部分不是单独的板块，而是相互串联的一个整体。菲律宾本土汉语教材应设计为具有衔接性的系列教材，分为六册，对应菲律宾公立中学的7—12年级。

2. "话题—功能—文化"相结合的原则

刘珣（1994）指出，20世纪50—70年代，教材以纯结构法为主；80年代，教材以结构和功能相结合为主；90年代，教材以"结构—功能—文化"相结合为主。20世纪末，来华留学的汉语学习者使用的通用型汉语教材大多采用"结构—功能—文化"相结合的编写原则，如《汉语教程》《新实用汉语课本》等。这类教材经过时间和学习者的检验，拥有很好的口碑。21世纪以来，汉语教材走向海外。针对某一国家或地区的学习者，在初级阶段突出结构反而容易使学生望而生畏。作为面向海外的本土化汉语教材，菲律宾本土汉语教材的编写采用"话题—功能—文化"相结合的原则，以话题为主线贯穿教材，以功能为目的培养学生的交际能力，以文化为特点吸引学生学习。

3. 以游戏教学法为主，多种教学法相结合的原则

"一套教材总是与一种教学法结合在一起的，教材的后面隐藏着教学法的考虑，而教学法的背后隐藏着教学理念的考虑"（崔希亮，2010）。教无定法，不同教师使用的教学方法各不相同。第二语言教学中，教师常常使用任务法、交际法等教学方法。此外，游戏教学法也很受教师欢迎。"游戏在课堂教学中也起着十分重要的作用，是现代外语教学的必要手段"（曾健，2006）。游戏教学法的心理学基础是建构主义，在建构主义指导下的教学中，学生在课堂上可以参与到真实自然且有交际意义的活动中。游戏教学法的目的是寓教于乐，通过游戏教学减少枯燥和乏味，降低学生的情感焦虑和心理障碍；调动课堂气氛，使课堂充满轻松愉快的氛围；提高学生的学习兴趣，帮助教师完成教学任务；实现语境交际，加强学生的合作沟通能力，让学生对言语技能进行实际运用。

菲律宾学生活泼好动，以游戏教学法为主，同时辅以多种教学法，可以使课堂变得更精彩。

（三）教材编写标准

对于菲律宾本土汉语教材的编写标准，我们选取了菲律宾 SPFL 外语学习评估标准和 YCT 考试大纲作为参考依据，为编者提供指导性意见。结合《国际中文教育中文水平等级标准》（以下简称"《标准》"），对各年级菲律宾本土汉语教材的使用和学生可达到的汉语水平进行对应，结果如表3.3 所示。

表3.3　教材选择参照表

年级	使用教材	可通过 YCT 等级	《标准》
7 年级	菲律宾本土汉语教材 1	YCT 一级	
8 年级	菲律宾本土汉语教材 2	YCT 二级	一级
9 年级	菲律宾本土汉语教材 3	YCT 三级	二级
10 年级	菲律宾本土汉语教材 4	YCT 三级 +YCT 口试初级	二级
11 年级	菲律宾本土汉语教材 5	YCT 四级	三级
12 年级	菲律宾本土汉语教材 6	YCT 四级 +YCT 口试中级	三级

将菲律宾本土汉语教材设置为六册，7 年级可选用第一册，8 年级可选用第二册，9 年级可选用第三册，10 年级可选用第四册，11 年级可选用第五册，12 年级可选用第六册，每册之间形成良好的衔接。学生在学习时有一套进阶性、系统性的汉语教材，有助于其对汉语知识的掌握。学完六册教材，学生可通过 YCT 四级和 YCT 口试中级，达到汉语三级标准，掌握基本的汉语交际能力。

（四）教材编写体例

教材的编写体例可以分为单课制和单元制两种。单课制的一课就是一个单元，如《YCT 标准教程》，共 6 册，每册 12 课。单课制初期很适合学生，话题变换较快，学生会感到很新鲜，然而，到了后期，这种模式可能显得比较薄弱，每册学习内容过少。单元制是几课一个单元，教材分为若干单元，如《快乐汉语》，共 3 册，每册 8 个单元，每单元 3 课，每册共 24 课。单元制有利于集中学习知识，知识点可以在单元内循环练习，但对于零基础的学生来说，单元制不太友好，对刚开始学习陌生语言的学生来说显得很突兀。因此，菲律宾本土汉语教材可以设置为单课制和单元制相结合的方式，如《成功之路》入门篇和其后续分册。

将 7 年级使用的菲律宾本土汉语教材第一册设置为单课制，让学生学习汉语基础知识，如声母、韵母、声调、汉字笔画等，也可以加入一些常用词语，如"你好""再见""谢谢"等。第一册以讲解汉语语音知识和汉字基础笔画知识为主，计划为 10 课。单课制的编写体例如表 3.4 所示。

表 3.4　单课制每课体例

听一听	关键句	学中文	读一读	想一想	练习	写一写

7 年级结束后，学生就可以用汉语简单地交流，从而大大提高学生的满足感和成就感。8—12 年级使用的第二至第六册，则为单元制，每册设置 4 个单元，每单元 3 课，共计 12 课，综合培养学生的语言能力，让学生将四项基本技能融会贯通。单元制的编写体例如表 3.5 所示。

表3.5　单元制每课体例

说一说	课文	生词	语言点	学一学	练习	写一写

综上，菲律宾本土汉语教材的编写应按照以上编写目标、编写原则、编写标准、编写体例进行。这是教材的指导理念，也是教材编写团队努力的方向。

二、教材编写的本土化

本节将对菲律宾本土汉语教材的课文、练习、语音、词汇、语法、文化六个部分给出本土化的编写方案。汉字由于本身的特殊性，本质上无法本土化，所以下文将不会提及。

（一）课文部分的本土化

课文是一部教材的灵魂，重中之重。"课文质量的好坏关系着教材的成败，编写好课文是一个大项目"（杨寄洲，2003）。菲律宾本土汉语教材的课文，在题材选择方面，应该力争做到新鲜有趣，话题具有针对性，且实用性强，语言真实规范。下面我们将从课文人物、课文话题、课文的形式和长度三个方面详细分析。

1. 课文人物

课文人物的刻画应尽量贴近学生的生活，确保人物的真实性。我们在菲律宾本土汉语教材的编写方案中设置了4个主要角色，以7年级学生使用的第一册为例，其课文人物信息如表3.6所示。

表3.6　课文人物设置

人物	性别	年龄	身份
吴仪	女	22	汉语志愿者教师
雷切尔（Rachel）	女	35	本土汉语教师
丹尼尔（Daniel）	男	13	7年级学生
安杰尔（Angel）	女	12	7年级学生

本册讲述的是赴菲律宾汉语志愿者教师吴仪、本土汉语教师雷切尔（Rachel）、7 年级学生丹尼尔（Daniel）和安杰尔（Angel）之间发生的故事，以故事的发展推动话题的深入。学生可以在学习汉语的同时，像读故事一样了解这 4 个角色之间发生的趣事。这样设定的原因是自汉语加入 SPFL 项目以来，菲律宾公立中学接收过许许多多的汉语志愿者教师，虽然志愿者教师不能直接进入课堂，但本土汉语教师和学生们对志愿者教师并不陌生，诸多文化活动都离不开志愿者教师的参与。这样做可以让学生在现实生活中找到参照，减少距离感。在进入更高年级后，每个分册都可以加入一个新角色，让学生随着故事中的人物成长，故事情节也随之变得更加多样化。

2. 课文话题

课文话题是否生动有趣是评判一本教材好坏的重要指标，教材在选择话题时应照顾学生的兴趣。话题的分类方式有多种，苏新春等（2011）参照 7 套海外汉语教材，归纳整理后面向海外学习者将话题分为五个大类：个人信息、日常生活、人际交往、学习与工作、社会话题。这种分类方式同样也适用于菲律宾本土化教材的编写。我们对 100 名学习者进行了调查，这五类话题的受欢迎程度如图 3.3 所示。

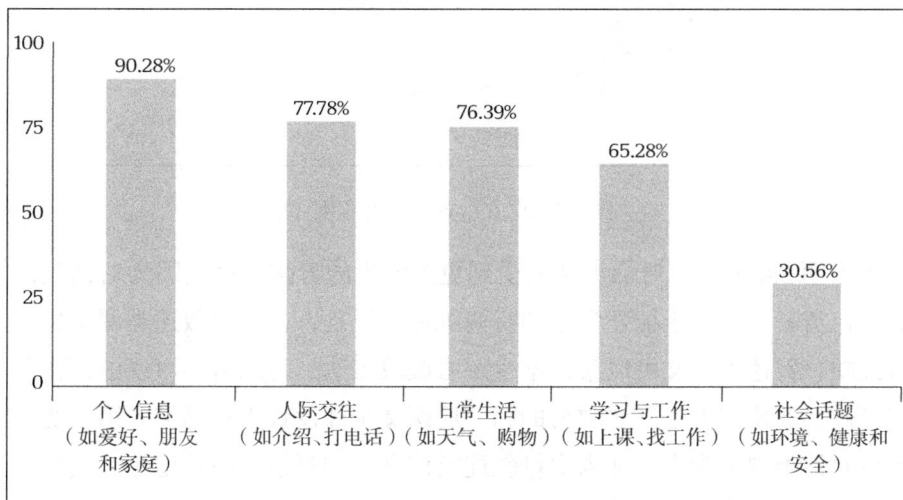

图 3.3　话题受欢迎程度

由上图可知，个人信息类话题最受欢迎，个人信息一般包括姓名、国籍、职业、兴趣爱好、生日、朋友、家人、住址等。这类话题比较浅显，很适合初级阶段的学生学习。受欢迎程度最低的是社会话题，社会话题一般包括环境、健康、安全、科技、教育、政治等。这类话题有一定深度，中学生不太感兴趣。日常生活类、人际交往类、学习与工作类话题也比较受欢迎，受欢迎度均超过60%。综上，菲律宾本土汉语教材的话题选择应以个人信息、日常生活、人际交往、学习与工作话题为主，以社会话题为辅。

3. 课文的形式和长度

课文形式可以分为对话和叙述两类。我们对100名学习者进行了调查，发现其受欢迎程度如图3.4所示。

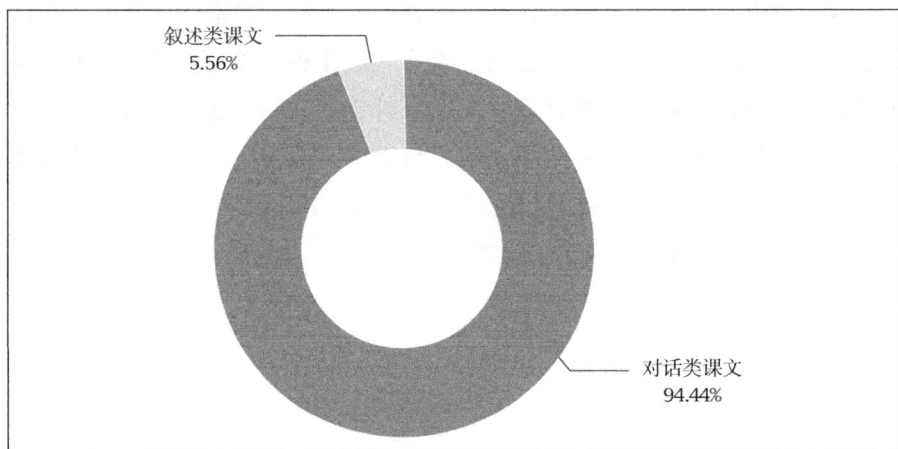

图 3.4　课文形式受欢迎程度

由图3.4可知，对话类课文受到更多学生的青睐，这是因为对话类课文角色清晰，有利于加强学生的听说练习。但是，教材中叙述类课文也不可或缺，叙述类课文可以帮助学生练习成段表达，为以后学习汉语写作奠定基础。菲律宾本土汉语教材的第一册课文全部设置为对话类。第二册开始以对话类课文为主，加入少量叙述类课文，如写信、写日记等。这样可以丰富课文形式，增强挑战性。

课文长度在初级阶段不宜过长，菲律宾本土汉语教材第一册和第二册的课文长度宜控制在 3—5 句，之后可以适当增加，但应控制在 8 句以内。

（二）练习部分的本土化

练习在教材中的地位不可替代，大量的练习可以帮助学生加深对本课所学知识的印象。本部分主要研究菲律宾本土汉语教材中的课堂练习设计，对课后练习暂不做研究。下面将从练习方式、练习题型和练习数量三个方面来分析。

1. 练习方式

根据教材设计中的编写原则，菲律宾本土汉语教材的课堂练习要体现出丰富的层次性和交际性，在保障常规的知识性、机械性和理解性练习之外，还要补充各类活动和游戏。对于未成年人，有趣的游戏活动更符合公立中学学生的年龄和学习特点。我们将通过在课本中安排菲律宾本土的特色活动和游戏，来实现对各项言语技能的操练。这种做法可以免去教师对课堂游戏的介绍，学生也可以迅速融入游戏中。例如，双人猜谜游戏"Pinoy Henyo"（"Pinoy" 意为菲律宾人，"Henyo" 意为聪明），由一方描述，另一方猜测。这类游戏可以用来练习拼音、生词、句式等。又如多人游戏"Help Help Hooray"，这是一种测试参与者反应力的游戏，当一人在上方拍手说 "Help Help" 时，另一人需要在下方拍手说 "Hooray"，这类游戏可以用来练习语音和词汇等。

2. 练习题型

练习题型包括替换练习、判断正误、连线配对、看图说话、听音辨词、快速问答、完成句子等，其中以图片为引子的练习更能吸引中学生。教材中的题型也要保持多样化，防止学生产生厌烦心理。依据 SPFL 课程标准的要求，菲律宾本土汉语教材的练习还要以提高学生的口头表达能力为重。

3. 练习数量

杨庆华（1995）指出，教材建设的一个重要措施是加大练习量。"精讲多练"能帮助学生充分掌握已有的知识，是十分必要的。菲律宾本土汉语教材每个项目下的练习数量宜控制在 5 个以内，每课的总练习量也应控制在 50 个左右，练习要围绕课程内容保证练习的多样性和层次性。

（三）语音部分的本土化

菲律宾语属于南岛语系印度尼西亚语族，而汉语属于汉藏语系，两种语言之间差异较大。菲律宾语由 20 个基本字母组成：a、b、k、d、e、g、h、i、l、m、n、ng、o、p、r、s、t、u、w、y。其中，ɑ[α]、e[ɛ]、i[i]、o[∂]、u[u] 为 5 个元音，b[p]、k[k']、d[t]、g[k]、h[h]、l[l]、m[m]、n[n]、ng[ŋ]、p[p']、r[ɾ]、s[s]、t[t']、w[w]、y[j] 为 15 个辅音。

汉语中有9个辅音f[f]、j[tɕ]、q[tɕ']、x[ɕ]、zh[tʂ]、ch[tʂ']、sh[ʂ]、z[ts]、c[ts'] 是菲律宾语中没有的，菲律宾学生在学习这 9 个辅音时比较困难，经常产生偏误。因此，本土化教材在设计和编写时应注重以下三个方面：

1. 教材中呈现汉、菲语音对比

菲律宾本土汉语教材在安排语音教学时，不仅要展示汉语语音，对于汉、菲都有的相同语音也可以通过直观呈现两者的方式来进行比对，如表 3.7 所示。

表 3.7　汉、菲语音对比

	菲律宾语	汉语
元音 i	ilan（多少）	yi（衣）
辅音 b	bakit（为什么）	ba（把）

对学生来说，这是一种正向迁移，学生能很快掌握这些相同的语音。而那些汉语中有而菲语中没有的语音，如 f、j、q、x、zh、ch、sh、z、c 等，可以借助英语的发音来学习。由于学生是在具备一定英语能力后才选修汉语的，所以他们通常有较高的英语水平。比如 "j[tɕ]" 的发音，就可以借助单词 "jacket" 来学习。

2. 教材合理安排语音教学顺序

通用型教材语音部分往往按照 b、p、m、f 的顺序编写，本土化教材可以调整教学顺序，按照先易后难、先有后无的原则重新安排。先教学生简单的音、菲律宾语里有的音或者与菲律宾语相同、相近的音，再教菲律宾语里没有的音和经常产生偏误的音。

对于菲律宾学生来说，汉语有而菲律宾语没有的音，如辅音 f[f]、j[tɕ]、q[tɕʻ]、x[ɕ]、zh[tʂ]、ch[tʂʻ]、sh[ʂ]、z[ts]、c[tsʻ] 和舌面元音 ü[y]，是产生偏误最多的。因此，在教学时需要将这些语音调整到后面学习，将汉、菲共有的语音调整到前面学习。据此，菲律宾本土汉语教材第一册语音教学顺序将按照表3.8安排。

表3.8　语音教学顺序表

声母	b、d、g、m、n、s、k、h、l、p、r、t、f、j、q、x、zh、ch、sh、z、c
韵母	a、e、i、o、u、ao、ai、ei、ie、iu、ui、ou、an、en、in、ang、eng、ing、ong、un、er、ü、üe、ün

3. 语音讲解先整体再拆分

大部分教材在教授拼音时首先教声母和韵母，然后再合起来教整体音节。周健在编写《菲律宾版新编华语课本》语音部分时，创新地提出了"总—分—总"的方法，"先学习音节，再学习声母和韵母，最后再复习音节"（周健，2010）。这样"反其道而行之"的方法具有科学性，值得借鉴。由于菲律宾语是拼音文字，菲律宾人可以做到对单词的直接拼读。因此，菲律宾本土汉语教材语音部分的编写也可以学习这种方法，在讲解语音时，先整体展示汉语拼音，再分开展示声母和韵母。

（四）词汇部分编写方案

词汇在教材中占据了举足轻重的地位，是语言的建筑材料。学生掌握的词汇量越多，就能进行越多有效的交际。本土化教材最重要的就是选择具有当地特色的本土词语，这也是教材最能体现本土化特征的部分。菲律宾公立中学的学生只有在课堂上才能接触汉语，在日常生活中缺乏汉语语言环境。为了使学生产生共鸣，从而提高学生的学习兴趣，本土化教材在编写时，应适当提高本土词语所占的比重，选择学习者熟悉的本土词语。菲律宾公立中学的本土汉语教材的词汇选择应以YCT词汇大纲为指导，在基本功能词语占据主要地位的同时，补充适当的本土文化词语。

1. 基本词语

课文基本词语从 YCT 词汇大纲中选取，YCT 词汇大纲对词汇量的要求如表 3.9 所示。

表 3.9　YCT 词汇数量表

YCT 等级	词汇数量（个）
YCT 一级	80
YCT 二级	150
YCT 三级	300
YCT 四级	600

2. 文化词语

"海外汉语教材的本土化词汇涉及 7 类，包含人名、地名、机关团体、货币、食物、节日及运动"（周小兵，2013）。菲律宾本土汉语教材对本土词语的选择也将遵循此分类，同时增加交通和天气两个类别。调查显示，菲律宾人最常谈及的词语如表 3.10 所示。

表 3.10　本土词语表

类别	词语
人名	丹尼尔、安杰尔、雷切尔
地名	马尼拉、克拉克、宿务、达沃、长滩、吕宋岛、薄荷岛
机关团体	孔子学院、教育部
货币	比索、美元、汇率
食物	杜果、椰子、卡曼橘、烧卖、拉面
节日	圣周节、万圣节、感恩节、圣诞节、独立日、英雄节、巴丹日
运动	斗鸡、游泳、拳击、潜水、阿尼斯
交通	吉普尼、三轮车、公交车
天气	雨季、旱季

（五）语法部分的本土化方案

一部教材的语法安排得如何，可以从两方面进行评估：一是教什么，二是怎么教。"教什么"可以反映出教材的语法选择是否科学、实用，"怎么教"可以反映出教材的语法编排是否合理。菲律宾本土汉语教材语法部分的选择参考 YCT 语法大纲和《标准》，保证了语法选用的科学性。"对外汉语教学的特殊性决定了课堂上讲解的语言点需要有教学的先后次序，教材应按照简繁和难易程度排列"（杨寄洲，2000）。怎样做到语法部分按照难易编排？可以根据普拉克特（C. Practor）提出的"难度等级模式"进行合理划分。根据"难度等级模式"从零到五级的划分标准对比菲律宾语和汉语，结果如下：

零级：某个语言项目在菲律宾语和汉语中都有，而且相同，学生会产生正迁移，不会产生困难。

一级：菲律宾语中有两个语言项目在汉语中合为一项，学生需要习惯合并后的语言项目。

二级：某个语言项目在菲律宾语中有，在汉语中没有，学生要防止其介入性干扰。

三级：某个语言项目在菲律宾语和汉语中都有，但在分布形式和使用方面存在差异，学生需要重新学习。

四级：某个语言项目在汉语中有，菲律宾语中没有，学生会产生阻碍性干扰，需要作为重难点学习。

五级：某个语言项目在菲律宾语中有一个，但汉语中存在两个或两个以上与其对应的项目，学生需要仔细加以区分。

将 YCT 考试大纲中的语法项目与菲律宾语进行对照，然后从语际对比角度根据"难度等级模式"来适当调整部分语法点的难度等级。各级语法详细划分如下所示。

表 3.11   YCT 一级语法

语法	难度等级
人称代词"我""你""我们"	零级
人称代词"他""她"	零级
指示代词"这""那"	零级
疑问代词"谁""哪""什么"	三级
疑问代词"几"	五级
数词（表示时间；表示年龄）	三级
量词（用在数词后；用在"这""那""几"后）	四级
否定副词"不"	五级
程度副词"很"	五级
连词"和"	零级
介词"在"	四级
结构助词"的"	四级
语气助词"吗"	四级
"是"字句	四级
"有"字句	四级

表 3.12   YCT 二级语法

语法	难度等级
疑问代词"怎么""怎么样"	四级
疑问代词"多少"	五级
数词（表示钱数）	四级
数词（表示号码）	零级
否定副词"没有""没"	五级
语气副词"真"	五级
语气副词"也"	三级
介词"比"	三级
结构助词"的"	四级
语气助词"了""呢"	四级
动态助词"了"	四级

语法	难度等级
助动词"会""可以"	五级
助动词"要"	五级
正反疑问句	四级
祈使句	零级
比较句	三级

表3.13　YCT三级语法

语法	难度等级
人称代词"您""它""自己"	零级
指示代词"每"	零级
疑问代词"为什么"	零级
数词（表示顺序）	四级
否定副词"别"	五级
程度副词"太""最"	五级
频率副词"再""还"	五级
范围副词"都""一起"	五级
时间副词"就"	四级
连词"因为……所以……"	零级
连词"但是"	零级
介词"把"	四级
结构助词"得"	四级
语气助词"吧"	四级
动态助词"过"	四级
助动词"能"	五级
叹词"喂"	四级
动词重叠	四级
"是……的"句式	四级
"把"字句	四级

表 3.14　YCT 四级语法

语法	难度等级
人称代词"大家""别人"	零级
指示代词"其他"	零级
量词（表示重量；表示长度）	四级
程度副词"非常""多么""极"	五级
程度副词"更""越来越"	五级
语气副词"大概"	三级
语气副词"还是"	三级
频率副词"经常"	五级
范围副词"一共"	三级
范围副词"到处"	五级
时间副词"马上"	五级
时间副词"先"	三级
时间副词"一直"	三级
时间副词"已经"	三级
时间副词"正在"	三级
肯定副词"一定""必须"	五级
情态副词"互相"	三级
连词"或者"	零级
连词"不但……而且……"	零级
连词"虽然"	四级
连词"无论"	三级
连词"一边……一边……"	零级
连词"如果……那么……"	五级
连词"只要"	五级
连词"既……又……"	四级
连词"然后"	三级
介词"从"	零级
介词"除了"	零级

语法	难度等级
介词"被"	四级
介词"离"	四级
介词"对"	四级
介词"为了"	四级
介词"向"	四级
介词"关于"	三级
结构助词"地"	四级
语气助词"啊"	四级
动态助词"着"	四级
助动词"可能"	三级
助动词"应该"	三级
助动词"敢"	四级
叹词"哈"	零级
选择疑问句	零级
被动句	四级
连动句	四级
兼语句	四级

（六）文化部分的本土化

语言与文化是共生共存的，二者息息相关，不可分割。菲律宾本土汉语教材的文化内容不仅要展示中国文化，还要展示菲律宾本土文化，这是教材本土化的必要条件。

1. 文化项目选择

鉴于教材是针对菲律宾公立中学学生的初级汉语教材，我们对菲律宾本土汉语教材文化项目的选择主要集中在以下七个方面。

（1）国情：中菲主要城市（北京、上海、广州、马尼拉、宿务、达沃等）、家庭人口；

（2）饮食：中菲常见食物、用餐方式（筷子、刀叉、手抓等）；

（3）节日：中菲主要节日（春节、中秋节、万圣节、圣诞节等）；

（4）气候：中菲季节与气候特点（春、夏、秋、冬、雨季、旱季）；

（5）出行：中菲交通工具（公共汽车、地铁、火车、飞机、吉普尼等）；

（6）日常交际：中菲师生打招呼的特点（握手、鞠躬、贴额等）；

（7）其他：影视文化等。

菲律宾本土汉语教材文化项目的选择要符合四个特点：一是具有时代性，注重当下的文化；二是必须选择优秀文化，中菲的主流文化；三是具有代表性，有突出特点的文化；四是符合学生水平，易于理解和接受的文化。

2. 文化呈现方式

教材中的文化呈现方式有三类：直述式、附带式、蕴含式。直述式是指以专门、直接的方式叙述和阐释特定的文化知识；附带式是指在文本叙述中附带提及文化因素，而不是专门进行介绍和阐释；蕴含式是指文化因素隐藏在文本内容之中（李鸿亮、杨晓玉，2011）。在不同的学习阶段，应采取不同的文化呈现方式。菲律宾本土汉语教材作为初级阶段的教学资源，呈现文化内容时应主要选择附带式和蕴含式，学生可通过课文文本学习。如果选择直述式，专门讲解文化内容，学生反而不容易关注，并且面对大段文字可能会产生畏难情绪。

三、教材开发的本土化

一本教材"从无到有"是一个综合性过程，前期针对教材内容的编写工作，后期的出版发行直到被市场接受，进入学习者手中，都是教材本土化过程中需要关注的重点。周健主编《菲律宾版新编华语课本》时，尝试了一个"三方合作、量身定做、定向发行"的教材开发方案，联合三方力量为菲律宾华校编写教材。据此，我们提出了一条"四方合作"的设想。这四方分别为菲律宾国民教育体系汉语教材的编写者——菲律宾红溪孔院（也是教材的推广者＋使用者）、中菲出版机构（教材的出版者）、菲律教育部（教材的推广者）、菲律宾公立中学（教材的使用者）。本节将着重探讨这四方力量在汉语教材本土化过程中应如何发挥各自的作用。

（一）教材的编写者

2019 年语合中心（原国家汉办）官网数据显示，全世界一共有 477 所孔子学院（课堂）向孔子学院总部申请并开发了 3064 种本土教材。菲律宾红溪孔院作为 SPFL 汉语项目的官方合作伙伴，应承担起菲律宾本土汉语教材的编写工作，推动教材编写立项尽快提上日程。

1. 搭建教材编写平台

面向海外学习者的汉语教材，如果完全由国内专家参与编写，则很容易出现"闭门造车"的情况。尽管国内专家也会前往对象国家或地区进行实际调查研究，但终究会由于各种原因而做不到完全了解当地的真实情况。因此，中外合作编写不失为一条最佳路径。面向菲律宾国民教育体系的本土汉语教材应由中菲汉语教学界具有丰富教材编写经验的专家合作编写，同时联合一线本土汉语教师，共同组建教材编写委员会，为教材编写搭建平台。具有丰富教材编写经验的中方专家是教材编写委员会的灵魂人物，是保证本土教材科学性和权威性的"总舵手"，而深谙菲律宾本土文化和菲律宾汉语教学特点的菲方专家是具体落实本土化的重要保障。菲律宾公立中学的本土汉语教师熟知公立中学的教育特色和学生特点，可以为教材的编写提供切实有效的建议。

2. 宣传与推广教材

教材编写完成后，应在菲律宾教育部的组织管理下，由红溪孔院通过多种方式面向公立中学进行全面宣传与推广。

（1）开展教材推介会

截至 2024 年，红溪孔院已举办 13 届"全菲汉语教学研讨会"，与会人员包括来自菲律宾全国各地的公立中学校长、本土汉语教师、区域协调员和教育部汉语项目官员等。孔子学院可以在研讨会期间向本土教师推介新教材，详细介绍教材的优势，开展教学观摩活动，鼓励教师尝试使用新教材。

（2）举办教学技能大赛

截至 2024 年，由菲律宾教育部主办、红溪孔院承办的菲律宾本土汉语教师教学技能大赛已经举办了 10 届，大赛为鼓励本土教师运用教材进行教学探索而开设，每年都有众多本土教师积极主动地报名参加。通过举办教学技能大赛，指定教学用书，要求参赛教师选取某一课来展示自身的教学能力，可以有针对性地推广本土汉语教材。

（3）志愿者教师协助

红溪孔院公立中学汉语志愿者教师的教学任务主要为对本土汉语教师进行跟踪培训和汉语督课，以帮助本土教师进行汉语教学。志愿者教师在跟踪培训时可以协助本土教师熟悉新教材，以便其在课堂中使用。

3. 定点试用教材

为了使教材受到教师和学生们的欢迎，教材编写完成后，红溪孔院可以先行在几所公立中学试用，收集教材反馈，以便后期对教材进行修订，我们先物色了三所适合作为试点学校的中学。

（1）打拉公立中学（Tarlac National High School）

打拉公立中学位于菲律宾吕宋岛的打拉市（Tarlac City），区域母语多为伊洛戈语和邦板牙语。打拉公立中学同时设有孔子课堂，汉语教学发展得很好。

（2）马博洛公立中学（Mabolo National High School）

马博洛公立中学位于菲律宾米沙鄢群岛的宿务市，区域母语多为宿务语。马博洛公立中学是 2010 年首批申请入选 SPFL 汉语项目的公立中学之一。

（3）马尼拉科技中学（Manila Science High School）

马尼拉科技中学位于菲律宾马尼拉，区域母语多为他加禄语，菲律宾语是在他加禄语基础上发展而来的。

这三所公立中学位于菲律宾的不同区域，学生的母语也不同，非常具有代表性。因此，红溪孔院可以先行在这三所公立中学试用新教材，发现教材的不足，为后续教材的修订与完善奠定基础。

（二）教材的出版者

教材的问世需要通过出版机构的协助。出版作为一种商业活动，主要包括三大环节：编辑、印刷、发行。其中，编辑工作是教材出版流程的中心环节。通用型教材和语别型教材往往由中国出版机构出版发行，本土化教材可以联合双方国家出版机构共同出版发行。菲律宾本土汉语教材可以由中菲出版机构共同参与工作，中方出版机构负责编辑，菲方出版机构负责印刷、发行与推广。

1. 编辑工作

编辑工作指编辑人员的二次校对加工工作。中菲编辑人员负责的内容应该有所侧重。比如，由中方编辑人员负责本土教材的装帧、插图等制作，选用具有典型中菲特色的材料；菲方编辑人员主要负责审核本土教材中的内容和图片等，防止出现冒犯、禁忌等敏感问题。

2. 印刷工作

教材样式在教材本土化的研究过程中鲜少有人关注，但这又影响到学生对汉语的第一印象。因此，出版社需要在设计和印刷方面多下功夫，制作出精美的教材，给学生留下深刻的印象。由于印刷工作直接关系到教材的成本和定价，所以出版机构应根据实际情况来考虑印刷方式。狄国伟（2013）指出，同一教材在不同地区，人们对价格的接受程度是不一样的，在经济较为落后的国家和地区，教材本土化的开发可以考虑降低制作成本，使用双色甚至单色印刷。鉴于菲律宾公立中学经费不充足的实际情况，菲律宾本土汉语教材可以适当降低成本。

3. 发行工作

发行是出版流程的最后一道环节，教材需要通过发行进入市场。中国出版社在国内市场实力强大，但在国外市场往往会面临清关困难、版权保护等现实问题。中菲出版机构应共同努力，中方出版机构可以选择签订版权输出协议，菲方出版社可通过包销的方式将教材直接出售给菲律宾教育部，降低本土教材的使用成本。

（三）教材的推广者

公立中学汉语教学的发展离不开菲律宾教育部的支持，自汉语纳入菲律宾国民教育体系起，汉语推广的"春天"已经到来。菲律宾教育部及各区教育局作为公立中学的上级单位，应该对 SPFL 汉语项目的发展提供更多便利。教材编写完成后，应指定学校参与教材的试用，并下拨经费购买教材，积极推动教材进入国民教育体系。关于菲律宾本土汉语教材如何来到中学生手中，我们认为菲律宾教育部可以从以下两点着力。

1. 落实教材定点试用

菲律宾教育部可与红溪孔院合作，选择定点公立中学先行试用教材，帮助红溪孔院收集教材的使用反馈。

2. 落实由政府采购教材

菲律宾公立中学教育属于义务教育，汉语课程作为公立中学课程中的一员，汉语教材理应属于政府采购的范畴。教育部可将汉语本土教材列入学校用书目录中，每年划拨一定经费用于汉语教材的采购，让学生免费领书。教育部还可与出版机构达成协议，建立教材的定向购买渠道，直接购买，无须经过市场，然后按需分配给各公立中学。

（四）教材的使用者

鉴于菲律宾公立中学数量众多，教育水平较低，汉语教材在一定时期内都是一种短缺资源。因此，教材分配到公立中学后，学校可建立汉语教材的循环使用制度，降低教材消耗。这样也可以大大减轻学校的支出压力，减少资源浪费。

综上，菲律宾本土汉语教材的开发是教材的编写者——菲律宾红溪孔院（也是教材的推广者＋使用者）、中菲出版机构（教材的出版者）、菲律宾教育部（教材的推广者）、菲律宾公立中学（教材的使用者）四方合作的结果。只有四方精诚合作，教材才能最终来到学生手中。

第四节　菲律宾本土汉语教材中的中国形象

一、关于国家形象

（一）国家形象定义

作为国家软实力的重要组成部分，国家形象体现了一个国家的综合实力和影响力，象征着一个国家的国际地位。良好的国家形象会提升这个国家在国际社会上的信誉、亲和力以及被国际社会接纳的程度，也会拓宽这个国家的国际发展和合作的空间。国家形象影响着一国外交政策的执行以及国际资源的获得，国家形象越好，赢得全球市场份额的可能性越大。随着全球化的发展，越来越多的国家意识到构建国家形象的重要性，并加大力度进行宣传，力图营造良好的国际形象，增强本国的国际吸引力。在当今的国际社会中，国家形象已经成为所有国家的国际战略重点。

关于国家形象概念的研究，国外始于 20 世纪 70 年代。美国学者马丁（1993）认为，国家形象是对于某一个国家推断性、描述性、信息性的多维度的总结性建构。巴洛古（1999）等人认为，国家形象是一个人基于这个国家所有变量对这个国家的感受和认知的总和。由此可以看出，国家形象与个人的主观认知息息相关，是一个人对于一个国家的整体感知。科特勒等人（2002）认为，国家形象由历史、地理、艺术、音乐、国民等要素构成，是个人对某一个国家的亲身经历、领悟、观点、回忆和印象的总和，包括个人对这个国家的情感和审美。

与国外研究相比，国内的研究在 20 世纪 90 年代才相对丰富起来，并且积累了一系列成果。"国家形象是一个综合体，它是国家的外部公众和内部公众对国家本身、国家行为、国家的各项活动及其成果所给予的总的评价和认定。国家形象具有极大的影响力、凝聚力，是一个国家整体实力的体现……国家形象是国家力量和民族精神的表现与象征，是主权国家最重要的无形资产，是综合国力的集中体现"（管文虎，1999）。"国家形象是一国内部公众和外部公众对该国政治（包括政府信誉、外交能力与军事准备等）、经济（包括金融实力、财政实力、产品特色与质量、国民收入等）、社会（包括社会凝聚力、安全与稳定、国民士气、民族性格等）、文化（包括科技实力、教育水平、文化遗产、风俗习惯、价值观念等）与地理（包括地理环境、自然资源、人口数量等）等方面状况的认识与评价，可分为国内形象与国际形象，两者之间往往存在很大差异。国家形象在根本上取决于国家的综合国力，但并不能简单地等同于国家的实际状况，它在某种程度上是可以被塑造的"（孙有中，2002）。国家形象的构成要素大致包括国家的社会制度、民族文化、综合国力、政治局势、国际关系、领袖风范、公民素质、社会文明等，每一项要素在一定情况下反映或代表国家的整体形象，任何一个方面不完善，都将对国家形象产生不良影响。综合大家的观点，我们发现，国家形象是一个多维的概念，它的外延比较广泛，它是国际公众对于某个国家关于政治、经济、文化等各方面的整体感知。国家形象是一个动态的概念，不同国家对一个特定国家的国家形象可能有不同的评价，同一个国家在不同历史时期的国家形象也会不同。

关于国际形象的定义，大家见仁见智，不同的人对于国际形象的构成要素有不同的见解，但都有个中道理，都具有借鉴意义。但是，在教材的编写过程中，很少会有编者以国家形象为出发点，面面俱到地在课文的每个部分呈现国家形象的完整内容，所以，我们不能把学界关于国家形象的所有定义生硬地套在教材的文本上。另外，因为教材不像新闻媒体那样具有高度的时效性，许多教材都在几年甚至十几年之后才进行修订，难以及时反映国家的最新变化。基于教材的这两点局限性，我们综合分析菲律宾本土汉语教材中的课文，发现公民素质、品格自律、人伦情感、社会文明、饮食地理在教材中的体现比较多，所以，我们把国家形象大体分为这几类，研究它们在教材中的分布情况。

（二）国际中文教材中中国形象的研究

随着国际中文教育事业的发展，国际中文教材成为海外学习者了解中国的一个窗口。近几年，一些学者开始研究国际中文教材中的中国形象，主要涉及三个方面：一是从话语策略角度分析国家形象的塑造，认为要删除不利于中国形象构建以及明显带有政治宣传色彩的内容，提出了高调与低调、直接与间接、认同与求同三个话语策略，呼吁通过国际中文教材传播中华民族优秀传统文化并塑造出快速崛起、爱好和平的中国形象，主张国际中文教材的编写要注重文化策略、合作策略、顺序策略的运用（秦惠兰，2013；吴平，2013）；二是从对比角度考察分析国际中文教材中的中国形象或中国特定群体形象，指出当前国际中文教材总体传播正面的中国形象，但是也存在对中国或中国独生子女群体、女性群体消极的刻板印象（彭增安，2015；赵宇佩，2016；杨星，2019；王金阳，2019）；三是分析国际中文教材构建国家形象的维度、原则和话语构建等，认为国家形象塑造应该遵循真实性、生动性、代表性、多样性、一致性、发展性、平实性、自然性等原则（宋璟瑶，2020），构建国家形象的维度主要有价值取向、家庭形象、社会关系、景观形象、民族关系等（黄丽，2017），魏然（2017）还从国家形象维度的选择、态度倾向、内容取材、国际关系框架和介入策略五个方面对《新实用汉语课本》和《中文听说读写》进行对比，并就这五个方面提出了国际中文教材在话语建构方面的建议。

可见，国际中文教材中的国家形象问题是当前教材研究关注的一个新重点，考察现行国际中文教材中的国家形象对本土汉语教材的编写具有重要的指导意义和借鉴价值。关于菲律宾本土汉语教材中的国家形象问题，池晓兰（2019）依托菲律宾华教中心编写的《菲律宾华语课本》（已经再版修订为《菲律宾版新编华语课本》）做了专题分析，从 13 个文化维度对中国形象进行分析，并且采用访谈法，考察教材中的中国形象对学习者的影响。菲律宾公立中学目前还没有一套标准的本土汉语教材，本土教材中的中国形象如何，有何特点？对这些问题进行研究，将有利于开发面向菲律宾国民教育体系的本土汉语教材，我们将在前人研究的基础上对此进行系统考察。

二、菲律宾本土汉语教材中的中国形象

（一）调查对象

我们以《菲律宾版新编华语课本》作为样本进行考查。《菲律宾版新编华语课本》是一套由柯逊添主持编写的菲律宾本土汉语教材，是针对菲律宾学龄儿童设计的华语课本，经过多次改编、修订，是目前菲律宾使用较广的本土汉语教材之一。这套教材一共分为12册，低年级（1—4册）以对话的形式呈现，目的在于让学习者熟悉日常生活中常见的对话；中年级（5—8册）以趣味性短文或寓言故事为主，可以在故事中调动学习者学习汉语知识和中华文化的积极性；高年级（9—12册）探讨更深入的话题，如历史、社会等，课文的选材更加生活化、多样化，并且融合了勤劳、诚实、助人、孝顺等美德。我们选取了5—12册的课文作为考查范围。

（二）《菲律宾版新编华语课本》的数据统计

1. 对教材课文内容的统计

据统计，每册教材都有12篇课文，5—12册共有96篇课文。为了研究教材课文中的中国形象，我们把课文主题按照是否与中国有关进行划分，涉及中国的内容归为 I 类，不涉及中国的内容归为 II 类，统计结果如表3.15 所示。

表3.15 课文主题与中国形象相关度分类表

分册	I 类	II 类
第5册	9	3
第6册	10	2
第7册	12	0
第8册	8	4
第9册	9	3
第10册	11	1

分册	I 类	II 类
第 11 册	12	0
第 12 册	12	0
总计	83	13

由上表可知，八册教材中涉及中国的课文共有 83 篇，约占总数的
86%；不涉及中国的课文有 13 篇，约占总数的 14%。可以看出，教材以介
绍中国或以中国场景为主。

2. 对教材主题的统计

对教材的主题进行统计主要是为了了解课文从哪些方面来塑造中国
形象，哪些主题的占比会比较高，这样有利于对课文进行分类。由表 3.15
可知，课文样本共有 96 个，其中与中国有关的共 83 个。参照黄丽（2017）
的分类观点，对样本进行穷尽性的统计，可以分为以下主题：风俗礼仪 /
传统文化 / 传统节日、著名人物 / 道德楷模、教育 / 学校生活、地理 /
旅游、家庭 / 称谓、饮食、文学、历史、艺术、交通、建筑、体育、科技、
宗教等。因为有的样本里面包含了多个主题，所以统计出来的主题结果会
大于样本数。具体统计结果如表 3.16 所示。

表 3.16　主题项目分类表

主题	数量（个）	分类依据
文学	19	与中国名著、神话、传说、寓言有关，引用中国的成语、俗语
著名人物	11	介绍中国古代、近现代著名人物的生平和事迹
地理 / 旅游	6	介绍中国城市、地区、建筑或者与此有关
教育 / 学校生活	20	反映教育现状，描绘家庭教育
风俗 / 传统节日	2	介绍中国的风俗礼仪和传统节日
家庭	27	与家庭聚会、家庭氛围、家庭成员之间相处有关，围绕"思乡""团圆"主题
政治	1	涉及中国发展历程中重要的时间、政策、事件

（续表）

主　题	数量（个）	分类依据
艺术	6	展现中国乐曲、戏剧、画作等艺术作品
经济	1	反映中国经济发展现状
交通	0	涉及水、陆、空交通方式
体育	1	涉及体育、运动、锻炼
饮食	3	涉及中国的美食和特产
军事	1	涉及中国古今战术
宗教	0	涉及宗教和信仰
科学	2	涉及科学理论发展和技术发展
其他	2	不属于以上分类，但有助于构建中国形象
总计	102	

通过上表可知，教材涉及的主题比较广泛，并且大多集中在家庭、教育、文学、著名人物上面，经济、政治、宗教方面涉及比较少。

三、《菲律宾版新编华语课本》的课文统计分析

（一）课文统计

国家形象的构成要素包括国家的社会制度、民族文化、综合国力、政治局势、国际关系、领袖风范、公民素质、社会文明（刘小燕，2002）。我们将主要从公民素质、品格自律、公共利益、人伦情感、社会文明、饮食地理六个方面来探讨本套教材中的中国形象（刘小燕，2022；金盛华，2009）。为了表述方便，我们对每个样本进行了编号，以 A.B 的形式呈现。A 表示第几册，B 表示第几课，例如，9.1 表示第 9 册第一课，11.3 表示第 11 册第三课。

有关公民素质的课文主要涉及一个国家的人民在社会生活中所表现出来的思想道德总体水平，共收集到 25 个样本。例如，7.1 妈妈教导小明要尊重他人的隐私空间，要注意打电话的时间段；8.7 爷爷淡泊雅致、修身养性的养老生活，展现了一个儒雅的老年爷爷形象；9.9 华侨商人王彬先

生平时热爱做公益，热心助人；10.3 退休的王先生为大家服务、扫地，无私奉献；11.6 "我"和弟弟在圣诞节把玩具送给贫苦的人，懂得分享，有爱心。

有关品格自律的课文主要包括对社会与个体道德、行为认同基础上的自身心理与行为的主体监控，共收集到 20 个样本。例如，5.1 小明为自己与小方吵架的事情感到惭愧与内疚，说明小明知错就改，有内省心；6.2 妈妈教育小明自己的事情自己做，养成独立自主的品格，要有时间观念和全局意识，做事情要有规划，学会自立。

有关公共利益的课文主要包括对国家、社会、大众的责任意识等，共收集到 14 个样本。例如，6.1 勤劳的人为国家、为社会服务，为人们做出更有意义的事。

有关人伦情感的课文主要包括亲情、友情等情感的展现或恻隐之心的表达，共收集到 23 个样本。例如，5.4 兄弟姐妹之间、爸爸和妈妈之间、妈妈和同学之间的关系融洽；11.6 孟母三迁所体现的伟大母爱。

有关社会文明的样本主要探讨社会风尚、社会道德以及社会行为，共收集到 10 个样本。例如，6.5 诚信、祥和的生意图；7.3 网络时代到来，网络产品拉近了人与人的距离，改变了人们的生活方式；10.1 遵守交通规则的社会图景；10.2 人与人之间互相礼让、文明相处；12.5 中国人民安居乐业的生活。

有关饮食和地理的课文。由于描写饮食和地理的篇幅比较少，因此把饮食和地理的样本归纳到一起统计。这个维度的样本主要指涉及中国的饮食和地理的课文，共收集到 10 个样本。例如，5.8 对泉州、中山路、钟楼、开元古寺、东西塔的描写；8.7 爷爷喜爱喝茶，茶是中国饮食的一部分，已经演变成历史悠久的茶文化；10.5 提到一望无际的蒙古草原、绵延万里的万里长城、阿里山、日月潭、无与伦比的故宫博物院；10.9 介绍了著名的中国菜狮子头；11.11 老师向"我们"介绍万里长城；11.12 阳明山国家公园的美丽风景。

其他类的课文主要介绍中国特有的事物或者文学气象后面蕴藏的中华文化，共收集到 18 个样本。例如，5.9 赞扬移植自中国的茉莉花，赞扬它们纯洁的形象、高雅的气质，表达了人们对高雅气质的向往与追求，体现了中国人民的价值观取向；8.7介绍了中国的毛笔字以及中国人平平淡淡、安安稳稳、颐养天年的生活态度；11.5介绍了孔子、《论语》以及孔子的思想；12.1介绍了中国的书法以及王羲之的故事，充满文化韵味；12.8介绍了中国的梅花，表现了梅花坚韧不拔的精神。

我们将以上数据加以统计整理，具体情况如表3.17所示。

表3.17　课文数据统计表

	公民素质	品格自律	公共利益	人伦情感	社会文明	饮食地理	其他
课文	25	20	14	23	10	10	18
占比	21%	17%	12%	19%	8%	8%	15%
总计	120						

由表3.17可以看出，在菲律宾本土汉语教材中，与公民素质有关的课文最多，可见菲律宾本土汉语教材的编写者十分重视良好中国形象的塑造。研读文本发现，公民素质和公共利益以及社会文明往往是相辅相成的，一个素质良好的公民往往会为社会服务，让社会呈现一幅美好的图景。例如6.6中，莉莉是个善良的公民，自愿到孤儿院无偿照顾孩子们。公共利益和社会文明也是相辅相成的。当人们开始关注公共利益，为社会服务，社会自然就呈现出一幅文明、欣欣向荣的图景。文中关于人伦情感的课文也比较多，中国自古以来就注重人与人之间的友好相处，可见教材重视中国人的人际观和亲情观。然而，本套本土汉语教材对中国饮食和地理的介绍比较少。

（二）课文与国家形象构建分析

1. 构建了仁爱厚德的中国公民形象

一个国家的公民素质与这个国家的文明程度是息息相关的，公民素质代表了该国的文明程度，是国家形象的重要组成部分。如果一个国家的国民素质高，那么这个国家在国际上的声望就会好，也会受到其他国家的尊重。一个人的素养体现在他的言行举止、文化水平、道德修养上，也反映在他的思想观念上。中国儒家素有"仁者爱人"的思想。"仁者爱人"在当代表现为讲文明、懂礼貌、尊重他人。在菲律宾本土汉语教材中，介绍这些优良素养的话题出现的频率最高，如撞到别人向别人道歉、问路时的礼貌用语、打招呼时的礼貌用语、父亲对孩子的尊重、小明对朋友的尊重等。中国自古以来就是一个礼仪之邦，提倡为人处世、待人接物的行为要得体，待人要礼貌、诚恳，避免不必要的冲突。其次，公民素养也体现在公民的个人行为上，教材中所体现的知恩图报、乐于助人、讲诚信、懂分享、无私奉献等都是中华文明自古以来提倡的优良传统，在今天的中国社会中仍然延续。此外，教材中的公民素养还体现在公民爱护环境等方面。例如，7.7 人们保护动物，实现人与自然的和谐相处；10.10 舅妈与"我们"去郊游的途中把自己制造的垃圾带回家；10.11 呼吁人们遵循生态规律，爱护环境，不能竭泽而渔。

综上，《菲律宾版新编华语课本》对公民素质的塑造整体是正面的，构建的是讲文明、懂礼貌、尊重他人、爱护环境的中国公民形象。

2. 构建了勤俭进取、乐于助人的中国公民形象

《周易》有云："天行健，君子以自强不息"。勤劳自强一直是中华民族的传统美德，中国人民用他们的勤劳智慧创造了中华上下五千年的灿烂文明，让中华文明在世界文明史上绚丽夺目。菲律宾本土汉语教材重视塑造勤劳进取、不怕挫折、乐于助人、善于团结的中国公民形象。例如，9.2 孙中山团结青年、不怕失败、爱国的精神品质令人动容；9.9 华侨商人王彬勤俭节约、乐于助人；11.9 人们在火山爆发后重建家园，体现了中国人在困难面前不低头，拥有从头再来的勇气；12.12 唐僧师徒四人不怕困难，团结协作，一路翻山越岭，克服种种困难，最终取得成功。

3. 构建了关心集体利益、无私奉献的中国公民形象

古往今来，中国都提倡"为生民立命"的家国情怀和奉献精神。教材中有不少话题都体现了中国人为集体、社会、国家服务。例如，5.1 小明为班级服务；9.2 孙中山为国家和人民而奔走；6.3 小女孩把香蕉分给他人；6.6 莉莉做义工回馈社会；10.3 退休的王先生为邻居清扫街道，保护环境。

4. 构建了与邻为善、重情重义的中国公民形象

《尚书·蔡仲之命》云："懋乃攸绩，睦乃四邻，以蕃王室，以和兄弟，康济小民。"《明史·张士诚传》亦言："睦邻守境，古人所贵，窃甚慕焉。"与邻为善是中华民族重视邻里关系、树立可信赖的外部形象、构建良好地缘关系的人际智慧与处世之道的重要体现。《菲律宾版新编华语课本》构建了一个重视和谐邻里关系的中国形象。例如，6.4 通过小明一家与邻居老太太的温馨和睦相处，展现了邻里和睦、互帮互助的关系；10.3 退休的王先生为邻居打扫街道，赢得了邻居的称赞。作为一个文明古国，重情重义是中国的优良传统，温馨和谐的亲情、深厚真挚的友谊、尊师爱生的师生关系以及和谐的人际交往关系等人伦情感在该套教材中皆有体现。例如，6.9 中秋节晚上一家人团圆、吃月饼、赏月，家庭氛围温馨和谐；5.8 父亲思念家乡泉州和故乡的亲人；5.12 孟宗为了生病的母亲在风雪交加的天气寻找竹子，体现了孝顺之心；11.5 孔子因材施教、有教无类，和弟子之间关系和谐；11.6 孟母三迁体现了伟大的母爱。

5. 构建了社会文明、安居乐业的中国社会形象

社会文明主要指社会风尚、社会道德以及社会行为的呈现。中国提倡文明举止、文明出行，构建文明社会，教材中描绘了许多文明图景。例如，10.1 遵守交通秩序，10.2 人与人之间互相礼让、文明相处，12.5 中国人民安居乐业。

6. 构建了地广物博、文明多样的中国形象

课文涉及中国地理、饮食文化的话题虽然不多，但总体构建了一个地广物博、文明多样的中国形象。例如，10.5 提到了一望无际的蒙古草原、绵延万里的万里长城、阿里山、日月潭、无与伦比的故宫博物院；11.12 介绍了阳明山国家公园的美丽风景。

除此之外，课文中还介绍了中国古代诗词中的文化意象，如 5.9 赞扬了高洁典雅的茉莉花，5.12 歌颂了竹子的气节和正直。还介绍了丰富多彩的中国传统文化和才艺，如 7.9 介绍了一首朗朗上口的中国歌谣，8.7 介绍了中国的毛笔字，9.8 介绍了中国的相声以及中国文字里面的会意字，

10.7 介绍了中国人的祖先养蚕缫丝的技术，11.5 介绍了孔子、《论语》以及孔子的思想，12.1 介绍了中国的书法以及王羲之的故事，12.2 介绍了中国功夫、太极拳，12.3 介绍了中国的童玩竹蜻蜓和毽子，12.4 介绍了中国的绕口令。这些都展现了源远流长、博大精深的中华文化。

四、《菲律宾版新编华语课本》中国形象塑造的特点

（一）教材整体上塑造了积极的中国形象

教材的课文内容涵盖古今，既有中华传统文化，又有现代文明生活。从公民素质、品格自律、公共利益、人伦情感、社会文明、饮食地理等多个方面展现了中国形象，总体上呈现了文明、友好、开放、进取的姿态。从个人、社会、文化、生态四个维度出发，丰富了学习者对中国的认知，基本可以满足学习者了解中国形象的需要。个人维度方面，中国人民勤劳独立、认真刻苦、笃实奋进、乐于助人、团结合作；社会维度方面，中国人民讲文明、懂礼貌、待人诚恳，展现了中国友谊之邦的形象；文化维度方面，展现了一幅源远流长、博大精深的中华文明画卷，呈现了一个文学意蕴丰富的中国形象；生态维度方面，展现了中国人民保护生态环境、人与自然和谐相处的理念。总体来说，教材呈现的中国形象是正面积极的。

（二）存在部分消极形象

国际中文教材是国际传播体系下构建中国形象的重要载体，通过对教材的学习，学习者会获得对中国的印象。因此，教材课文主题的选择尤为重要。消极、负面的例子会在学习者心中留下不好的印象。例如，当小明的妈妈不在家时，小明和爸爸就无法解决晚餐问题，会给学习者一种中国男性的动手操作能力弱、独立自主能力差、依赖女性的刻板印象。在《家和万事兴》这篇文章里，哥哥脾气不好，姐姐性子急，两个人一言不合就会吵架，这样会给学习者留下一种中国人急躁冒失、用吵架解决问题的不良印象。

国际中文教材是对中国形象的浓缩介绍，在教材编写的过程中，我们应该注意审视，建立一个文明、和谐、正面的中国形象，但这并不意味着

我们要美化中国，塑造一个完美无缺的中国印象。负面的例子不需要完全回避，有正有负的介绍会带给学习者更加真实、全面、立体的中国印象。

（三）维度较局限且比重不均

教材从多个维度展现中国形象，但比重不均，侧重公民素质、品格自律、人伦情感、社会文明等文化领域，关于中国饮食和地理没有细致描述与展现，对于政治、经济、科技等领域涉及也很少。

国家是由政治、经济、社会、文化等部分组成的统一体，国家形象包括政治、经济、体育、科技这些构成要素。国际中文教材对于促进中外文明交流互鉴具有不可替代的作用，应当客观、全面、系统地展现中国形象，为学习者提供了解真实、全面、立体中国形象的渠道。在地域上，中国幅员辽阔、自然资源丰富，甲天下的桂林山水、美丽的杭州西湖与苏州园林、奔腾的长江、气势恢宏的布达拉宫等都可以成为编者笔下的素材；在饮食上，中国的饮食文化历史悠久，有各具特色的地方美食，有"养生""求和"的饮食文化，这些都可以成为学习者了解中国的窗口。由于教材面向的人群为汉语初级学习者，参照《国际中文教育用中国文化和国情教学参考框架》，在饮食上，编者可以侧重于让学习者初步认识中国人的日常食物和口味偏好，了解中国人使用筷子的习惯，了解饺子等常见的中国美食；在经济上，中国的经济持续快速发展，教材可以通过呈现居民生活变化的场景，如中国高铁的普及，来反映中国经济和科技的发展，潜移默化地让学习者感受到中国的进步，改变对中国的刻板印象，看到中国的变化与发展潜力；在政治上，教材可以选取一些中国积极承担国际义务的内容，如中国积极参与联合国的会议，发扬人道主义精神，对困难国家伸出援手，传达中国合作共赢、构建人类命运共同体的理念。除此之外，编者也可以从一些细节入手。在民族组成方面，中国是一个多民族国家，教材应该呈现中国多样的民族文化；在体育文化方面，让学习者了解中国体育活动，如武术、乒乓球、太极等的特点和文化内涵，武术中强调的"天人合一""扶危济困""自强不息"以及太极强调的"修养身心"都可以成为编者笔下的素材。

（四）部分内容过时，菲律宾本土文化元素不足

教材中关于现代生活的描写只涉及了一些家用电器和老式的电脑，通信方式还只限于座机，7.2 中还描述了对未来由电脑控制扫地机器人的期待，这在当今的中国早已实现。21 世纪以来，中国科技迅速发展，笔记本电脑、智能手机基本普及，媒体网站迅速发展，中国俨然进入了网络时代，而教材上的中国仍停留在电器时代。诚然，教材的更新换代速度比较慢，但我们应为国际中文教材与时俱进、展示当代人的真实生活而努力。

作为面向菲律宾中学生的本土化教材，也应该融入菲律宾本土文化。菲律宾是一个多元文化国家，在遵循中菲多样文明交流互鉴的基础上，吸收优秀的菲律宾本土文化是教材本土化的一项重要指标，也是提高汉语教学效能、有效构建中国形象的重要路径。

第四章

菲律宾本土汉语教师的培养

本土汉语师资是国际中文教育持续发展的基石。在"第十一届国际汉语教学研讨会"上，许嘉璐先生形象地指出，在汉语国际化进程中"能烧中国菜的厨师太少了"，发展国际中文教育，师资是关键（汪敏锋，2016）。在国际中文教育的发展中，教师、教材、教法的"三教"问题是亟须突破的瓶颈。其中，教师是根本，教师问题是关键。教师在教学活动中起着重要的引导作用，是教学活动的主力军，教师的教学水平影响着学生的学习效果。菲律宾自 1899 年创办第一所华校——菲律宾中西学院以来，汉语教育的发展过程可以说历经波折，汉语教师的数量、质量也随之改变。2011 年，菲律宾教育部正式宣布将汉语作为外语课程纳入 K—12 基础教育体系，并正式启动"外语特殊项目"（SPFL），这对菲律宾的汉语教育来说无疑是一件好事，也可在一定程度上缓解师资问题。但是，汉语教学在菲律宾的发展速度已远远超过本土师资培养的步伐，菲律宾本土汉语师资短缺问题亟待解决。

第一节　菲律宾本土汉语教师培养现状

"本土"在《现代汉语词典（第 7 版）》中有三种解释：一是指乡土、原来的生长地，二是指一个国家固有的领土，三是指殖民国家本国的领土（对所掠夺的殖民地而言）。本书中的"本土"应为第一种解释，本土汉语教师指各个国家土生土长、自己培养的汉语教师。

菲律宾本土汉语教师，指的是在菲律宾当地生长，熟悉、了解菲律宾语言和文化，并且能以汉语教师身份从事汉语教学和汉文化传播的群体。相对母语为汉语的汉语教师而言，菲律宾本土汉语教师长期居住在菲律宾某个地区，流动性小，保证了汉语教学的稳定性。他们具有相对优秀的跨文化交际能力，并且菲律宾语和英语流利。普拉克特（C. Practor）提出的难度等级模式中，"零级"是指两种语言中相同的成分在学习中会产生正迁移而不发生困难（刘珣，2016）。英语和汉语存在相似甚至相同的地方，学习者和外语教师如果能很好地认识到二者之间的相同点，不仅有利于促进学习者的学，也有助于教学者的教。本土汉语教师可以运用菲律宾语和英语的正迁移指导汉语教学，从而改善教学效果。作为汉语教学系统的一线教学人员，本土汉语教师是菲律宾主流学校汉语教育的中流砥柱。我们将重点分析菲律宾本土汉语师资现状。

本节运用文献检索法，对菲律宾公立中学和华校中本土汉语教师的基本信息进行统计整理，并基于此分析菲律宾公立中学和华校中本土汉语教师的培育现状。

一、基本情况

（一）师资短缺

培养公立中学本土汉语教师既能更了解当地学生在学习汉语过程中的困难、结合学情适当调整教学内容以适应学生的情况，又能在缺乏志愿者教师辅助的情况下，保证汉语教学项目的可持续发展。

2011年，汉语正式被纳入菲律宾国民教育体系，这是菲律宾汉语教育"辞旧迎新"的分水岭。此外，菲律宾在2011年以前，学校教育不包括幼儿园，其中的中等教育不包括高中，采用的是6+4学制（初等教育6年＋中等教育4年）。2012年6月开始实行"K—12"教育制度，增加了1年幼儿园和2年高中的义务教育。如前文所述，当前，汉语课程主要开设在菲律宾国民教育体系的公立中学阶段，即中等教育的4年内，初等教育和2年高中还在推动开展中。所以，菲律宾本土汉语师资主要指菲律宾公立中学的本土汉语教师，这些本土教师主要是从其他学科转岗过来"客串"的兼职教师，却是菲律宾教育部 SPFL 汉语项目正常开展的基石。

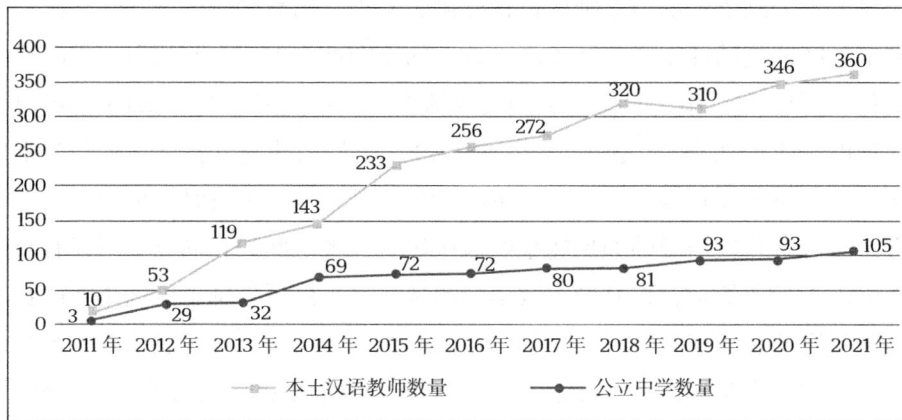

图 4.1　2011—2021 年菲律宾公立中学及本土汉语教师变化情况

　　如图 4.1 所示，菲律宾公立中学本土汉语教师数量近几年整体上是增长的。从 2011 年开始，随着开设汉语课程的公立中学数量从 3 所增加到 105 所，本土汉语教师数量也由开始的 10 名壮大到 2021 年的 360 名。由于国际局势的影响，中菲关系在 2015—2016 年进入紧张状态，导致菲律宾汉语教育的发展相对停滞，学校数量维持在 72 所，本土汉语教师数量分别为 233 和 256，2017 年以后又开始稳步增长。由此可见，师资的发展比较乐观。2020 年前后，教师数量增长势头不容乐观，但是也没有呈下降趋势，说明菲律宾本土汉语教师具有较强的稳定性。然而，截止到 2015 年，汉语班学生人数增加到了 10,475 人，师生比为 1∶45，学生的增长速度远远大于教师的增长速度，这样的师生比不利于汉语教学的发展，菲律宾汉语教师数量不足可见一斑。

　　从区域性来看，菲律宾公立中学本土汉语师资短缺的情况在某一地区的表现也极为显著。2018 年，菲律宾宿务公立中学的汉语班学生共 1444 人，本土汉语教师共 27 人（赵乐，2019），师生比为 1∶53。同年，在马尼拉地区具有代表性的 22 所公立中学中，执教的本土汉语教师共 41 名（李莹莹，2020），平均每所学校只有 2 名本土汉语教师。这两个地区的数据基本反映了菲律宾本土汉语教师的实际情况，从事本土汉语教育的教师数量虽然有所增加，但是仍然比较匮乏。

（二）性别比例失调，年龄向年轻化缓慢发展

教师的性别和年龄结构是教师队伍组织结构的重要组成部分。教师的性别和年龄构成说明了男教师和女教师、青年教师和老年教师的数量差异，这些差异呈现不同的功能关系，是影响教学活动开展以及教学效率的潜在因素。

从性别比例分析，截止到 2015 年，菲律宾初、中等教育中的女教师比例分别维持在 87.6% 和 72.9%，可见菲律宾的初、中等教师都以女性为主，而且占比很高。菲律宾本土汉语教师的情况也是如此。2016 年达沃地区 8 所公立中学的 12 名本土汉语教师中只有 2 名男教师，其余都是女教师（涂亚北，2016）。2019 年宿务地区 9 所公立中学中共有 27 名本土教师，仅有 2 名男教师，其余 25 名均为女教师，男女比例差距很大（赵乐，2019）。2016 年所统计的 114 名公立中学本土汉语教师的男女性别比例为 29∶85，约为 1∶3，表明菲律宾本土汉语教师群体中女性居多，是男性的三倍，存在女性比例优势（曾曦，2016）。2021 年，宿务地区 9 所公立中学的 28 名本土汉语教师中仅有 1 名男性教师（刘娜，2021）。从这些数据可以看出，菲律宾公立中学本土汉语教师男女比例失衡，女多男少，而性别因素对于人们日常交流和语言表达有很重要的作用。研究结果显示，女性在日常生活中的语言交流互动更为活跃。男女教师话语的性别差异主要表现在话语量、提问方式、交互调整方式和反馈方式四个方面。同为语言教师，女教师话语量更多、提问方式更多样、交互调整更频繁、反馈方式更积极。菲律宾提倡多生多育，一个家庭通常有好几个孩子，而且孩子的年龄差异较小，女教师会把精力更多地分给家庭与孩子，男教师的时间与精力相对来说更富裕一些。

从年龄结构来看，公立中学本土汉语教师队伍逐渐从老龄化向年轻化发展。年龄因素对教师二语习得研究的理论建构、语言学习与教学能力等有着非常重要的意义。中老年教师虽然拥有丰富的教学经验，但年龄较大，体力和精力大不如前，而且不愿改变和创新，不愿学习使用多媒体课件等工具，对新教学理论和教学方法的接受能力也比较低，还有可能在汉

语学成之时面临退休离岗的问题。而二三十岁的本土教师，无论是在自己的汉语课堂上还是在跟踪培训中，表现都优于年龄大的教师，他们对汉语的兴趣也明显高于中老年教师。调查显示，2017—2018 年，菲律宾本土汉语教师的年龄分布较为分散，既有二三十岁的青年教师，也有四五十岁的中老年教师，并且以中老年教师为主（米倩、肖翠云，2019）。据观察，年轻的教师对语音掌握得非常好，主要表现在对上声、轻声、儿化音的准确发音上；而年龄相对较大的教师对语音不够敏感，掌握较差。例如，年轻教师所带班级学生对儿化音的敏感度明显高于年龄相对较大的教师所带的学生，年轻教师所带的学生可以准确无误地发出儿化音，而年龄相对较大的教师所带的学生对儿化音有意识但是发音不标准或根本就不会发。可见，年龄因素对汉语教师的培养有着潜移默化的影响。教师年龄结构向年轻化发展，教学效果将得到改善，师资质量也会有一定的提升。

通过在 2021 年全菲中文教学研讨会上对与会本土汉语教师的观察可知，大部分本土汉语教师都是青年和中年教师，不像其他研究者所说的"菲律宾汉语教师老龄化"。这可能与公立中学汉语课程开设时间不长、汉语教师大多"半路出家"有关（马小玉，2021）。

二、汉语水平

第一，本土汉语教师的汉语水平和学生的汉语水平有着紧密联系。教师的汉语水平越高，学生水平就越高，所以本土汉语教师的汉语水平至关重要。据统计，菲律宾本土汉语教师的汉语水平集中在 HSK 二级和三级，以 HSK 二级为主。在 HSK 汉语标准课程中，HSK 一级需要掌握 150 个词语，HSK 二级需要掌握 300 个词语，HSK 三级需要掌握 600 个词语，HSK 四级需要掌握 1200 个词语。HSK 一级和二级仍以拼音学习为主，三级则开始要求学习汉字。可见，绝大多数本土汉语教师的汉语水平尚未成熟，基础非常薄弱，仅停留在初级水平。其次，即使有些教师通过了 HSK 三级和 HSK 四级的考试，他们的汉语水平仍然不高，无法进行日常的口语交流。而且，本土汉语教师的汉语水平只停留在听说层面，没有掌握书写汉字的能力，日常教学采用拼音形式，阅读文章也只能阅读拼音部分。最后，很多在职本土汉语教师都是"半路出家"的零基础汉语学习者，他们通过暑期培训上岗，再配合志愿者跟踪培训进行教学（陈艳艺、章石芳，2017）。虽然红溪孔院每年会定期举办针对本土汉语教师的暑期培训，但最多只有两个月，培训时间较短，能学习到的汉语知识有限，而且教师常常因为家庭和工作的原因不专心或者没有充足的时间进行系统的学习。虽然赴菲汉语志愿者教师都是语合中心按照较高标准选拔出来的，水平也相对较高，但这是一个较为年轻的团队，每一批志愿者的任期只有十个月，志愿者团队处于不断更换的状态中。虽然汉语志愿者教师理论知识充足，但缺乏教学经验。

我们摘取 2019 年部分赴菲志愿者教师的自述内容：

（1）于老师的自述内容：

在我督课期间，我甚至没有听该老师上过一节完整的汉语课。该老师只是为了应对 YCT 考试而进行测试练习，做完 YCT 真题，讲解得也不是很清楚。我私下问过学生可以听懂吗，学生都表示不明白。每次都是我先给本土老师讲，本土老师再讲给学生，有时甚至直接让我把 YCT 真题的听力材料写成拼音。上课时本土老师照着笔记本或者手机念，然后找学生翻译，这个句子就算讲完了，根本不涉及任何知识点讲解。

（2）张老师的自述内容：

我所在的中学共有八名汉语老师和两名志愿者，我主要负责四位本土老师的跟踪辅导和汉语督课。这四位老师中有三位是 HSK 二级水平，一位是 HSK 三级水平。那位 HSK 三级水平的老师曾经在中国工作过六年，中文交流无障碍，另外三位老师则基本上不能用中文交流。跟本土老师商定每周三和周五进行 1 个小时的督课，实际上，他们总会因为学校的工作安排、会议、活动、比赛等各种事情不能按时进行督课。更多时候是我在老师的休息时间，或者跟老师出去参加活动的时候，给老师讲解一些汉语知识。本土老师对于语法部分吸收很慢，我增加了很多句型操练，让他们有意识地练习。

（3）杨老师的自述内容：

2019 年 12 月 4 号到 2020 年 2 月初，我被派驻在 Gordon Heights National High School。那里的汉语学生不多，两个年级一共五十多个学生，只有一个本土汉语老师，她总是很忙，找不到人，而且经常不备课，上课没有计划，很随意，课程也说取消就取消。八年级的汉语课在周四和周五，每天两个小时。之前由另外一个汉语教师代课，现在由这个老师教，有种被荒废和耽误的感觉。但是，这个汉语老师的发音比较标准。因此，她的学生们汉语发音也很好。

通过志愿者教师的自述，我们了解到部分本土汉语教师的教学状态。有些对待汉语教学比较认真，有些则是敷衍的态度。本土教师在志愿者的协助下一边提升自身汉语水平，一边将刚刚所学甚至自己也一知半解的汉语知识传授给学生。学生们"囫囵吞枣"地学习，汉语水平很难真正得到提升。因此，YCT 三级和四级对于大部分的中学生而言不仅难度相当大，而且他们很难真正体会到汉语学习的乐趣。

第二，本土汉语教师都不同程度地忽略了对中华文化类知识和能力的积累与提高。汉语教育不能简单分为语言教学和文化教学。语言和文化相互依存，密不可分。"要习得和运用一种目的语，必须同时学习该语言所负载的文化。对目的语的文化了解越多，越有利于语言交际能力的培养"（刘珣，2000）。据了解，菲律宾本土汉语教师对中国文化的了解局限于剪纸、中国结、功夫、熊猫、茶艺、筷子、火锅、饺子、旗袍、扇子舞、春节等一些常见的、具有代表性的元素和节日，并且仅仅停留在表层，而不知深层的文化含义。这是因为本土汉语教师是菲律宾人，很少接触中华文化，汉语水平不高，所接触的文化因素以表层文化为主。中华文化在国际中文教育中占据重要又特殊的地位。根据红溪孔院汉语教师培养大纲，本土汉语教师应是"知华友华"的汉语人才。要实现这一培养目标，文化教学是不容忽视的重要内容。语言是文化的载体，每一节汉语课都含有或多或少的文化内容，这些内容与语音、词汇、语法、文字等存在着密切联系，对于培养和提升本土汉语教师的汉语表达能力和对中国的理解有着重要影响。张英（1997）曾提出语言教学与文化教学的比重在初级阶段约为 5∶1，中级阶段约为 4∶1，高级阶段则上升到 3∶1。从文化结构来看，初级阶段以饮食、节日、景观等表层文化为主；中级阶段慢慢从表层文化过渡到中国价值观、道德观、民族心理、思维方式等深层文化，这个阶段表层文化教学应该深一些，深层文化教学应该浅一些；到了高级阶段则以深层文化为主，不仅要"知其然"，还要"知其所以然"，通过文化教学从认识中国到认同中国。汉语水平和文化结构之间的关系如下表所示。

表 4.1　汉语水平与文化结构关系

语言水平	语言与文化的比重	文化结构	文化能力
初级阶段	5∶1	表层文化	认识中国
中级阶段	4∶1	深：表层文化 浅：深层文化	了解中国
高级阶段	3∶1	深层文化	认同中国

由表 4.1 可以看出，菲律宾本土汉语教师的初级汉语水平影响着他们对中华文化的理解，使得本土汉语教师的汉语文化知识主要集中在表层文化，直接影响了菲律宾公立中学汉语学习者的汉语文化水平，这种低水平状态持续的时间如果过长，会直接影响到本土汉语教师的职业成就感，不利于教师队伍的稳定发展。

第三，本土汉语教师的教育背景多样。在学历方面，现在本土汉语教师受教育程度整体较高，大多是本科学历、硕士学历或硕士在读。在菲律宾，除汉语以外的其他科目，一般能在学校任教的教师都至少是大学本科毕业。但是，由于汉语师资缺乏，很多没有接受过高等教育但会说汉语的华裔也被聘为汉语教师，上岗执教（黄珠玉，2012）。在专业背景方面，本土汉语教师所学专业包括英语、菲律宾语、数学、商科、护理、会计等，以英语专业居多，而很少有汉语教育背景。其中的汉语教师多数是来自菲律宾华校的毕业生和中国的新移民。这些教师专业水平不足，未系统学习和掌握语言教学理论及方法，菲律宾本土汉语教师队伍非专业化现象明显。

三、职业动机

职业动机指的是引导并推动人们的职业活动，以实现一定的职业目标为内部动力。其本质是它的能动作用，在职业选择定向中起指导作用，在职业活动中起发起、维持、推动作用，并强化人们在职业活动中的积极性、创造性。菲律宾本土汉语教师从事汉语教学的职业动机受多方面因素影响，主要表现为薪资薪酬、福利保障、职业发展、晋升空间等外部因素和个人荣誉、人际交往、工作压力等内部因素。对于本土汉语教师来说，积极、正面的职业动机不仅有助于端正其教学态度，还能够提高其职业修养。2020年，Zambales两所公立中学的本土汉语教师中因为"喜欢汉语和中国文化"而从事汉语教学工作的本土汉语教师占31%，从"菲律宾对本土汉语教师的需求量大"和"教汉语前景好，未来能有好的发展"方面考虑而选择汉语教学工作的本土汉语教师各占32%，5%的本土汉语教师以"挣更多钱"为目的（马小玉，2021）。2020年，宿务地区9所公立中学的28位本土汉语教师中，有86%的人选择从事汉语教师行业是因为兴趣，71%的人是受教育部门或学校的安排而从事这一行业，40%的人是因为想获得在中国学习或者工作的机会，25%的人是因为想和中国人交朋友或认为汉语受欢迎，4%的人认为从事汉语教师行业有利于职业发展或有其他原因（刘娜，2021）。由这两组数据可以发现，大部分教师从事汉语教学的职业动机都属于内部动机。他们多出于兴趣和职业发展等原因而从事本行业，这说明绝大部分本土汉语教师在心理上高度认可并支持汉语教学事业。若把本土汉语教师对汉语和中国文化的热爱视为内在驱动力，就能够利用他们情感上的支持，充分发挥他们的主观能动性。然而，现实和理想总是有差距的。从教师志愿者的自述可以看出，有些教师是出于找份工作养家糊口的目的从事汉语教学工作，对待工作敷衍而且懈怠。综上，菲律宾本土汉语教师出现了职业动机和工作态度错位的现象，职业动机是理想的追求，工作态度则反映了现实的无奈。菲律宾本土汉语教师的管理机制亟须调整，培训模式亟须创新。

四、薪资待遇

薪资待遇是本土教师对自身职业满意度和幸福感的衡量标准之一。据本土汉语教师所述，他们的工资水平是根据教师级别定的，每三年评定一次。菲律宾将教师、护士等人员的工资分为三十多个等级，每一个等级又分为八个梯度的具体工资额。例如，一位一级教师的工资等级在 SG11，如果教龄为三年，那么他的月薪就是 25,439 比索（折合人民币约 3211 元）；如果教龄为三到六年，那么他的月薪就是 25,723 比索（折合人民币约 3247 元）；如果教龄在六到九年，那么他的月薪就是 26,012 比索（折合人民币约 3284 元）；以此类推。可见，每隔三年，月薪上涨约 280 比索（折合人民币 35 元左右）。本土汉语教师的工资等级大多为一级、二级、三级，因此他们的月薪在 3200—3500 元范围内。据了解，2020 年，菲律宾全国平均年薪为 23 万比索左右，折合人民币约 2.79 万元，相当于平均每个月 2000 多元。菲律宾人的消费观念与西方各国非常接近，与东亚各国不同，基本上没有存钱的意识。可以看出，菲律宾本土汉语教师的收入相对于当地的生活水平来说不算高。根据心理学理论，工作满意度取决于个人投入与产出之间的公平性。面对薪资这一现实问题，教师花在汉语教学上的时间和精力与其所获得的薪资不成正比，薪资水平达不到教师的期望，再强烈的汉语教学热情也难以长久维持。不过，目前的薪资情况已经有了改善。2012 年，菲律宾本土汉语教师的工资为每月 8000—30,000 比索不等，大部分教师的月薪都在 15,000—20,000 比索这个范围内（相当于人民币 2000—2700 元）。现在，本土汉语教师的工资水平已经维持在 20,000—40,000 比索，大部分教师的工资都在 25,000 比索以上，可见相关部门也做出了一定的努力。然而，教师的工资与其他职业的工资相比还是有很大差距。

五、工作态度

语言教师的教学工作态度在很大程度上决定了课堂气氛和语言教学效果，因此，开展对本土汉语教师工作态度的调查很有必要。从整体上看，菲律宾本土汉语教师的工作态度是比较积极的，汉语学习热情较高。但他们主要是"客串"的兼职教师，既从事其他学科教学，又从事汉语教学，通常是"英语＋汉语"或者"其他语言＋汉语"的模式。他们在自己的主要教学科目上使用当地语言和英语，在汉语课上又要切换成英语与汉语。这两种科目关联性不强，教学目标截然不同，教学对象也不同，所以任务量很大，时间和精力都不够用。这种情况下，教师就会疲于教学，工作态度自然也不会像刚开始那么积极。其次，由于师资短缺，每位本土汉语教师平均带 4—8 个班级，每个班级的水平都不一样，其中可能还会有不同年级的班级，这无疑加大了教师的工作量和难度。教师的工作量与工作态度有一定的相关性。根据马斯洛需求层次理论（Maslow's Hierarchy of Needs），本土汉语教师首先偏好自我价值的实现，具体体现为物质回报丰厚、个人能力得到肯定、精神得到满足。从工作负荷来看，本土汉语教师的工作量比较大，工作负荷重。语言教育的人本主义价值取向要求语言教育中应考虑教师的幸福感，并采取适当行动，强调教师通过语言教学增强自身幸福感。超负荷的工作量不仅消耗必要的备课时间，影响教学质量，降低教学效能，还会导致本土汉语教师的职业成就感和幸福感降低，精神需求无法得到满足。影响菲律宾本土汉语教师工作态度的现实因素大致有三个方面：①家庭观念重，节假日即使给教师双倍甚至三倍的工资，他们也不愿意加班，而是更想花时间与家人在一起。②学校经常举办活动，教师们的汉语水平低、工作压力大，降低了教学成就感。③学校和相关部门不够重视汉语教学，因为汉语不是其专业优势，所以不会把汉语教学放在重要的位置。

综上，菲律宾本土汉语师资有效保障了 SPFL 汉语项目不断发展扩大，并且在过去十余年间为菲律宾国民教育体系中公立中学的汉语课程作出了杰出贡献。但是，随着汉语教学的提质增效，从初等水平到中高等水平是未来菲律宾公立中学的汉语课程发展的必然方向。菲律宾本土汉语教师队伍在数量和质量上都无法满足现实需要，专业素质不容乐观，本土汉语教师的汉语水平和专业能力亟须提高。师资短缺、性别比例和年龄结构失衡、汉语水平偏低、薪资待遇满意度差等问题亟待解决。

本土汉语教师是汉语教育的主力军，他们的素质直接关系到国际中文教育的质量与成败。为了确保汉语教育在菲律宾的可持续发展，建立起一支了解中国文化且对中国友好的专业化本土汉语教师队伍势在必行。针对菲律宾本土汉语教师的现状，应做好教师培育中远期规划，就近期目标而言，就是要大力开展本土汉语教师的职业化培训，中远期目标则是实现本土汉语教师的专业化培养。

什么是职业化和专业化？首先要弄清楚什么是"职业"和"专业"。汪敏锋（2016）对此做了清晰的区分。"职业"是人赖以生存的社会分工，是谋生的工作；"专业"是指经过专门训练和教育，具有较高水平和独特的专门知识和技术的职业。例如，保洁员可以是一个职业，但绝对不是一个专业。如果在法律领域中，一个民法方向的毕业生去应聘刑事辩护律师，结果是不言而喻的。之所以被拒绝，是因为他不是刑法专业毕业的，民法专业的毕业生做不了刑事辩护方面的工作。教师、医生、会计、律师既是职业，也是专业。从职业和专业的关系来看，至少有两种情况：专业和职业一致、专业和职业交叉。专业和职业一致指的是所学专业就是其职业，如国际中文教育专业的毕业生担任国际中文教师；专业和职业交叉指的是同一专业可以从事不同职业。相反，同一职业也可以有来自不同专业领域的人才，如国际中文教育专业的毕业生可以从事教师、记者、公务员等职业。同样，国际中文教育行业的从业者可以是国际中文教育专业的人才，还可以是心理教育、外语教育等专业的人才（汪敏锋，2016）。菲律宾在职本土汉语教师大多呈现的是职业与专业交叉的复杂状态。所以，如何实现在职教师的职业化和新时代汉语人才的专业化是至关重要的。

第二节　菲律宾本土汉语教师的职业化培训

实现教师职业化就是通过培训使得在职本土汉语教师具备执业所需的知识结构、能力结构和道德素养，使之成长为"合格教师"甚至"专家教师"。没有达到此标准的教师上课时大多是照着教案念，熟练一些的能够脱稿，但这些形式都比较呆板、机械、被动；而达到标准的教师大多会根据课堂情况灵活调整教学内容和教学方式，有着鲜明的个性，包括生动形象的描述、有感而发的点评、由此及彼的旁征博引以及临危不乱的应变能力。例如，对于语法知识的讲解，没有经验的教师会受到母语教学的严重影响，对词语的搭配、词性等讲解不够到位，对课文的寓意讲解过多，而"合格教师"和"专家教师"则可以精准把握重难点，巧妙运用演绎法或归纳法进行教学。

红溪孔院作为菲律宾教育部的项目合作伙伴，为教育部提供本土汉语教师培训。目前在职的汉语教师大多是从菲律宾语教师或英语教师中选拔出的优秀教师，参加为期三年的本土汉语教师培训后成为汉语教师。他们大多数只有 HSK 二级的汉语水平。从专业背景、汉语水平以及课堂教学表现来看，菲律宾本土汉语教师非职业化特征明显。十几年以来，红溪孔院采取多种方式提高在职本土教师的汉语教学能力，所采取的培训形式主要有四种：暑期集中面授培训、周末跟踪培训及督课、来华沉浸式培训、参加本地教学研讨会。

第一，暑期集中面授培训。这是菲律宾本土汉语教师培养最主要的方式，多集中在每年四五月份，为期一个月，总授课时长为 160 个小时。课程目标为通过一个月的学习，使本土教师掌握并运用汉语作为第二语言的教学理念和方法，掌握汉语知识和文化知识，学会设计教案，能够使用多媒体或其他工具完成教学任务等。课程设置包括综合课、语法课、汉字课、文化课以及汉语水平考试课。第一批暑期培训始于 2014 年 4 月，截至 2020 年 8 月已完成第九批培训，培训总人数已达到 320 人。2021 年 7 月 19 日，第十批暑期在线培训项目开班，2020 年和 2021 年培训形式由面授改为线上培训，教师的目标汉语水平仍为 HSK 二级和三级。暑期培训不光有知识的培训，还兼顾技能的培训，从整个培训程序就可以看出。首先是进行最基础的课堂学习，目的是提高本土汉语教师的汉语知识储备，夯实基础，使其掌握基本中国文化知识。此外还有教学技巧和教学方法的学习。其次是检验学习成果的测试评估环节，通过成绩来及时调整本土汉语教师的学习策略和学习方法。最后是示范教学与观摩，此环节通过教学实践可以帮助本土教师发现自己在教学时存在的问题，直接观察汉语课堂教学模式，帮助教师形成正确的课堂教学思路，掌握并正确使用汉语教学技巧，从而提高教学能力。当经过暑期培训的汉语教师数量达到一定规模时，菲律宾教育部会邀请之前已经培训过的本土汉语教师再次进行强化培训，在保证本土汉语教师数量的基础上进一步提高其汉语水平。

第二，周末跟踪培训及督课。暑期培训一年只有一次，一次只有四到六周，培训结束后教师们回到各自的工作岗位。如果仅靠暑期培训，难以维持学习效果，不足以影响教师的教学行为，他们的汉语水平也难以得到持续的提高。于是，根据菲律宾教育部的要求，在语合中心（原国家汉办）的大力支持下，2013年开始红溪孔院选派志愿者教师对参加过暑期培训的本土汉语教师进行跟踪培训与指导，利用本土教师的课余和周末时间进行汉语教学，强化本土汉语教师的汉语水平及教学能力。此项培训包含两项内容：一是周末培训，为期32周，每周大约2—3个小时，总时长不少于100个小时。志愿者到达菲律宾教学点赴任后与本土汉语教师协商培训时间和教学内容，教学内容主要以HSK等级考试内容为主，并在学生需要备考YCT时灵活调整，加入YCT考试的内容。正常教学时也要对教师感兴趣、有疑问的内容或者有关文化的内容进行及时解答和补充，为本土教师的汉语学习制订专属培训方案。二是督课，即志愿者到本土汉语教师的汉语课堂上听课，目的是对其课堂进行分析与评价，发现并纠正其错误，针对教学内容和教学方法提出意见和建议，再据此设计培训内容。这种"一对一"的方式能够帮助本土教师高效提升自己的教学能力和学习效果。志愿者大多是刚从大学毕业的准研究生或在读研究生，虽然有着坚实的汉语基础，也经过了系统性、针对性的岗前培训，但是在实践过程中仍会出现很多无法预料的问题，需要在与本土教师相互探讨的过程中针对具体问题进行具体分析，这样才能得到较大的提升。此外，在跟踪培训过程中，志愿者会协助本土汉语教师组织一些中华文化活动，如春节、端午节等节庆活动，这样可以引起教师和学生的兴趣，让更多的人身临其境地感受中华文化。

第三，来华沉浸式培训。此类培训主要针对的是已经经过两年暑期培训和跟踪培训并且通过HSK二级或三级考试的本土汉语教师。由菲律宾教育部选派、经语合中心（原国家汉办）审核资助的优秀本土汉语教师，在受训的第三年暑期前往福建师范大学海外教育学院，学习汉语、体验汉语环境及中华文化。此项培训为本土教师提供了专门制订的汉语本体知识、汉语教学技能、中华文化等多门专业课，对本土教师进行全方位培养。在沉浸式培训结束以后，本土教师的汉语水平应达到 HSK 四级。对于这些本土教师而言，来华培训是一次宝贵的职业提升机会，他们都心向往之，并将此作为努力学习汉语的动力之一。参加过沉浸式培训的教师表示，这个沉浸式体验汉语和中华文化的机会很难得，能让自己迅速成长，并且对汉语教学充满了信心，在启程回国时都恋恋不舍。

第四，参加本地教学研讨会。本地教学研讨会是由孔子学院组织，邀请菲律宾教育部官员、公立中学校长、本土汉语教师及公派教师、汉语志愿者教师共同参加的一种集教学研讨和教学技能展示于一体的培训形式，其目的在于搭建本土汉语教师教学经验交流分享平台，促进不同区域本土汉语教师的交流。教学研讨在一定程度上也促进了本土汉语教师的教学改革，提升了本土汉语教师对汉语教学的重视程度。在研讨会期间，汉语教学专家通过观摩本土教师的课堂教学技能展示为其提供指导和建议，帮助其提高教学技能。研讨会还设置了一些中华文化体验活动，让本土教师近距离接触中华文化。研讨会结束后，本土汉语教师可以更加直观地向菲律宾公立中学的学生表达自己的感受。

虽然菲律宾已经对本土汉语师资职业化做出了很大的努力并且取得了一些成果，但这种培训模式还存在着一些亟待解决的问题。首先，本土教师的培训缺席率过高。他们经常以工作繁忙、家庭事务多、上课地点远等为由迟到或缺席。经过多次培训后，有些教师已经熟悉了培训模式，参加培训的积极性受到了影响。这些情况在一定程度上导致跟踪培训的时长无法保证，还会严重影响课程进度。其次，培训缺乏针对性。教师在培训之前的教龄、学历、专业背景、汉语水平等各不相同，但是培训形式是集中培训，所以初级、中级水平的教师会混在一起学习相同的内容。不同水平的教师有各自的需求，期待的培训内容也有差异。这种没有针对性、缺少层次性的培训难以满足本土教师的差异化需求。再次，跟踪培训没有统一的标准和明确的目标，使得理想的培训路径在具体实践中的效果大打折扣，操作性减弱。由于培训缺少统一的教学大纲和教材，也没有规定教学内容和教学时间，这些都由志愿者教师和本土汉语教师商议决定，所以随意性较强、监督性较弱。此外，由于菲律宾公立中学汉语教学点分布区域广，区域差异大，而且教师个人水平、各个汉语教学点的情况各异，所以孔院未给志愿者和本土教师设定跟踪培训中需要完成的任务，如需要掌握多少个词语和语法点，HSK需要达到什么级别等。最后，中华文化知识输入较少，教师对中华文化了解不够。本土教师教学时，文化知识的输入很少，而是以考试内容和日常生活中需要使用的知识为主，应试性较强。志愿者教师对本土教师的跟踪培训中，文化知识输入自然也远远不够。中华文化源远流长、博大精深，汉语教育不仅是语言教育，也是中华文化教育。要想学好一门语言，就必须了解该国的文化，语言与文化密不可分。文化因素是汉语课堂的"调味品"，让原本以语言要素为主的课堂变得不再枯燥，有利于提升汉语对教师和学生的吸引力，营造一个真实、全面的汉语学习环境。因此，还应加强对本土汉语教师在中华文化知识方面的培训。

针对这些问题，我们认为有如下解决办法。首先，加强科学管理和引导，制订规范的跟踪培训考勤制度、教学评估和奖励制度。根据预期的目标对本土教师的汉语知识、专业技能和中华文化知识设定考核指标，由教师所在学校、志愿者和孔院三方量化评估，然后将评估结果反馈给教师，并提交给菲律宾教育部审核备案。表现优秀的教师可以得到相应的奖励，如提高薪资待遇、颁发证书、升职、来华进修等，通过鼓励机制推动SPFL汉语项目与本土汉语教师的职业发展真正挂钩。此外，来华沉浸式学习深受本土汉语教师欢迎，不仅可以增强教师对中国语言及文化的理解，还可以扩大其国际视野，促进自身职业发展，可以激发教师接受培训和学习汉语的动力，加大沉浸式培训的力度。其次，对于培训缺乏针对性的问题，可以在充分做好前期需求调研的基础上，有规划地实行分层培训，针对不同层次的教师选择不同的培训形式与内容。例如，把HSK一级和二级的教师划分为初级班，HSK三级和四级的教师划分为中级班，HSK五级和六级的教师划分为高级班。学习内容由易到难，辅以同等程度的文化知识，水平较高的班级可以针对学生情况进行提升和强化培训。分层培训可以做到有的放矢，精准定位。最后，可以根据汉语等级逐步提高文化教学的比重，实现由表层文化教学向深层文化教学的推进。既让教师学习中国的优秀传统文化，又帮助其关注中国的现当代文化。在讲解中国传统文化时，可以尝试更加深入地剖析其内涵，如中秋节并不只是吃月饼、赏月，更加重要的是这个节日所蕴含的"团圆"之意。

除了红溪孔院组织的本土汉语教师培训外，菲律宾其他孔子学院和华教中心也会不定期开展本土汉语教师（主要是华文教师）培训。例如，自2007年10月起，雅典耀大学孔子学院就开始了菲律宾全国本土教师免费培训项目，与红溪孔院针对性培训SPFL汉语项目的本土教师不同，雅典耀孔院尤其关注首都大马尼拉区以外资源匮乏的地区，主要与外省华校合作开展培训，并邀请当地和周边地区的本土教师免费参加。2014年至今从未间断，参与人数最多时可达200人。菲律宾本土汉语教师培训是雅典耀大学孔子学院为服务菲律宾华文教育界，推动菲律宾汉语教学向更高水平迈进而精心打造的项目，先后在马尼拉、宿务、薄荷、怡朗等地免费为当地的汉语教师提供汉语知识和汉语教学技能培训，参加培训的本土教师累计达到1600人次。

第三节　菲律宾本土汉语教师的专业化培养

菲律宾的本土汉语教师培养采取的是"两条腿走路"的策略，前面已经详细介绍过职业化培训这一条"腿"，另一条"腿"就是专业化培养。如果说职业化培训出来的是"合格教师"或"专家教师"，那么专业化培养出来的就是"种子教师"。"社会职业有一条铁的规律，即只有专业化才有社会地位，才能受到社会的尊重"（顾明远，2015）。教师的专业化表现在规定的学历要求、完善的知识体系、必要的教育知识和教育能力、系统的道德规范等方面，因此教师的专业化培养是一个不断发展、不断深化的过程。菲律宾现有的在职本土汉语教师汉语水平有限，并且呈现出参差不齐的状态，以中低水平为主，对在职教师的培训只能在一定程度上缓解师资匮乏的问题。随着菲律宾本土汉语教学的发展，越来越需要一批专业化的教师队伍。

2013 年 1 月 29 日，由菲律宾红溪孔院与菲律宾中正学院联合举办的东南亚本土汉语师资培养高端研讨会在菲律宾首都马尼拉顺利召开。此次会议分别就东南亚各国（地区）的对外汉语教学状况及本土师资培养方案进行了深入的探讨和交流，取长补短，交换意见，极大地促进了东南亚各国（地区）对本土汉语师资培养的进程。此次会议后不久，红溪孔院被菲律宾教育部授牌为"菲律宾本土中文师资培养培训中心"。2014 年 6 月，由孔子学院总部与菲律宾红溪礼示大学合作建设的汉语师范专业正式获批成立并顺利招生。汉语师范专业的开设首次实现了菲律宾高等教育和基础教育在汉语课程上的无缝对接，其意义深远，亦标志着菲律宾本土汉语教师的培养走上了专业化建设之路。

一、汉语师范专业本科人才培养

汉语师范专业目前已招收 2014 级、2015 级、2016 级和 2018 级四批学生，共培养了 81 名汉语师范专业人才（2014 级 15 名、2015 级 19 名、2016 级 17 名、2018 级 30 名）。学生均为菲律宾公立中学中文班应届优秀毕业生，由学校推荐参加红溪礼示大学入学考试，通过后再由孔院面试，择优录取。学生在整个学习过程中获得孔子学院总部和红溪礼示大学的奖学金支持，并签约承诺毕业后服务于菲律宾公立中学汉语教学系统五年以上。就读的第二年，学生会前往福建师范大学海外教育学院学习，在这期间学生的汉语水平会大幅度提升。本专业学生需要修习汉语教育和英语教育双学位，并在毕业前考取菲律宾教师资格证和中国教育部语合中心（原国家汉办）的国际中文教师证书。双专业、双证书、定向生源和定向培养是该专业最大的特色。该专业旨在培养熟悉中国国情和文化背景、对中国友好、具备全面实用教学技能，并且能够在各级各类学校、教学机构、政府部门等从事汉语或中华文化相关工作的国际化汉语教师。本专业的特色和培养目标具体如表 4.2 和表 4.3 所示。

表4.2　汉语师范专业特色

学制	五年（第二学年赴华学习）
生源	公立中学中文班应届毕业生，各科成绩均在90分（百分制）以上，由各公立中学推荐。
专业设置	双专业（汉语教育及英语教育专业）及双证（菲律宾教师资格证及国际中文教师证书）教师。
课程特色	国际中文教师标准纳入课程大纲；创造沉浸式中文教学环境，中菲合作培养；注重文化导入，努力培养具有中华文化情怀的菲律宾本土汉语教师。
就业方向	定向培养：毕业后在菲律宾公立中学的汉语教学岗位服务五年以上。

表4.3　汉语师范专业的培养目标

总目标	阶段性目标		备注
培养优秀的、具有中华文化情怀的，并且持汉语教育和英语教育双学位、菲律宾教师资格证和国际中文教师证书（本土版）双证书的专业本土汉语教师。	第一学年	掌握汉语听、说、读、写基本技能，能用汉语完成生活、学习等方面的基本交际任务，并顺利通过HSK三级、HSK四级、HSKK初级考试；掌握中国文化和中国国情方面的基本知识。	赴华选拔要求：①思想积极向上，热爱中国，具备基本的中华文化素养；②学习态度端正，各科专业成绩均为优秀（85分及以上）；③顺利通过HSK四级考试（提高要求：目标为240分，基本要求为200分），通过HSKK初级考试；④积极参加各类中国文化活动。
	第二学年	赴福建师范大学研修，顺利完成各项学习任务，并通过HSK五级考试。	
	第三学年	能用汉语自如地进行各种社会交际活动，并顺利通过HSK六级考试；掌握汉语语音、词汇、语法与汉字基本知识；了解中国历史文化的基本知识。	
	第四、第五学年	掌握汉语本体知识、跨文化交际知识、汉语作为第二语言教学的理论和方法，具备教学组织和实施能力；顺利获得菲律宾教师资格证及国际中文教师证书（本土版）。	

为了保障培养质量，红溪孔院为汉语师范专业学生配备了超强的师资阵容，公派教师和优秀志愿者教师均为孔院骨干教师。此外，还为每两名学生配备一位辅导老师，孔院通过师生"结对子"的方式，积极为学生营

造中文学习环境。

经过五年的培养，汉语师范专业本科人才培养成效显著。学生学习态度端正，表现出很高的学习积极性和求知欲。他们非常珍惜学习汉语的机会，学习认真刻苦，能够高效率、高质量地完成学习任务。本专业的培养目标是通过 HSK 四级即可，但是毕业前 HSK 四级通过率高达百分之百，还有很多学生通过 HSK 五级或 HSK 六级（如表 4.4 所示），培养质量远高于一般的中文系毕业生。

表 4.4　汉语师范专业本科人才 HSK 通过情况

2014 级	2015 级	2016 级	2018 级
2015 年 2 月，HSK 三级考试通过率 100%（其中 240 分以上占 85%，270 分以上占 50%）。	2016 年 2 月，HSK 三级考试通过率 100%（其中 240 分以上占 95%，270 分以上占 70%）。	2017 年 2 月，HSK 三级考试通过率 100%（其中 240 分以上占 88%，270 分以上占 70%）。	2019 年 2 月，HSK 三级考试通过率 100%（其中 240 分以上占 80%，270 分以上占 57%）。
2015 年 3 月，HSKK 初级口语考试通过率 100%（80 分以上占 90%）。	2016 年 3 月，HSKK 初级口语考试通过率 100%（80 分以上占 60%）。	2017 年 3 月，HSKK 初级口语考试通过率 100%（80 分以上占 82%）。	2019 年 3 月，HSKK 初级口语考试通过率 100%（80 分以上占 77%）。
2015 年 5 月，HSK 四级考试通过率 100%（240 分以上占 40%）。	2016 年 5 月，HSK 四级考试通过率 100%（240 分以上占 85%）。	2017 年 5 月，HSK 四级考试通过率 100%（240 分以上占 82%）。	2019 年 6 月，HSK 四级考试通过率 100%（240 分以上占 70%）。
2016 年 5 月，HSK 五级考试通过率 100%（200 分以上占 100%，240 分以上占 50%）。	2017 年 5 月，HSK 五级考试通过率 100%（200 分以上占 94%，240 分以上占 20%）。	2018 年 5 月，HSK 五级考试通过率 94%（200 分以上占 88%，240 分以上占 35%）。	取消考试
2017 年 5 月，HSK 六级考试通过率 62%（200 分以上占 43%）。	2019 年 7 月，HSK 六级通过率 84%（200 分以上占 37%）。	2019 年 7 月，HSK 六级通过率 80%（200 分以上占 67%）。	取消考试

汉语师范专业实行考核淘汰制，汉语或英语专业无法通过考核的学生将被取消获得奖学金资格。汉语教学过程中注重培养学生听、说、读、写综合运用能力，提高学生的语言交际能力。同时，还注重"考教结合，以考促教"。

此外，汉语师范专业本科生均为"中文社团"成员，积极组织和参加各类中国文化活动，并多次获得校级奖项，在世界大学生"汉语桥"菲律宾赛区比赛中，已实现五连冠，囊括了历届的冠亚军。

在课程设置上，汉语师范专业周课时基本为20学时，其他还包括校公共课程、英语专业必修课、专业选修课和专业实践课，课程内容主要包括语言类、教育教学类、文学文化类、实践类和汉语作为第二语言教学的方法等。汉语师范专业课程包含必修课、选修课与实践课，五年学习期限内的课程总门数为69门，总学分为207分。由表4.5可知，课程以语言类为主，充分凸显出了语言能力对于汉语教师的重要性。其次是文化类课程，包括书法，说明红溪礼示大学比较注重学生对中国国情和文化背景的熟悉程度，力求培养出全能的汉语教师。此外，学生每周还有4小时的辅导课，该课程以教师和学生一对二的形式进行。虽然学生修读的是双专业，但是从课程安排可以看出，学校更侧重汉语师范专业的教育，而不是汉语和英语并重。最后，学生完成课程学习与考核、毕业论文撰写、实习才可顺利毕业，取得汉语师范专业学位及毕业证书。

表4.5　菲律宾汉语师范专业本科汉语课程内容安排

汉语专业必修课	语言类	汉语本体知识：语音、语法、汉字等 语言学：描写语言学入门、中文语境中的社会学等 语言技能：初、中、高级汉语听力，阅读，口语，写作，翻译 初、中、高级语言能力、HSK专项练习等
汉语专业必修课	文化类	中国概况、中国历史、中国文学等
	教学类	汉语作为外语教学的原理和方法、中文教材的准备和评估等
汉语限定选修课	语言类	汉语本体知识：古代汉语，现代汉语语音、词汇、修辞 语言技能：翻译
	其他	中文电脑处理、论文写作指导等

汉语自由选修课	语言类	汉语本体知识：惯用语、成语等 语言技能：经贸汉语口语、写作，新闻听力
	文化类	中国文学史、民俗、书法、哲学、经济等
	教学类	多媒体辅助语言教学
	其他	社科文献检索
实践课	实习	
	毕业论文	

2019 年，由孔子学院总部与菲律宾红溪礼示大学合作建设的汉语师范专业因合同到期停止招生。经过多方沟通，在中国驻菲律宾大使馆和中资企业的大力支持下。2022 年，红溪孔院筹措资金，重新启动汉语师范专业的招生工作，继续为菲律宾培养高质量的本土汉语教师。在本科专业人才培养上，菲律宾华校 "2+2" 的联合培养方式也值得借鉴。早在 2004 年，菲律宾中正学院与福建师范大学合办 "2+2" 华文师范教育系，学生先在中正学院的教育系学习两年，然后再到福建师范大学学习两年。中正学院提供全部的学杂费，每月还给每个学员提供 5000 比索的生活费。从 2019 年开始，随着语合中心（原国家汉办 / 孔子学院总部）的转隶改革，充分发挥中资企业、华人社团、中外方高校等社会力量的 "2+2""1+2+1" 等联合培养方式逐渐成为汉语师范专业本科人才培养的主要模式。

与此同时，菲律宾雅典耀大学孔子学院也积极参与到菲律宾专业化本土汉语师资建设中，于 2015 年与加洛干市立大学、加洛干市政府和加洛干中国商会合作设立 "中英教育双学士学位项目"。截至 2021 年底，本项目在菲律宾本土培养了第一批纯菲血统的汉语教师共 54 人，也为菲律宾本土汉语教师队伍注入了新鲜血液。

二、汉语师范教育硕士的培养

中国教育部 2007 年颁布的《汉语国际教育硕士专业学位研究生指导性培养方案》指出，汉语国际教育硕士专业（Master of Teaching Chinese to Speakers of Other Languages，简称 "MTCSOL"）主要培养具有汉语作为第二语言教学的技能、良好的文化传播能力和跨文化交际能力，适应汉语国际推广工作，可以完成多种教学任务的高层次、应用型、复合型、国际化专门人才。汉语国际教育硕士专业的设立是培养国际中文教师的重大举措。中国作为汉语母语源流国，非常重视对世界各国本土汉语教师的培养，为此还专门出台了《全日制汉语国际教育硕士专业学位外国留学生指导性培养方案》，中国政府有关部门还为来华攻读汉语国际教育硕士的留学生提供孔子学院奖学金，鼓励他们来华学习。2019 年 12 月 3 日，菲律宾教育部和孔子学院总部在马尼拉签署协议，双方同意启动合作项目，选拔菲律宾公立中学本土汉语教师在菲攻读汉语师范教育硕士学位，以推动该国汉语教学持续发展。专业课程依照菲律宾高等教育委员会要求设置，学位授予机构为红溪礼示大学。根据协议，未来五年将在菲律宾公立中学选拔出 300 名本土汉语教师，由孔子学院总部提供奖学金，在菲律宾红溪礼示大学汉语师范教育硕士专业学习两年（共六个学期，其中在菲律宾学习四个学期，在福建师范大学学习两个学期），取得硕士学位后将回到原中学继续任教。该项目旨在进一步深化并推动菲律宾 SPFL 汉语项目在 K—12 教育体系中的可持续发展，为 SPFL 汉语项目培养高素质本土汉语教师。菲律宾教育部和孔子学院总部签署的联合培养协议明确指出，SPFL 汉语项目发展中的核心问题即"本土汉语师资的专业化问题"。在 2020 年，该项目以网络授课的方式顺利开展，教学对象主要包含在职本土汉语教师和汉语师范教育专业的毕业生。从表 4.6 可以看出，汉语师范教育硕士的汉语水平处于高级阶段，课程更加侧重中菲语言的对比以及教育学方面的学习，技能方面注重教学实践和跨文化交际。针对硕士研究生的特点科学系统地设置课程，有助于提高学生的理论和实践水平。

表 4.6　菲律宾汉语师范教育硕士课程内容安排

	基础课程	专业课程	论文写作
专业知识	教育哲学	高级汉语	
	教育心理学和社会学基础	现代汉语语言学概论	
	研究方法	中菲语言对比分析	
	统计	中国文化、艺术与文学概论	

	基础课程	专业课程	论文写作
专业技能		跨文化交际在汉语教学中的应用	
		汉语宏观技能教学	
		汉语作为第二语言教学：原则与方法	
			论文写作一和二

　　设立汉语师范教育专业，定向招生，经过五年的专业培养，学生汉语基础扎实，具备二语教学的理论和实践能力，熟悉且热爱中华文化，具备国际中文教师的基本素养，是合格的"种子教师"。本专业培养的优秀的、专业的本土汉语教师将是未来本土汉语教师的中坚力量，是菲律宾汉语教育可持续发展的源泉。截至2022年，共有87名本土教师报名参加该硕士项目。然而，该方案在实施过程中仍然存在一些问题。第一，课程设置中的语言类课程占比较高，教学类课程占比较低。作为教师，教学技能的重要性不容小觑。第二，生源质量不高，学生接触汉语的时间晚、汉语基础薄弱，这也是该专业发展的一大瓶颈。第三，汉语教学资源较少，甚至部分课程完全没有教材。无论从现实角度考虑还是从发展的角度来看，菲律宾相关部门都应该积极解决这些问题，加强汉语师范教育专业的建设。

　　首先，应该增加教学类课程和实践类课程，例如微格课、单项技能课、教学观摩课、教学讨论会等。其次，应当更新教材，整合教学资源。福建师范大学为菲律宾153所公立中学提供了教学指导和资源支持，为菲律宾教育部指定教材《快乐汉语》提供了电子资源、教学微课、AI自动练习等，帮助公立中学实现了线上线下混合式教学，大大提高了教学效率，全面提升了菲律宾汉语教学的数字化水平，并在一定程度上解决了教材问题。此外，菲律宾其他几所孔子学院也应该积极加强与有关部门的合作，开设汉语师范教育专业或以汉语为媒介语的其他教育专业，整合分散的培养模式，形成培养合力，向系统性培养推进，从而大大加快菲律宾本土汉语教师专业化培养的进程。例如，雅典耀大学孔子学院在2018年开设了国际中文教育硕士项目，招收国内外硕士研究生。2021年，第一届学生已经顺利完成硕士论文答辩，取得了国际中文教育硕士学位。2019年，雅典耀孔院还举办了海外《国际中文教师证书》考前培训，开设了《国际中文教师证书》考试菲律宾考点和培训基地。

可见，菲律宾已经构建了"本科—硕士"一体的专业化本土汉语教师培养体系。从图 4.2 可以看出，菲律宾本土汉语师资培养模式采用的是"双管齐下""两条腿走路"的形式，在职汉语教师的职业化培训在短期内有效缓解了汉语教师紧缺的问题，而汉语师范专业本科生和研究生的专业化培养则从根本上解决了未来菲律宾汉语师资的长期需求，两种模式各有侧重，相辅相成，形成一个有机的整体。除了实现本土汉语教师的职业化与专业化之外，贾益民（2014）还指出，海外华文教师专业发展的长期目标和任务应该是海外华文教师的本土化、学历化和现代化。这无疑是科学且具有前瞻性的。然而，从菲律宾现阶段的情况来看，对于这一目标不应操之过急，实现菲律宾本土汉语教师的现代化应该是更长远的终极目标。

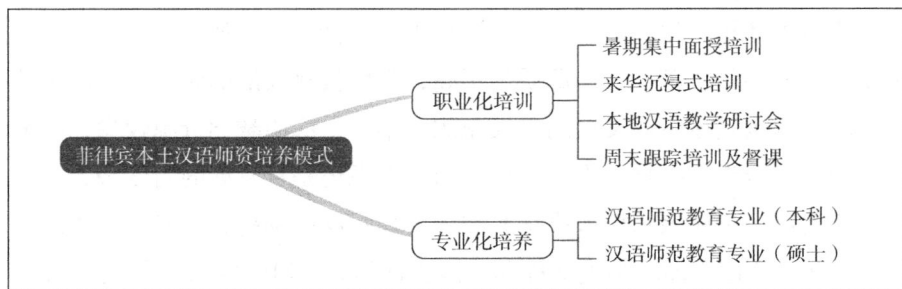

图 4.2　菲律宾本土汉语师资培养模式图

专业化的本土汉语教师具有双语双文化的特征，这种本地优势增强了他们应对国际政治大环境和全球突发公共卫生事件的应变能力，成为国际中文教育可持续发展的核心。"只有当海外的汉语教学基本上都由当地汉语教师来教，汉语才真正能走向世界，汉语国别化教学也才真正能实现"（陆俭明，2013）。然而，"对海外本土汉语教师的培养，任务艰巨，情况复杂，需要我们不断加强相关研究"（丁安琪，2018）。随着国际中文教育进入新的发展阶段，新时代该如何提高菲律宾本土汉语教师的培养质量和管理能力？针对当前菲律宾本土汉语教师存在的问题，又该如何发挥多元主体的协同效能，实现精准培养？这些问题都需要进一步思考。

第四节 菲律宾本土汉语教师的精准培养

汉语教师的培养是国际中文教育的核心系统，而本土汉语教师又是这一核心系统的核心，是推进汉语融入菲律宾当地、促进跨区域不同文明的平等交流与融合、践行世界多样文化和谐共生的"排头兵"。提高本土汉语教师的培养质量和管理水平，强化本土汉语教师的"造血"功能，这是菲律宾汉语教育事业可持续发展的必经之路，也是讲好中国故事的实践路径，亟须多方协同管理，深度融合，壮大并优化本土汉语教师队伍。应推动菲律宾当地政府、中国相关培养机构、本土培养单位、用人学校和培养对象等多方主体参与，坚持以培养对象为中心，采取由菲律宾当地政府主导施策、中国培养机构助力献智、本土培养单位专业实施、用人单位跟进管理的多方协同的精准培养模式。

一、坚持以培养对象为中心

本土汉语教师的培养导向应该与构建人类命运共同体的理念高度契合，注重双向文化培养，互相成就，共同发展。培养本土汉语教师时，应重视课堂教学能力和职业素养的双重提升。育才目标不仅要注重中文知识和教学能力的构建，还要结合共同愿景、共同价值观以及内在规则的契约管理，培养既具备地域特征又认同中国文化和情感的本土中文教育人才。正如奥地利维也纳大学教授李夏德在 2019 年国际中文教育大会上所说："本土汉语师资专业人才培养应注重适应岗位需求，同时还要注重中国国情、中国文化及国际关系等专业内容的学习和教学能力的养成。"培养目标应是基于终身从事汉语和中国文化教学的"永久牌"双语双文化汉语教师（吴应辉，2018）。培养过程做到三个"围绕"：围绕培养对象的特性需求和菲律宾本土的地域性特征制订教学目标，依据菲律宾国情、公立中学校情和学情制订成长规划，应关注教师的社会和情感能力发展，激发本土汉语教师的热情，增强职业成就感，助力他们实现人生理想；围绕激发培养对象的创新和活力，展示中文课堂的个性与魅力，设置系统专业课程，帮助培养对象学好中文，教好中文，鼓励教师根据国际中文教育学科特点和自身优势，构建适合学生和自身的个性化教学法；围绕教学能力培养持有菲律宾教师资格证和国际中文教师证书（海外版）的双证型本土汉语教师。

二、中国培养机构助力献智

"汉语是中国的，也是世界的。"中国作为中文的母语源流国，有义务也最有能力帮助海外有关中文教育机构培养本土汉语教师，包括中国教育部中外语言交流合作中心、中国国际中文教育基金会、中方合作院校在内的母语国培养机构应承担或参与制订、实施国际中文教育总体战略和系列国家标准，建设、管理国际中文教育资源体系，肩负起服务国际中文教育学科建设和国家中文教育事业发展的双重使命。为主动顺应国际中文教育发展新趋势，中国培养机构应该在总结经验的基础上，因地制宜创新支持方式，加大以国际合作为导向的支持力度，通过体制改革、项目创新、优化服务，积极为菲律宾本土汉语教师的培养提供战略规划、培养方案、培养资源体系等支持。

发挥好孔子学院连接中外的桥梁作用，通过区域高端论坛、当地教育管理部门或校长来华交流等多种形式，开展多层次、全方位的本土汉语教育人才培养的交流与合作。做好中外语言教育政策的广泛沟通和精准对接，促进国际中文教育人才培养的中外互联互通，为菲律宾本土汉语教师的培养提供中国的经验、智慧和方案。同时，鼓励中外企业和社会组织积极参与菲律宾本土汉语教师培养，助力打造本土汉语教师培养的新发展业态。

助力主要体现为整合现有资源为菲律宾本土汉语教师培养提供资源体系支撑，如"三教"资源支持、来华奖学金或专项培养经费支持等。献智主要包括"四大支持"：师资战略规划支持；学习、合作和技术的平台支持；本土汉语教师培养的标准支持；高效的中文教学方法、教学模式、教学技术的培养方案支持。

三、菲律宾教育部门主导施策

菲律宾教育管理部门（高教委、教育部）作为政策引导者，通过颁布支持政策、规范考核和评估等方式，在政策引领等层面为本土汉语教师培养提供指导和制度保障，主导构建"教育部—区域教育管理部门或协调机构—地方学校"为一体的管理体系，为本土汉语教师的准入、职业认证和职业发展铺平道路，打通本土汉语教师的职业发展通道。同时，做好规划，建立本土汉语教师培养的长效机制。目前，已有 82 个国家通过发布政令法令、签署协议备忘录、制订教学大纲等多种形式将汉语纳入国民教育体系，为国际中文教育发展提供了政策保障。菲律宾作为 82 个国家中的一员，还要采取切实可行的政策来稳定本土汉语师资。泰国教育部制定的公务员教师政策、西班牙政府和教育部门设置的汉语教师公务员岗位等都是这方面的成功实践。西班牙卡斯蒂利亚-莱昂自治区还通过立法，把培养汉语教师计划纳入区"外语教师培养方案"（陈晨等，2021）。这些本土汉语教师管理经验都值得借鉴推广。

四、菲律宾公立中学跟进管理

菲律宾公立中学作为用人单位主体，应根据汉语学习者的需求有效利用本土汉语师资，并与当地政府管理部门共同为本土汉语教师的职业发展提供良好的内外部环境和资源保障，协调解决本土汉语教师培养中遇到的问题，如协调与其他语言项目之间的关系，为本土汉语人才的进修提供便利等。

菲律宾作为已经将汉语纳入国民基础教育体系的国家，其公立中学还是本土汉语师资的主要来源，可以从优秀的汉语学习者中推荐本土汉语人才，进行定向招生和定向就业的培养。目前，中国教育部中外语言交流合作中心积极实施本土汉语教师发展支持计划，已经与中外院校签署了 11 个"订单式"联合培养本土汉语教师协议，以促进国际中文教育的本土化和内生发展。

五、中菲培养单位专业实施

中菲培养单位作为培养主体，在菲律宾政府管理部门的引领下，吸收当地政策资源，积极创新本土汉语师资联合培养方式，探索有效的培养方案。在落实本土汉语教师中文知识和教学能力构建的同时，还需满足中文市场需求，充分利用科技赋能优势，重视本土汉语教师人文素养和信息素养的提升，积极适应"新常态"下中文教学模式，提高本土汉语教师的培养效率和质量，并精准对接当地政府管理部门和人才市场需求，实现"育才"与"用才"的深度融合，强化本土汉语教师培养的实际效能。

首先，要多渠道加强本土汉语教师专业化、层次化、专职化的培养力度，与中方院校联合设立汉语师范教育本科、国际中文教育硕士、中学中文教育专业硕士、小学中文教育专业硕士等专业，着眼于培养年轻化、专业化、学历化本土汉语教师。其次，要根据"经验学习周期"（experiential learning cycle）强化培训，既要重视培训经验在相同情境中的自迁移和近迁移能力，还要注重将培训知识运用到新情境中的远迁移能力，从而实现培训对本土汉语教师在教学行为和认知层面的持续效能。

"培训大都是提纲挈领式的，快马加鞭式的讲课，培训中缺少正规课堂教学中的操练和必要的消化吸收过程"（汪敏锋，2013），违背了教育规律。美国心理学家、教育学家 Kolb（1984）在其第一部专著《经验学习》（*Experiential Learning*）中指出，学习是"经验"（experience），需经历"经验学习周期"。"经验学习周期"包括"具体经验"（concrete experience）、"对观察进行思考"（reflective observation）、"提炼抽象概念"（abstract conceptualization）、"主动经验"（active experimentation）四个环节，如图4.3所示。

菲律宾本土汉语教师培训效果不及预期，一个重要原因就是培训并没有改变本土汉语教师固有的认知层面，只是暂时地改变了部分教学行为。后期需要遵循"经验学习周期"进行培训，每个环节都应提供机会，让教师对观察进行思考、学习提炼概念、利用某种观点或技巧主动实践、参与一个组织。同时，应鼓励受训教师讨论自己的感受、思想和观点，这样既能夯实基础知识，又能促进教师的认知发展，提高课堂教学效率和培训效果。

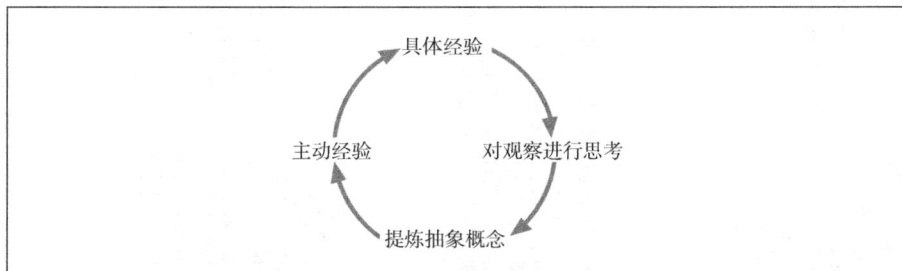

图 4.3 经验学习周期（experiential learning cycle）

通过周末跟踪培训、"一对一"结对子、线上培训、假期在职学历进修、来华沉浸式培训、研讨会、教学工作坊等方式，有计划地进行培养。通过培训内容、培训目标、培训方法、效果测评之间的关系，找出认知规律，注重培训对本土汉语教师认知层面的影响，从而将培训效果有效地落实在教学行为目标上（汪敏锋，2016），有序地、螺旋递升式地夯实本土汉语教师的培训实效，避免培训内容的低效重复。"培训需改变以往的单向注入式培训模式，坚持适切、多维、实用的原则，以问题为导向，以任务型培训模式为核心，以学员为中心，加大学员参与、体验的力度，使学员能够在短时间的培训中获益最大化"（郭风岚，2012）。

由多元主体参与、深度融合的协同化、精准化本土汉语教师治理体系能发挥自组织优势，激发协同效能，体现顶层设计与基层创新之间的良性互动。这将有助于培养兼具地域特征和中国文化认同及情感的本土汉语教师。该协同培养模式归纳如图 4.4 所示。

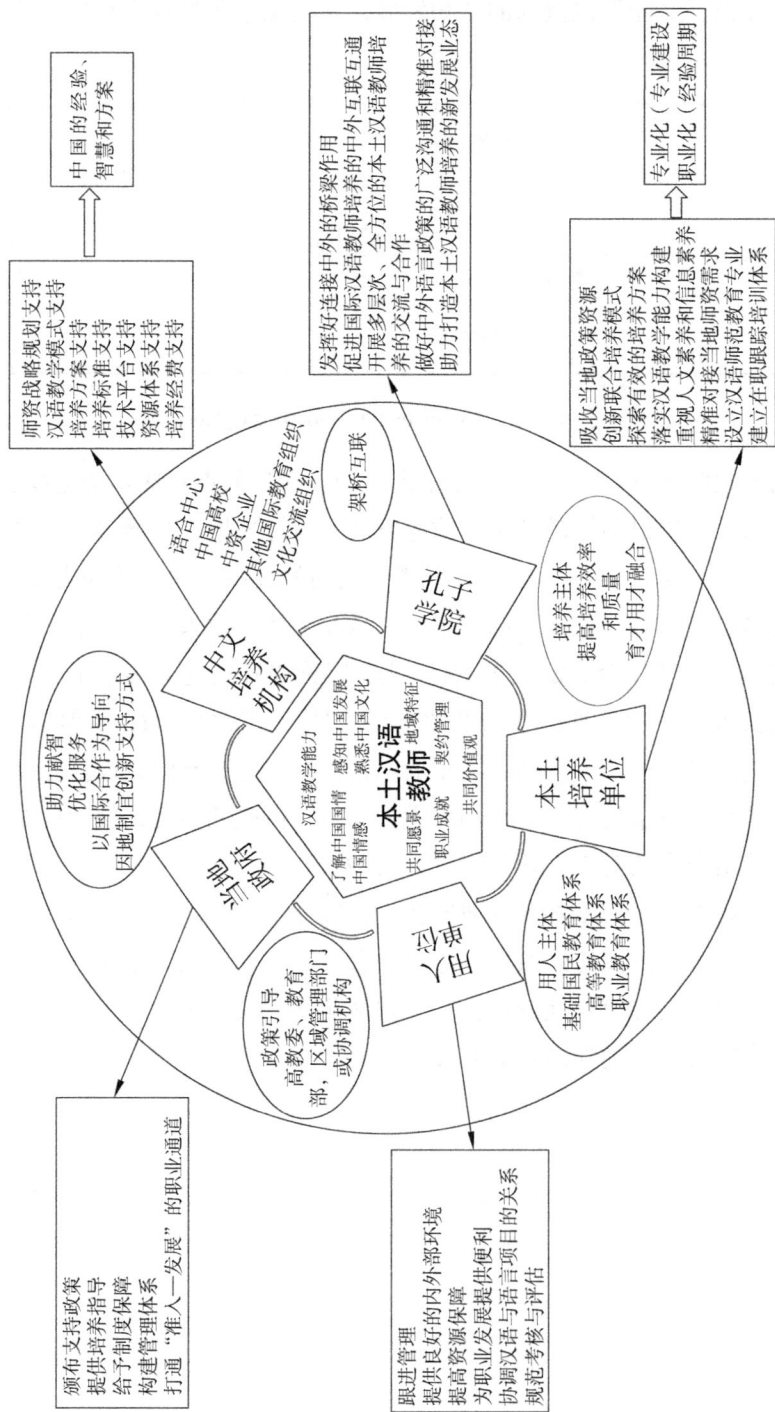

图 4.4 菲律宾本土汉语教师的协同培养模式

（上左框） 师资战略规划支持 / 汉语教学模式支持 / 培养方案支持 / 培养标准支持 / 技术平台支持 / 资源体系支持 / 培养经费支持 → 中国的经验、智慧和方案

（上中框） 发挥好连接中外的桥梁作用 / 促进国际汉语教师培养的中外互联互通 / 开展多层次、全方位的本土汉语教师合作 / 做好中外语言政策的广泛沟通和精准对接 / 助力打造本土汉语教师培养的新发展业态

（上右框） 吸收当地政策资源 / 创新联合培养模式 / 探索有效的培养方案 / 落实汉语教学能力和信息素养 / 重视人文素养对接汉语教师资质需求 / 精准对接当地师资培养 / 设立汉语师范教育专业 / 建立在职跟岗培训体系 → 专业化（专业建设）/ 职业化（经验周期）

（圆心） 本土汉语教师

汉语教学能力 / 感知中国发展 / 熟悉中国文化 / 了解中国国情 / 中国情感 / 职业成就 / 地域特征 / 契约管理 / 共同价值观

架桥互联

语合中心 / 中国高校 / 中资企业 / 其他国际教育组织 / 文化交流组织

中文培养机构

学历教育

培养主体 / 提高培养效率和质量 / 育才用才融合

本土培养单位

当地语言

人才培养

用人主体 / 基础国民教育体系 / 高等教育体系 / 职业教育体系

政策引导 / 高教委、教育部、区域管理部门 / 或协调机构

助力献智 / 优化服务 / 以国际官合作为导向 / 因地制宜创新支持方式

（下左框） 颁布支持政策 / 提供培养指导 / 给予制度保障 / 构建管理体系 / 打通"准入—发展"的职业通道

（下中框） 跟进管理 / 提供良好的内外部环境 / 提高资源保障 / 为职业发展提供便利 / 协调汉语与语言项目的关系 / 规范汉语考核与评估

第五章

菲律宾汉语学习者的学习风格
——以非华裔女性为例

学习风格是学习者带有个性特征的学习方式，是学习策略和学习倾向的总和（谭顶良，1995a）。尽管学习风格的概念繁多，但学者们都肯定了第二语言学习风格是形成外语学习者个体差异的原因之一。本章将以菲律宾五所孔子学院的汉语学习者为抽样调查对象，对菲律宾汉语学习者的学习风格进行考察与分析。

现代教学中强调"以学生为中心"，尊重学生的个体差异，因材施教。汉语教学如何践行因材施教原则，需要汉语教师了解和把握教学对象的个体差异，进行国别化教学。而学习风格理论作为讨论学生个体差异的主要内容，需要受到更多的关注。因此，将学习风格理论运用到汉语教学中，不仅有利于汉语教师根据学生的学习风格采取更具针对性的教学策略，提高课堂教学质量，而且有利于引导学生认识自身学习风格，选择性地使用学习策略，发挥自身学习风格的优势，从而取得理想的学习效果。

东南亚地区是全球华人分布最多的地区，也是汉语教学效果最好的地区之一。菲律宾地处东南亚地区，不仅是我国重要的邻邦，也是东南亚汉语教学的重要阵地。自 2011 年汉语正式被纳入菲律宾国民教育体系开始，非华裔汉语学习者逐渐显示出其数量优势，在这一群体中存在两个有意思的现象：一是女性数量大于男性；二是女性成绩普遍较好。那么菲律宾非华裔女性汉语学习者的学习风格呈现什么特点？她们的学习风格是否存在内部差异？教师如何根据她们的学习风格来调整教学策略？为此，我们以菲律宾五所孔子学院的汉语相关专业的非华裔女性成人本科学习者作为调查对象，对其汉语学习风格的倾向性和内部差异进行调查研究，以期为菲律宾汉语教师提供有益借鉴。

第一节　学习风格

自 1954 年美国心理学家 Herbert Thelen 提出"学习风格"这一概念之后，对学习风格的研究便掀起了第一次热潮。如今，学习风格已逐渐成为一个备受瞩目的重要课题，并被谭顶良先生（1995a）称为"现代教学的真正基础"。早期学习风格理论的研究内容主要包括对学习风格定义、类别、构成要素、测试量表的制定等的理论研究。自 20 世纪 80 年代以来，学习风格研究逐渐跳出理论研究的框架，转向教学的实践与应用。如今，学习风格的研究已不再局限于传统的教育心理学研究领域，而是扩展到了医学、管理、计算机等诸多学科领域。

目前，国内外对于学习风格的相关研究主要集中在以下几个方面。

一、学习风格的理论研究

（一）学习风格的定义

由于学者们的研究视角不同，迄今为止，对于学习风格的定义也各不相同。在国外，Keefe（1979）认为学习风格是一种独特的认知、情感、心理特征，它决定了学习者对环境的感知、互动与反馈。Dunn 夫妇（1993）认为，学习风格是学习者在试图获得和记住新的或困难的知识和技能时集中表现出的方式。Reid（2002）认为，学习风格是学习者吸收、处理和保留新信息以及获得新技能的方式，它是自然的、习惯性的，不因教学内容或学习内容而改变。在我国学术界，谭顶良（1995a）对学习风格的定义被普遍接受。根据他的说法，学习风格是学习者始终遵循的具有个性特征的学习方式，它包含了学习者的学习策略和学习倾向。

虽然学者们对于学习风格的定义各不相同,但本质上仍存在一些共同点,即学习风格是学习者在长期的学习过程中形成的、具有稳定性和独特性的一种学习方式或倾向。

(二)学习风格的构成要素

学习风格是在长期学习过程中逐渐形成的,受到各种因素的影响,包括教育环境、社会背景和生活方式。构成学习风格的因素非常复杂,这也导致学者们对其构成因素的划分存在差异。

国外学者对学习风格构成要素的划分,最具权威性的当属 Dunn 夫妇和 Keefe 的研究。Dunn 夫妇(1978)把学习风格构成要素分为五种,具体如表 5.1 所示。

表 5.1　Dunn 夫妇学习风格构成要素分类

类型	风格构成要素
环境类	①坐姿;②光线;③温度;④环境。
情绪类	①动机;②坚持性与责任性;③对学习内容组织程度的偏爱。
社会性	①独立或结伴;②喜欢与成人或各种不同的人一起学习。
生理性	①感官偏好;②时间偏好;③活动偏好。
心理性	①沉思或冲动;②分析或综合;③偏爱左脑或右脑。

Keefe(1987)从认知风格、情感风格和生理风格入手,将学习风格构成要素分为三大类型,具体如表 5.2 所示。

表 5.2　Keefe 学习风格构成要素分类

类型		风格构成要素
认知风格	接收风格	①对感知通道的偏爱;②场依存或场独立;③扫描或聚焦;④功能固着或变通;⑤对非现行体验的容忍度;⑥自动化程度;⑦感性或理性。
	概念化与保持风格	①概念化速度与风格;②归类的宽窄;③认知的复杂与简约;④趋异与趋同。

类型		风格构成要素
情感风格	注意风格	①理性水平；②好奇心；③坚持性；④焦虑性；⑤挫折耐力。
	期望与动机风格	①控制点；②成就动机；③自我实现；④模仿；⑤冒险与谨慎；⑥竞争与合作；⑦抱负水准；⑧对强化的反应；⑨社会性动机；⑩个人兴趣。
生理风格		①与性别有关的行为；②与健康有关的行为；③时间节律；④活动；⑤环境因素。

我国学者谭顶良（1995b）基于我国的教育制度及文化特点，把学习风格划分为生理类、心理类、社会性三类。其中，心理类又细分为认知、情感和意动。具体如表5.3所示：

表5.3 谭顶良学习风格构成要素分类

类型		风格构成要素
生理类		①对安静程度的偏爱；②对光线强弱的偏爱；③对温度的偏爱；④对时间的偏爱；⑤对感觉通道的偏爱。
心理类	认知	①辨别；②归类宽窄；③分析与综合；④沉思与冲动；⑤记忆趋同与趋异；⑥对信息的继时加工与同时加工。
	情感	①理性水平；②学习兴趣；③动机；④控制点；⑤抱负水准；⑥焦虑。
	意动	①学习的坚持性；②言语表达的积极性；③冒险与谨慎；④动手操作行为。
社会性		①独立或结伴学习；②竞争与合作。

上述三位学者分别从不同的研究视角对学习风格的构成要素进行了划分，尽管三者的划分依据各不相同，但都肯定了影响学习风格的因素有以下三种：生理、心理以及社会因素。

（三）学习风格的类型

各位学者在学习风格的定义和构成要素的划分上有所不同，这导致了学习风格在类型划分上存在差异，但主要可以分为以下四种类型。

1. 感知学习风格

感知学习风格是指学习者在面对不同环境刺激时显示出来的对视觉、听觉、动觉等感觉通道不同的偏好反应。感知学习风格大体可分为视觉型、听觉型、动觉型三类。具体表现特征如表5.4所示。

表5.4 感知学习风格类型

感知学习风格类型	表现特征
视觉型	对视觉刺激敏感，擅长通过浏览图片、图表、影像等接受学习材料和信息。
听觉型	对听觉刺激敏感，擅长语音判断和口语表达，偏爱通过他人讲解的方式进行学习。
动觉型	对动觉刺激敏感，擅长书写且节奏感强，习惯用动作来表示反应，在学习中喜欢记笔记、制作思维导图等。

2. 认知学习风格

认知学习风格，即学习者在应对外界刺激时对注意、记忆、思维和解决问题方式的偏好。主要有以下几种类型，具体如表5.5所示。

表5.5 认知学习风格类型

认知学习风格类型	表现特征
沉思型与冲动型	沉思型学习者习惯再三思量后再选择解决问题的方法，所以产生的错误较少；冲动型学习者大脑反应较快，喜欢竞争性学习，较容易产生错误。
场独立型和场依存型	场独立型学习者倾向于独立分析问题，受外界影响的程度较小，能独立观察和分辨事物；场依存型学习者倾向于借助外部信息来完成对事物的认知，不能独立区分事物的组成结构。
综合型与分析型	综合型学习者倾向于采取整体策略，能较为全面地看待问题，拥有全面解决问题的能力；分析型学习者倾向于把握细节，逻辑性强、善于抓住重点，但在看待问题时缺乏全面性，容易显得片面。

3. 情感学习风格

情感学习风格是学习者在进行学习时所表现出来的心理和个性特征。一般都较为内隐，不能直接被观察到。常见的影响因素包括理性程度、成就动机、焦虑程度和控制点等。

4. 社会学习风格

尽管学习是一种个体行为，但也离不开社会大环境，学习者或多或少会受到来自老师或同学的影响，所以它又是一种社会性活动。社会学习风格类型主要有以下两种，具体如表5.6所示。

表5.6　社会学习风格类型

社会学习风格类型	表现特征
个人型	个人型学习者喜欢独自学习，独自学习时能达到最佳学习效果，与他人一起学习时则容易分散注意力。
小组型	小组型学习者喜欢合作学习，通过与同伴的交流与合作可以达到最佳的学习效果。

（四）学习风格量表

对学习风格量表的研究始于二十世纪七八十年代，至今已推出七十多种不同的学习风格量表，目前学界使用较多的有以下几种，具体如表5.7所示。

表5.7　学习风格量表

学者	量表名称	评价
Dunn 夫妇 （1975）	《学习风格量表》 （Learning Style Inventory）	在北美中小学广泛应用，在当时被认为是最有效、最可靠的量表之一。
Reid （1987）	《感知学习风格倾向调查问卷》 （Perceptual Learning Style Preference）	国内大多数学习风格定量研究的蓝本，具有较高的信度和效度。
Oxford （2003）	《风格分析调查表》 （Style Analysis Survey）	二语习得学习风格调查领域应用较广的问卷之一。

（五）学习风格的特征

根据学习风格的相关概念，可以概括出学习风格的三个主要特征。

1. 独特性

由于学习风格是一种具有浓厚个人色彩的学习方式，以个体的生理和心理特征为基础，并在长期的学习过程中逐渐形成，受到来自家庭、教育环境与社会背景等因素的共同影响。因此，学习风格因人而异，个人特色显著。

2. 稳定性

学习者的学习风格随着时间的推移而形成，不容易被改变，具有稳定的状态，很少随着学习内容或环境的变化而变化。研究表明，随着年龄的增长，学习者会逐渐成熟，变得更加善于反思。然而，在同龄群体中，个人的学习风格特征基本上不会变化，保持高度稳定。当然，学习风格的稳定性并不意味着它不会改变。每种学习风格都有其优势和劣势，对学习风格的探究就是要扬长避短，在看到学习风格稳定性的同时也应该注意到其可塑性，从而引导学习者形成更好的学习风格。

3. 直接参与性

学习风格对个人的学习有直接影响，并直接参与到个人的学习活动中。它与其他个体差异的不同之处在于它具有直接参与性，而能力、气质和反应等个体差异则是间接的，只能通过学习风格这个媒介来对学习活动发挥作用。

二、对汉语学习风格的研究

国内对汉语学习风格的研究起步较晚，且前期研究成果主要针对英语教学，直至 21 世纪初期，对汉语学习风格研究才逐渐得到重视。到各国赴任的汉语志愿者教师成了汉语学习风格研究的主力，其研究对象包括日本、韩国、泰国、意大利、美国等十几个国家和地区的学习者，研究方式通常是问卷调查，辅之以访谈和课堂观察等。

在国内，易红（2009）率先对在华就读的外国留学生开展了汉语学习风格研究，并依据 Reid 和 Oxford 对学习风格的分类标准，对中亚留学生进行了全方位的调查与评估。结果表明，中亚留学生倾向于合作型和序列型认知学习风格、视觉型和触觉型感知学习风格。吴思娜（2009）曾对不同性别、年级、专业的匈牙利学生展开调查，发现匈牙利学生中调节型学习风格居多，并偏爱控制类与自由类活动。方敏（2013）曾对在非目的语环境中的泰国清迈大学中文系在校生和在目的语环境中的上海师范大学泰国留学生展开调查，结果表明，泰国学习者在感知学习风格上更偏好于听觉型和触觉型；在社会学习风格上则偏好于小组型。陈天序（2015）以 85 名美国的大学汉语学习者为主要研究对象，对受试者的认知学习风格、情感学习风格和感知学习风格展开了研究分析，得出美国的汉语学习者总体的学习风格的倾向性，并总结出受试者与国内教学对象在学习风格上的差异。野建峰（2017）对意大利卡佩切国立高中的学生展开了调查，并对受试群体的感知学习风格和社会学习风格进行了分析研究，结果表明受试群体的学习风格总体上偏向于触觉型和动觉型感知学习风格、个人型社会学习风格，且不同年级受试者的学习风格有显著差异。吴航（2020）对亚美尼亚埃里温市"布留索夫"国立语言与社会科学大学孔子学院的汉语学习者展开了调查，并辅以课堂观察和访谈。结果显示，在总体倾向上，亚美尼亚的汉语学习者属于视觉型感知学习风格、小组型社会学习风格，学习者的学习风格在性别、年级和汉语水平三个方面具有一定差异。

三、学习风格的相关性研究

（一）与成绩差异的相关性研究

易红、符冬梅（2009）用 Reid 的感知学习风格调查量表对中国新疆少数民族的预科班学生展开了调查，结果表明受试群体在感知学习风格类型上呈现出多样化特点，其中体验型与听觉型感知学习风格与 HSK 成绩显著相关。殷佳怡（2019）立足于 Reid 的感知学习风格调查量表对上海外国语大学的印度尼西亚来华留学人员展开问卷调查，结果表明在初级汉语水平的受试群体中，视觉型、听觉型、小组型学习风格与汉语成绩存在显著正相关性；在中级汉语水平的受试群体中，视觉型、听觉型、个人型学习风格与汉语成绩存在显著正相关性。

（二）与性别的相关性研究

Oxford（1989）曾指出，性别差异在第二语言学习风格上的表现是显著的。胡渝镛（2008）通过调查发现，在语言学习过程中，男生更加注重学习的规则和逻辑，尽可能避免个体互动的出现；而女生则更喜欢与人交际合作，采用移情测量与合作学习的方式。裴希山、窦同沛（2009）通过量化与定性研究发现不同性别的学习群体在语言学习风格上有所不同。女性学习者由于比较感性，重视整体，更倾向于视觉型、场依存型、沉思型、内向型学习风格；而男性学习者相对理性且擅长逻辑思考，更倾向于动觉型、场独立型、冲动型、外向型学习风格。

（三）与文化背景的相关性研究

有不少研究讨论了文化差异对学习风格的影响，虽然部分研究结论并不统一，但有不少学者都在第二语言学习的相关研究中，指出了文化背景对学习风格具有重要影响。韦书蕾（2012）对韩国留学生的学习风格展开了调查，探讨其汉语学习风格与韩国民族性格之间的关联性，调查结果表明韩国留学生的学习风格与民族性格有一定的关联性，每种典型的学习风格都受到韩国民族性格的影响。王婷（2016）通过问卷调查了解到泰国中学生的总体汉语学习风格特征，并发现学生典型的汉语学习风格主要受到当地宗教文化及其他多元文化的影响。赵王勉（2019）探讨了中亚留学生汉语学习风格与民族性格的相关性，发现动觉型、场依存型、冲动型、外向型四类学习风格的倾向性明显受到中亚民族性格的影响。

四、学习风格研究的局限性

目前，关于学习风格的研究硕果累累，为教学提供了有益借鉴，但在实际研究中还存在不完善之处。

首先，国别化研究不够全面，研究涉及的国家不够广泛。而且，汉语学习风格的研究对象主要在日本、韩国、泰国、意大利、美国等国家和地区，还有一部分学者以我国的少数民族学习者为研究对象。从长远来看，国别化的研究范围仍比较有限。

其次，缺乏对非华裔以及单一性别群体的研究。华裔背景与性别因素更多以变量的形式出现在研究中，以此来分析受试者的内部差异性。第二语言学习风格针对非华裔群体与单一性别群体的研究相对较少，在研究对象的针对性与具体性上稍显不足。

最后，缺少对不同语言环境下的小群体的调查。在非目的语环境中，研究者倾向于调查数量较多的未成年人，如中小学生群体；在目的语环境中，汉语学习者的数量优势更加突出，调查对象则多为成人群体。可见，在群体数量因素的影响下，研究者通常选择数量较多的群体，而忽略对小群体的调查研究。

五、研究的问题

鉴于菲律宾公立中学汉语学习者以非华裔女性为主，本研究从国别化视角对菲律宾非华裔女性学习者的学习风格进行实证研究。研究的问题主要有：①菲律宾非华裔女性总体汉语学习风格是什么？②汉语学习时长与学习风格的相关性研究，即汉语学习风格偏好是否存在异同，有哪些特点？③影响菲律宾非华裔女性汉语学习风格的因素有哪些？

第二节　菲律宾非华裔女性汉语学习者学习风格的调查

本次研究以菲律宾非华裔女性汉语学习者为调查对象，以菲律宾 5 所孔子学院为调查区域，开展问卷调查。同时，在问卷调查的基础上，对个别调查对象和任课教师进行访谈，以补充相关研究结论。本节主要介绍学习风格问卷调查和访谈的设计与实施情况。

一、问卷调查的设计

本次调查研究主要采取抽样调查的方式，考虑到抽样调查的代表性和具体实施的可行性，决定以菲律宾5所孔子学院为调查区域，开展对菲律宾非华裔女性汉语学习者学习风格的实证调查。

根据对菲律宾红溪孔院负责人的访谈，截至2020年底，5所孔院在册汉语学习者人数为3万人左右[1]。其中，本科汉语学习者占比大致为1%，本科汉语学习者中女性占比为70%，女性本科汉语学习者数量大约为225人[2]。

根据邱皓政（2013）给出的样本量的经验参考值，抽样对象总量在100—1000人的规模下，样本参考比例为50%—20%。本次调查的抽样总量为225人，有效样本量为70人，约占抽样对象总量的31%，符合样本参考的比例范围。因此，本次抽样调查结果具有一定的代表性。

（一）研究对象

1. 调查对象

本次调查对象是菲律宾5所孔子学院（红溪礼示大学孔子学院、雅典耀大学孔子学院、布拉卡国立大学孔子学院、菲律宾大学孔子学院、达沃雅典耀大学孔子学院）的非华裔女性汉语学习者。选择该群体进行抽样调查的原因如下。

（1）确保调查样本的人群同质性。一方面，选择承担主要汉语教学任务的5所孔子学院进行抽样调查；另一方面，明确调查对象为汉语相关专业的非华裔女性，对调查范围和调查群体进行明确限制，减少干扰变量，进一步确保调查的准确性和有效性。

（2）确保调查样本具有区域差异性。抽样调查的5所孔子学院分布在吕宋岛中西部的邦板牙省、马尼拉东北部的奎松市、马尼拉西北部的布拉卡省马洛罗自治区和菲律宾南部棉兰老岛的达沃市。由于5所孔子学院

---

[1] 在册汉语学生总数：12000+8600+4000+5500+2000=32100人。
[2] 女性本科汉语学习者数量：32100×1%×70%≈225人。

在地理分布上具有一定的差异性，所以从中选出的受试者具有跨地区性，在研究上也更具代表性。具体分布情况如表5.8所示。

表5.8 菲律宾孔院分布地区

孔院名称	分布地区
红溪礼示大学孔子学院	吕宋岛中西部的邦板牙省
雅典耀大学孔子学院	马尼拉东北部的奎松市
菲律宾大学孔子学院	马尼拉东北部的奎松市
布拉卡国立大学孔子学院	马尼拉西北部的布拉卡省马洛罗自治区
达沃雅典耀大学孔子学院	菲律宾南部棉兰老岛的达沃市

（3）红溪礼示大学孔子学院是菲律宾5所孔子学院中唯一一所全面承担菲律宾教育部公立中学中文课程体系建设、本土中文师资培训、中文教学大纲制定、中文教材编写和中文教学质量评估的孔子学院，对将中文纳入菲律宾国民教育体系起到关键的推动作用。因此，在调查对象的选择上，本研究会对红溪礼示大学孔子学院的抽样数量有所侧重，然后再从其余4所孔子学院进行均衡地抽样。

2. 样本信息

本次研究主要针对菲律宾非华裔女性汉语学习者。根据对孔院负责人的访谈大致确定调查对象总数为225人。考虑到抽样调查的便利性与有效性，对菲律宾5所孔子学院进行抽样调查，其中有效样本数为70人，均为菲律宾非华裔成年女性汉语学习者，在性别、族群、年龄和所学专业上高度一致，而且受试者都是菲律宾5所孔子学院的汉语学习者，所以针对该群体的调查将更具针对性。

由图5.1可知，本次调查对象中，红溪礼示大学孔子学院有39人，占比约为55.7%；雅典耀大学孔子学院有8人，占比约为11.4%；布拉卡国立大学孔子学院有8人，占比约为11.4%；菲律宾大学孔子学院有8人，占比约为11.4%；达沃雅典耀大学孔子学院有7人，占比为10%。

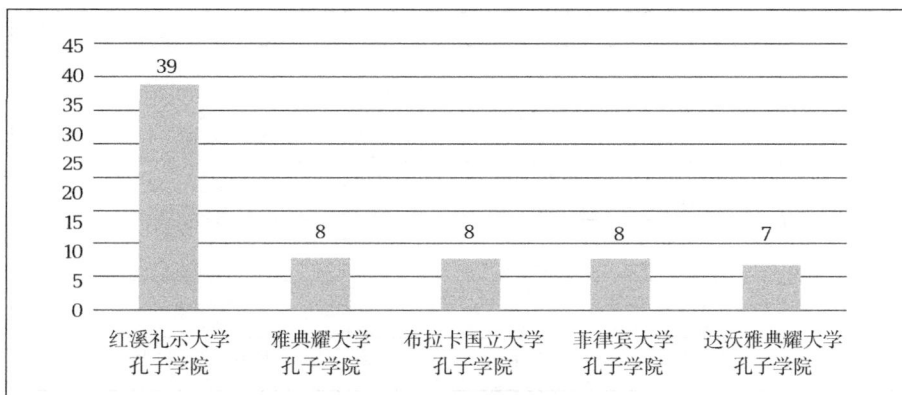

图 5.1　5 所孔院样本数分布

由图 5.2 可知，邦板牙省有 39 人，占比约为 55.7%；奎松市有 16 人，占比约为 22.8%；布拉卡省有 8 人，占比约为 11.4%；达沃市有 7 人，占比为 10%。

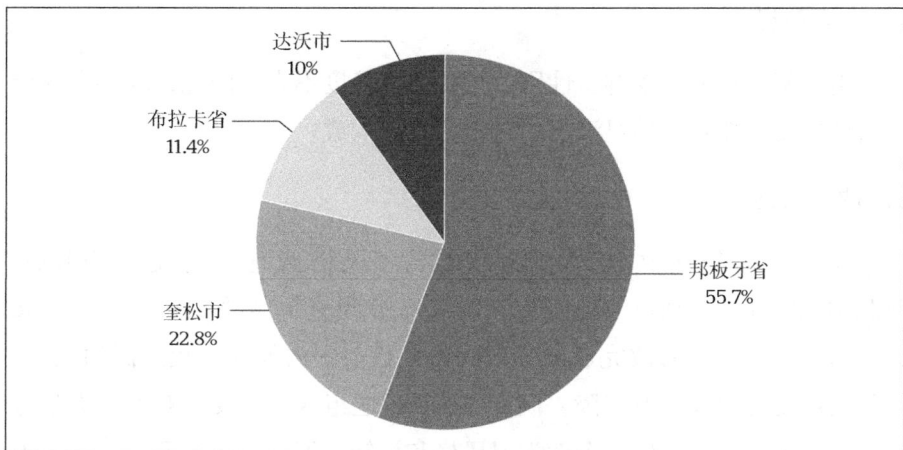

图 5.2　各地区样本分布情况

从图 5.3 不同学习时长样本数分布来看，学习汉语时长在两年以下的人数最少，为 11 人，占比约为 15.7%；学习汉语三年的人数最多，有 23 人，占比约为 32.9%；学习汉语两年和学习汉语四年及四年以上的人数一样，都是 18 人，均约占 25.7%。

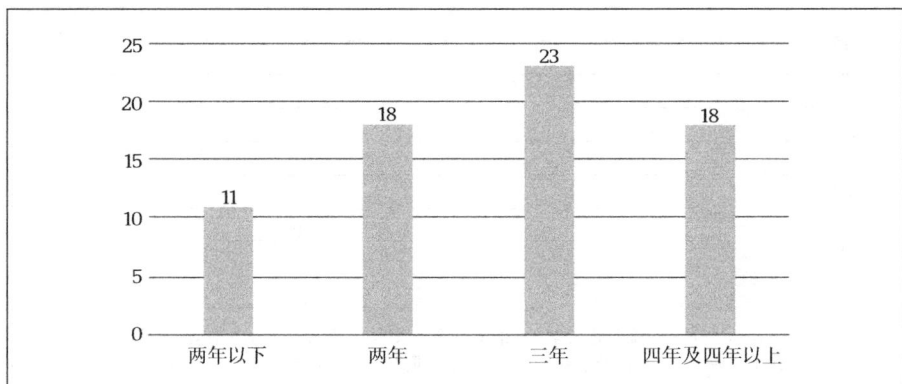

图 5.3 不同学习时长样本数分布

（二）调查问卷的设计

调查问卷由个人信息和调查工具两部分组成。

1. 个人信息

由于调查对象在族群、性别、年龄上区分度不大，因此，问卷中的个人信息主要由姓名、学习汉语的时长两方面构成。

2. 调查工具

菲律宾非华裔女性汉语学习者学习风格调查问卷是在 Cohen、Oxford 和 Chi（2006）设计的《学习风格调查问卷》（Learning Style Survey）的基础上修改完成的。该问卷在目前国内外受到较广泛的认可，在问卷信度与效度上有保障。问卷由 110 道题组成，主要针对三大类学习风格，即感知学习风格、个性学习风格和认知学习风格进行调查。这三大类学习风格又被划分为 13 小类，具体如表 5.9 所示。

表 5.9　学习风格分类说明（陈天序，2015）

学习风格的分类	学习风格的类型	主要研究问题
感知学习风格	视觉型	学习者如何利用身体来感受学习
	听觉型	
	动觉型	

学习风格的分类		学习风格的类型	主要研究问题
个性学习风格	个性一组	外向型、内向型	学习者对自我学习或群体学习的倾向程度
	个性二组	直觉型、理智型	学习者如何处理学习中可能出现的问题
	个性三组	封闭型、开放型	学习者如何处理模糊的知识以及如何安排学习时间
认知学习风格	认知一组	整体型、局部型	学习者如何接受学习信息
	认知二组	综合型、分析型	学习者如何进一步处理学习信息
	认知三组	区分型、趋同型	学习者如何理解、记忆新的学习材料
	认知四组	演绎型、归纳型	学习者如何理解语言规则
	认知五组	场依存型、场独立型	学习者面对不同信息输入时的异同
	认知六组	冲动型、审慎型	学习者在学习中的不同反应
	认知七组	概念化型、直观型	学习者利用直接信息进行学习的程度

在问卷中，三大类学习风格以具体的问题形式呈现，问题3—32针对感知学习风格，问题33—64针对个性学习风格，问题65—110针对认知学习风格。问卷采用李克特五级量表（5-point Likert-Scale）进行计分：0=Never（从不），1=Rarely（很少），2=Sometimes（有时），3=Often（经常），4=Always（总是如此）。计分问题共110个。考虑到调查对象的初级汉语水平，问卷采用菲律宾的官方语言——英语。

为保证原问卷的信度与效度，我们完整保留了原问卷的主要内容，只对个别词语进行修改，如将"the target language"改为"Chinese language"，明确问卷调查的目的语是中文。原问卷在使用之初就已经通过信度、效度检验，是科学可信的。

（三）调查实施与数据处理

1. 调查实施

考虑到菲律宾暂停线下授课的教学现状，为了便于数据采集，本次问卷调查以线上方式于 2021 年 7 月进行第一次收集，于 2022 年 5 月进行第二次收集，主要由赴菲公派教师和本土教师协助发送问卷，督促学生完成线上问卷调查。本次调查以了解菲律宾非华裔女性汉语学习者学习风格的总体倾向和内部差异为主要目的，需要由学生按照本人的实际情况进行填写。答案不分对错，个人信息得到保密。在当地公派教师和本土教师的帮助下，参与本次调查的共有 70 人，回收有效问卷 70 份，有效回收率为100%。

2. 数据处理

将有效问卷数据进行整合后，通过 SPSS 26.0 统计软件对调查数据进行了定量统计分析。首先测试量表的信度和效度；其次通过描述性统计对受试者学习风格的总体倾向进行统计分析；最后，以学习时长为自变量，采用配对样本 t 检验进行差异分析。

为确保问卷调查的可靠性和有效性，本研究对问卷进行了信度、效度的检验，具体如表 5.10 所示。

表 5.10　问卷信度与效度

Cronbach's α		0.820
KMO 值		0.735
巴特利特球形检验	近似 X2	1021.634
	自由度	253
	P	0.001

信度检验主要是检验问卷能否客观反映受试者对问卷的整体认知状况，进而反映变量所呈现出来的一致性与稳定性，一般使用 Cronbach's α 系数来表示。通常认为 Cronbach's α 系数值在 0.5 以上时，其可信度在可接受的范围内；Cronbach's α 系数达到 0.7 以上时，信度较高。本问卷

Cronbach's α 系数为 0.820，说明问卷信度较高，能够较好地反映受试群体对本问卷的回答状况。

对问卷进行效度分析时，一般来说，KMO 值大于 0.90 被认为效度很好，在 0.80—0.90 之间被认为是良好，在 0.60—0.80 之间则被认为是能够接受的，在 0.50—0.60 之间被认为是很勉强的，0.50 以下被认为是不能接受的。由表 5.11 可知，本问卷的 KMO 值为 0.735，说明本问卷的效度可以接受，能够开展后续的数据分析。

二、访谈设计

（一）访谈对象

为了进一步了解菲律宾非华裔女性汉语学习者学习风格的特点，探讨其学习风格形成的原因，我们采取访谈的形式，从问卷调查的对象中选取四位学生进行了一对一访谈，并对三位任课教师进行了访谈，以补充问卷调查的结果，进一步完善研究结论。由于本次抽样调查具有一定的区域差异性，所以访谈选择了来自三个不同地区的学生与来自两个不同地区的任课教师，从而减少调查结果与访谈结果的误差。访谈对象的详细情况如表5.11、表 5.12 所示。

表 5.11　访谈学生信息

序号	性别	汉语学习时长	地区	访谈方式	访谈时间	汉语水平
1	女	2 年	邦板牙省	电话	2022.5.22	HSK 四级
2	女	4 年以上	马尼拉	电话	2022.5.23	HSK 六级
3	女	2 年	达沃	电话	2022.5.23	HSK 三级
4	女	3 年	马尼拉	电话	2022.5.24	HSK 六级

表 5.12　访谈教师信息

序号	性别	任教科目	任教地区	访谈方式	访谈时间
1	男	古代汉语	马尼拉	电话	2022.5.22
2	男	综合课	布拉卡省	电话	2022.5.23
3	女	语法课、读写课	马尼拉	电话	2022.5.24

（二）访谈提纲

我们根据问卷调查结果以及问卷内容的划分设计了访谈的主要内容，重点对受试者的总体倾向与内部差异中显示出的视觉型、听觉型、理智型、封闭型、区分型、演绎型、审慎型学习风格的显著表现进行追问与拓展。

访谈过程用汉语进行提问，当受试者听不明白时会用英语进行翻译，访谈中允许汉语水平较低的受试者用英语回答。访谈全程录音，访谈完毕后对访谈记录进行转写，形成文字材料。访谈提纲如下：

（1）学生访谈提纲：

① 谈谈你近期的汉语学习情况。

② 你觉得老师的板书和 PPT 对你的汉语学习帮助大吗？

③ 你喜欢老师在课堂上播放音乐或音频来进行教学吗？

④ 你愿意制订学习计划，并按计划学习吗？

⑤ 你在学习时，喜欢把语音、词汇、语法分类吗？

⑥ 你喜欢老师先讲解语法还是先讲解例子？为什么？

⑦ 你在回答问题时习惯立刻回答还是考虑后再回答？

⑧ 你喜欢记笔记吗？为什么？

⑨ 你喜欢按照学习计划完成学习任务吗？

⑩ 你喜欢学习并记忆语法规则吗？

⑪ 你喜欢老师通过举例子的方式讲课吗？

⑫ 你喜欢区分意思相近或读音相近的词语吗？

（2）教师访谈提纲：

① 你的任教科目是什么？

② 你觉得菲律宾女性汉语学习者有什么特点？

③ 在教学中，你关注过学生的个体差异吗？你觉得作为教师应该关注学生的个体差异吗？

④ 你了解过学习风格这个概念吗？

⑤你觉得影响学生学习风格的因素有哪些?

⑥你会关注自身教学风格和学生学习风格的适配度吗?

第三节 菲律宾非华裔女性汉语学习者学习风格的调查结果与分析

本节运用 SPSS 26.0 对问卷调查所得出的相关数据进行相关性与差异性分析,得出菲律宾非华裔女性汉语学习者学习风格的总体倾向与内部差异。其次,结合数据分析结果与访谈结果,探讨受试者学习风格总体倾向与内部差异产生的主要原因。最后,将本次调查结果与其他国家已有的研究结论进行对比分析,探讨菲律宾非华裔女性汉语学习者学习风格的特征。

一、调查结果

(一)菲律宾非华裔女性汉语学习者学习风格的总体倾向

为了解菲律宾非华裔女性汉语学习者学习风格的总体情况,本研究对服从或近似服从正态分布的计量资料,使用平均值、标准差的形式进行描述,配对样本 t 检验进行差异分析,统计结果如表 5.13 所示。

表 5.13 总体描述以及总体的各个配对样本 t 检验

指标		个案数	平均值	标准差	t	P
Pair 1	视觉型	70	29.43	4.042	10.576	0.001
	听觉型	70	22.14	5.507		
Pair 2	听觉型	70	22.14	5.507	3.212	0.002
	动觉型	70	19.56	6.009		
Pair 3	视觉型	70	29.43	4.042	11.994	0.001
	动觉型	70	19.56	6.009		
Pair 4	外向型	70	13.99	4.189	−0.889	0.377
	内向型	70	14.54	2.888		

（续表）

指标		个案数	平均值	标准差	t	P
Pair 5	直觉型	70	16.31	3.048	−4.946	0.001
	理智型	70	18.33	2.185		
Pair 6	封闭型	70	12.17	1.81	12.299	0.001
	开放型	70	7.01	2.946		
Pair 7	整体型	70	12.61	2.28	−1.51	0.136
	局部型	70	13.1	2.767		
Pair 8	综合型	70	12.37	2.462	0.625	0.534
	分析型	70	12.14	2.683		
Pair 9	区分型	70	7.46	2.111	3.994	0.001
	趋同型	70	6.36	1.949		
Pair 10	演绎型	70	7.21	1.667	−2.735	0.008
	归纳型	70	8.14	2.122		
Pair 11	场依存型	70	7.6	1.536	−0.064	0.949
	场独立型	70	7.61	1.609		
Pair 12	冲动型	70	7.3	2.209	−4.989	0.001
	审慎型	70	8.87	1.641		
Pair 13	概念化型	70	4.4	1.279	−1.155	0.252
	直观型	70	4.66	1.153		

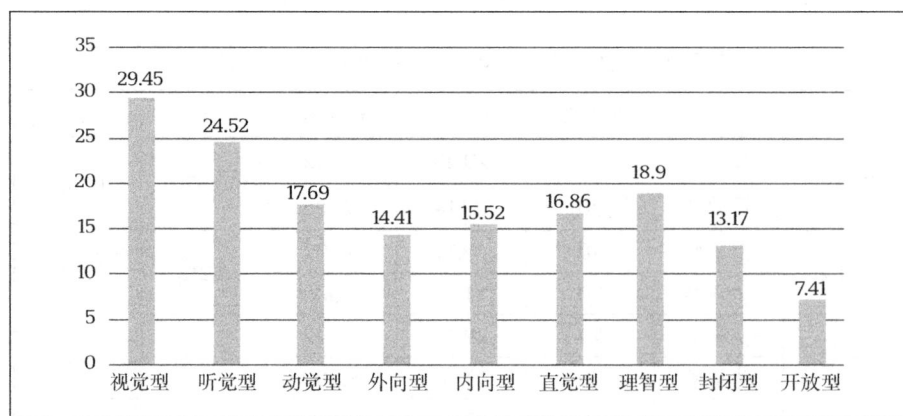

图 5.4　感知、个性学习风格平均值

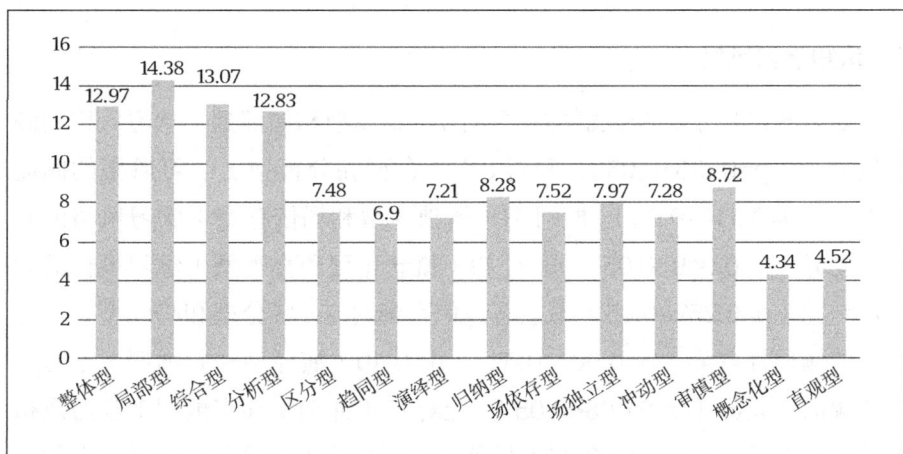

图 5.5　认知学习风格平均值

表 5.13、图 5.4 和图 5.5 显示了菲律宾非华裔女性汉语学习者学习风格的总体情况，所调查的 11 种类型的学习风格平均值在 4.4 ~ 29.43 之间。其中，视觉型学习风格的均值最高（29.43），概念化型学习风格的均值最低（4.4）。通过配对样本 t 检验的数据可知，70 位受试者在感知学习风格、个性学习风格以及认知学习风格上存在显著的倾向性差异，具体情况如下。

1. 感知学习风格

表 5.13 显示，在视觉型、听觉型、动觉型三类感知学习风格的倾向性方面，受试群体总体上都存在明显的倾向性差异（P<0.05）。配对样本 t 检验表明，受试者最终倾向于视觉型学习风格（29.43），其次是听觉型（22.14），最后是动觉型（19.56），表现为视觉型 > 听觉型 > 动觉型。

2. 个性学习风格

从表 5.13 可以看出，受试群体在配对 4（外向型与内向型）学习风格的倾向性差异（p=0.377>0.05）不显著，但在配对 5（直觉型和理智型）学习风格的倾向性差异（p=0.001<0.05）和配对 6（封闭型和开放型）学习风格的倾向差异（p=0.001<0.05）明显。配对样本 t 检验结果显示，受试者更偏向于理智型和封闭型学习风格。

3. 认知学习风格

如表 5.13 所示，受试群体在配对 7（整体型和局部型）学习风格的倾向性差异（p=0.136>0.05）、配对 8（综合型和分析型）学习风格的倾向性差异（p=0.534>0.05）、配对 11（场独立型和场依存型）学习风格的倾向性差异（p=0.949>0.05）、配对 13（概念化型和直观型）学习风格的倾向性差异（p=0.252>0.05）不显著，但在配对 9（区分型和趋同型）学习风格的倾向性差异（p=0.001<0.05）、配对 10（演绎型和归纳型）学习风格的倾向性差异（p=0.008<0.05）、配对 12（冲动型和审慎型）学习风格的倾向性差异（p=0.001<0.05）显著。配对样本 t 检验显示，受试者偏向于区分型、演绎型和审慎型学习风格。

以上调查结果显示，菲律宾非华裔女性汉语学习者学习风格总体倾向是：在感知风格上，倾向于视觉型和听觉型学习风格；在个性学习风格上，倾向于理智型和封闭型学习风格；在认知学习风格上，倾向于区分型、演绎型和审慎型学习风格。

（二）不同汉语学习时长的菲律宾非华裔女性汉语学习者学习风格的内部差异

为了更好地研究受试者的内部差异性，我们将汉语学习时长在两年及两年以下的称为低年级学习者（29 人），汉语学习时长在三年及三年以上的称为高年级学习者（41 人）。具体参见表 5.14 和表 5.15。

表 5.14　低年级学习者的各个配对样本 t 检验

指标		个案数	平均值	标准差	t	P
Pair 1	视觉型	29	29.45	5.117	4.094	0.001
	听觉型	29	24.52	5.742		
Pair 2	听觉型	29	24.52	5.742	6.794	0.001
	动觉型	29	17.69	6.409		
Pair 3	视觉型	29	29.45	5.117	7.551	0.001
	动觉型	29	17.69	6.409		

指标		个案数	平均值	标准差	t	P
Pair 4	外向型	29	14.41	5.06	−0.933	0.359
	内向型	29	15.52	3.366		
Pair 5	直觉型	29	16.86	3.482	−3.149	0.004
	理智型	29	18.9	2.006		
Pair 6	封闭型	29	13.17	1.391	10.27	0.001
	开放型	29	7.41	2.91		
Pair 7	整体型	29	12.97	2.97	−3.136	0.004
	局部型	29	14.38	2.597		
Pair 8	综合型	29	13.07	2.506	0.355	0.725
	分析型	29	12.83	3.163		
Pair 9	区分型	29	7.48	1.939	1.437	0.162
	趋同型	29	6.9	1.819		
Pair 10	演绎型	29	7.21	1.878	−2.123	0.043
	归纳型	29	8.28	1.601		
Pair 11	场依存型	29	7.52	1.825	−1.283	0.21
	场独立型	29	7.97	1.973		
Pair 12	冲动型	29	7.28	2.17	−2.775	0.01
	审慎型	29	8.72	1.791		
Pair 13	概念化型	29	4.34	1.078	−0.578	0.568
	直观性	29	4.52	1.271		

表 5.15　高年级学习者的各个配对 t 检验

指标		个案数	平均值	标准差	t	P
Pair 1	视觉型	41	29.41	3.138	12.508	0.001
	听觉型	41	20.46	4.718		
Pair 2	听觉型	41	20.46	4.718	−0.446	0.658
	动觉型	41	20.88	5.405		
Pair 3	视觉型	41	29.41	3.138	10.301	0.001
	动觉型	41	20.88	5.405		

指标		个案数	平均值	标准差	t	P
Pair 4	外向型	41	13.68	3.482	−0.253	0.801
	内向型	41	13.85	2.297		
Pair 5	直觉型	41	15.93	2.678	−3.768	0.001
	理智型	41	17.93	2.24		
Pair 6	封闭型	41	11.46	1.748	7.984	0.001
	开放型	41	6.73	2.975		
Pair 7	整体型	41	12.37	1.624	0.405	0.688
	局部型	41	12.2	2.542		
Pair 8	综合型	41	11.88	2.337	0.54	0.592
	分析型	41	11.66	2.198		
Pair 9	区分型	41	7.44	2.248	4.012	0.001
	趋同型	41	5.98	1.968		
Pair 10	演绎型	41	7.22	1.525	−1.796	0.08
	归纳型	41	8.05	2.439		
Pair 11	场依存型	41	7.66	1.315	1.022	0.313
	场独立型	41	7.37	1.26		
Pair 12	冲动型	41	7.32	2.263	−4.188	0.001
	审慎型	41	8.98	1.541		
Pair 13	概念化型	41	4.44	1.415	−0.994	0.326
	直观型	41	4.76	1.067		

分析图 5.6 和图 5.7 可知低年级菲律宾非华裔女性汉语学习者学习风格的基本情况，所调查的 11 种类型的学习风格平均值都在 4.34 ~ 29.45 之间。其中，视觉型学习风格均值最高（29.45），概念化型学习风格均值最低（4.34），基本情况与总体情况一致。

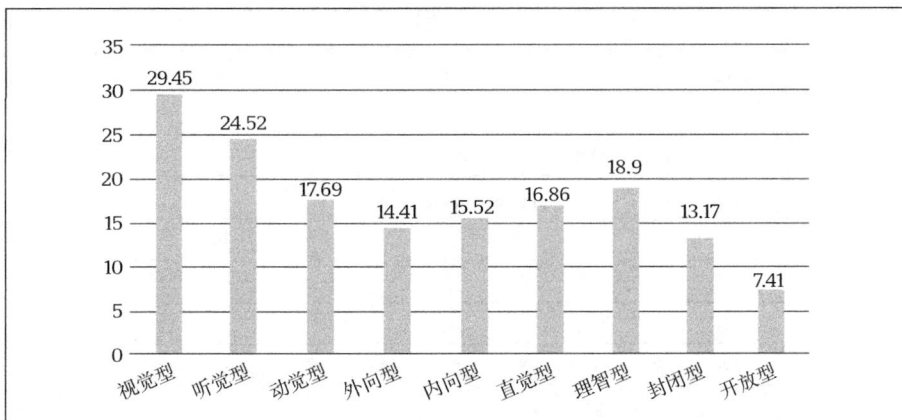

图 5.6　低年级学习者的感知、个性学习风格平均值

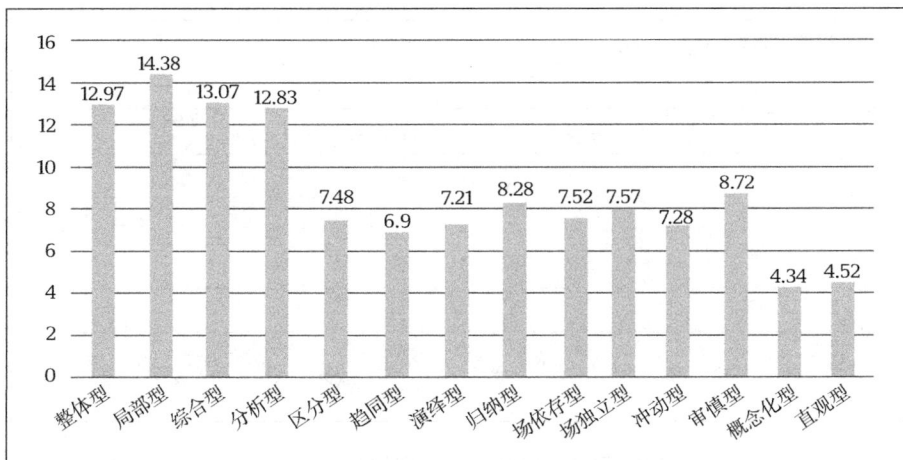

图 5.7　低年级学习者的认知学习风格平均值

由图 5.8 和图 5.9 可知高年级菲律宾非华裔女性汉语学习风格的基本情况，所调查的 11 种类型的学习风格平均值都在 4.44 ～ 29.41 之间。其中，视觉型学习风格均值最高（29.41），概念化型学习风格均值最低（4.44），基本情况也与总体情况一致。从汉语学习时长的角度来看，低年级学习者和高年级学习者在学习风格倾向上存在一定异同，具体可参看表 5.14 与表 5.15。

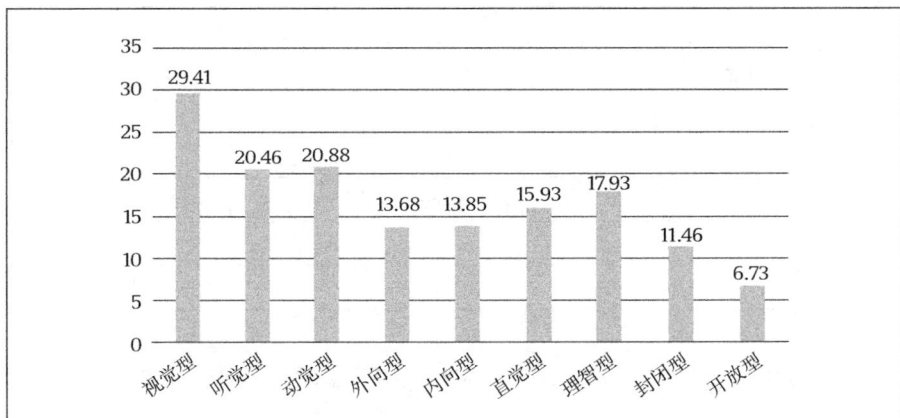

图 5.8　高年级学习者的感知、个性学习风格平均值

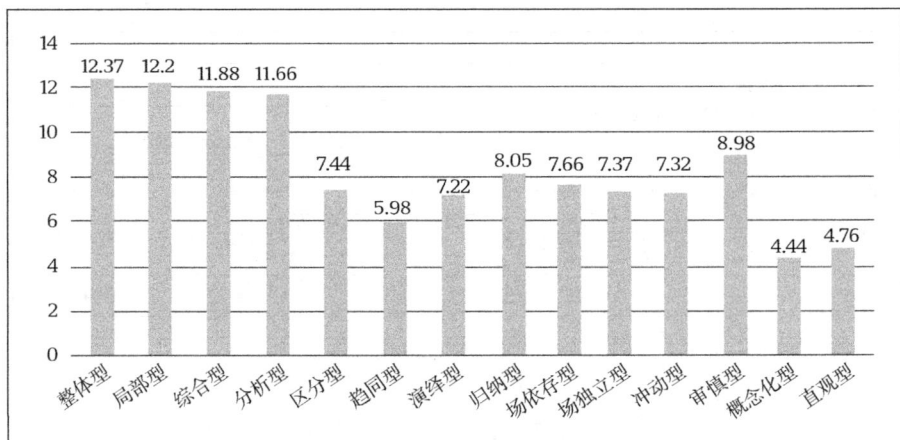

图 5.9　高年级学习者的认知学习风格平均值

1. 感知学习风格

从汉语学习时长来看，低年级和高年级学习者对视觉型学习风格的倾向性都明显高于听觉型和动觉型学习风格。低年级学习者在视觉型、听觉型、动觉型三类感知学习风格的倾向性上差异显著（P<0.05），学习风格倾向性表现为：视觉型（29.45）>听觉型（24.52）>动觉型（17.69）；而高年级学习者对听觉型和动觉型学习风格的倾向性差异不显著（P=0.658>0.05），学习风格倾向性表现为：视觉型（29.41）>动觉型

（20.88）＞听觉型（20.46）。通过低年级与高年级学习者的对比，可以发现高年级学习者比低年级学习者更偏爱动觉型学习风格（20.88>17.69）。

2. 个性学习风格

在个性学习风格倾向上，无论是低年级学习者还是高年级学习者，在配对 5（直觉型和理智型）学习风格的倾向性差异（低年级 P=0.004<0.05；高年级 P=0.001<0.05）和配对 6（封闭型与开放型）学习风格的倾向性差异（低年级 P=0.001<0.05；高年级 P=0.001<0.05）上都很明显，表现为理智型和封闭型学习风格。其中，高年级比低年级在配对 5（直觉型和理智型）学习风格的倾向性差异更显著（低年级 P=0.004>高年级 P=0.001），但与总体个性学习风格的倾向性一致，都表现为理智型学习风格。

3. 认知学习风格

从汉语学习时长的角度来看，低年级学习者与高年级学习者在认知学习风格的倾向性上存在一定差异。具体表现为：在配对 7（整体型和局部型）学习风格的倾向性差异上，低年级的倾向性差异显著（P=0.004<0.05），偏向于局部型学习风格，而高年级的倾向性差异不显著（P=0.688>0.05）；在配对 10（演绎型和归纳型）学习风格的倾向差异上，低年级的倾向差异显著（P=0.043<0.05），偏向于演绎型学习风格，而高年级的倾向差异不显著（P=0.08>0.05）；在配对 9（区分型和趋同型）学习风格的倾向性差异上，高年级的倾向性差异显著（P=0.001<0.05），偏向于区分型学习风格，而低年级的倾向性差异不显著（P=0. 162>0.05）。同时，高年级比低年级在配对 12（冲动型和审慎型）学习风格的倾向上差异更显著（低年级 P=0.01> 高年级 P=0.001），但与总体个性学习风格的倾向性一致，都表现为审慎型学习风格。

以上调查结果显示，不同汉语学习时长的菲律宾非华裔女性汉语学习者学习风格的内部差异性主要表现为：在感知风格上，高年级学习者比低年级学习者更偏爱动觉型学习风格；在个性学习风格上，高年级学习者比低年级学习者更偏向于理智型学习风格；在认知学习风格上，低年级学习者偏向于局部型和演绎型学习风格，高年级学习者则偏向于区分型学习风格，且高年级学习者比低年级学习者更偏向于审慎型学习风格。

二、调查结果分析

（一）菲律宾非华裔女性汉语学习者学习风格的总体倾向性分析

对菲律宾非华裔女性汉语学习者学习风格的总体倾向性调查结果显示，在感知风格上，受试者倾向于视觉型和听觉型学习风格；在个性学习风格上，受试者倾向于理智型和封闭型学习风格；在认知学习风格上，受试者倾向于区分型、演绎型和审慎型学习风格。

结合访谈，对菲律宾非华裔女性汉语学习者总体学习风格的倾向性分析如下：

1. 视觉型、听觉型感知学习风格

（1）视觉型

视觉型学习者喜欢通过视觉刺激来获得学习信息，如看图片、观察实物、观看 PPT 等。以下为访谈记录：

> 问题 2：你觉得老师的板书和 PPT 对你的汉语学习帮助大吗？
> 学生 1：我觉得帮助很大，有些词语老师可能不能说得很清楚，但是如果有 PPT 和板书的话，我们会更容易理解。
> 学生 2：我认为课堂上老师的板书和展示的 PPT 对我的汉语学习帮助很大。当我看黑板或 PPT 时，我更能理解这节课。对于我来说，通过图片和板书或 PPT 显示的附加信息更容易理解课程。

根据访谈结果，受试者倾向于视觉型学习风格主要是出于汉语学习的需求，图片、PPT 可以帮助她们加深对相关知识点的理解。从教师的教学方式来看，任课教师在教学中偏爱使用板书、PPT、图片等进行教学，因为这样可以为学习者提供较直观的讲解。

（2）听觉型

听觉型学习者擅长通过听说的方式学习，她们喜欢接受口头指导，有较强的语言表达能力。以下为访谈记录：

> 问题3：你喜欢老师在课堂上播放音乐或音频来进行教学吗？
>
> 学生1：非常喜欢，因为我们菲律宾学生很喜欢音乐。我们感兴趣的事情，如果老师能做到的话，就能引起我们的注意，让我们更有兴趣。有的音乐刚好和课程有关，会让我们更能记得住。
>
> 学生2：我喜欢老师在课堂上播放音乐或音频来进行教学。我通常上课很早，所以当老师放音乐时，它可以帮助我冷静下来，更好地上课。在课间休息时，老师播放音乐可以帮助我更好地享受休息时间，让我不再为学习紧张。在课堂上，播放与课程相关的背景音乐也有助于我更好地理解课程。

访谈结果显示，听觉上的刺激一方面更容易引起她们的注意，尤其是音乐。因为菲律宾本身就是一个热爱音乐的民族，运用音乐进行教学可以激发学习者的学习兴趣，提高教学效果。另一方面，还可以让学习者身心放松，缓解学习的紧张感。

同时，在整体访谈过程中，发现受试者学习汉语的主要目的有成为汉语教师、用流利的汉语与人交谈等。从中可以看出，她们以掌握交际能力作为学习汉语的重要目标。因此，受试者更热衷于在汉语学习中提高自己的听说能力。

此外，客观条件上，受试者都是成年学习者，学校的教学安排、课业压力和学分要求等限制在一定程度上减少了她们通过身体活动开展学习的机会和意愿。所以，菲律宾非华裔女性汉语学习者在感知学习风格上更偏向于视觉型和听觉型。

2. 理智型、封闭型个性学习风格

理智型学习者喜欢以循序渐进的方式，按照所制订的计划，一步步前进。封闭型学习者也喜欢按照计划，有条不紊地完成任务，比较重视学习任务的截止时间。由此可以发现理智型与封闭型学习者都偏爱制订计划。

问题 4：你愿意制订学习计划，并按计划学习吗？

学生 1：我在很多时候都会这么做，因为我的课很多，如果我们没有好好安排，可能有些事情就会做不到，或者容易忘记，所以我觉得制订学习计划很重要。

学生 2：我制订学习计划，我要确保我总是按时提交作业，因为汉语课很重要，老师会计算作业的分数，我想在课上分数高点儿。

根据访谈结果，受试者形成理智型和封闭型个性学习风格的原因有两方面。一是受试者都是汉语相关专业的学生，汉语课作为受试者的专业课程，属于专业必修课，且学分占比较高，学习者的学习态度和行为会直接影响汉语课的成绩，进而影响学习者获得奖学金，甚至关系到个人专业发展；二是受试者有制订学习计划的需求，制订明确的计划可以帮助她们在规定时间内完成教师布置的作业和任务，防止自己因为疏忽遗漏重要的事情。

3. 认知学习风格

（1）区分型

区分型学习者擅长寻找语言的内部差异，通过区分语言材料的特点以及内部差异来进行分类记忆。

问题 5：你在学习时，喜欢把语音、词汇、语法分类吗？

学生 1：说实话，不会，我会把它们放在一起学习。我们学了很多生词，下课以后我会把它们读一遍，写汉字，造句，把它们放在一起学习。

学生 2：我学习时喜欢把语音、词汇、语法进行分类学习。因为汉语不是我的母语，我发现我学汉语时间长了以后，有很多差不多的词语和规则要区分，这种学习方式让我比较容易掌握它们。

学生 3：我喜欢分类学习，有时候学到几个词语很像，比如"忽然""突然"。我不能学了读音以后就造句，因为它们是不一样的。老师会把它们放在一起，去找两个词语的不同点，这样只讲词语我会理解得更好。

访谈结果与调查结果有一定出入，高年级学习者有分类学习的习惯，而低年级学习者则没有这个习惯。这在主观上是由学习者个人的学习习惯决定的，客观上则是因为高年级学习者随着汉语学习难度的加深，不可避免地需要区分汉语中一些相似的概念和语言结构，对分类学习的需求较高，因此，区分型学习风格倾向也更明显。

（2）演绎型

演绎型学习者在语言学习中习惯从一般概念到具体例子的学习顺序，即先学习语法规则，再给出例句。

问题6：你喜欢老师先讲解语法还是先讲解例子？为什么？

学生1：我喜欢先讲语法，然后举很多个例子。以前上课的时候，我的菲律宾老师都是这样的，我有点儿习惯了。

学生2：我喜欢老师先讲解语法，然后再讲解例子。如果老师先给我们例子，我们会觉得很困惑，因为我们还不知道他讲的是什么；如果老师先讲解语法，再讲例子，我们就更容易理解他的例子。

访谈结果与调查结果一致，受试者皆倾向于演绎型学习风格。

张国辉（2007）在对教师教学风格与学生学习风格的研究中提出，教师教学风格是影响学生学习风格形成的重要因素。根据公派教师的介绍，课堂教学在高级阶段以演绎法为主，在初级阶段以归纳法为主。访谈对象都是汉语水平较高的学习者，HSK达到五级以上，其演绎型学习风格与教师的课堂教学不无关系。

（3）审慎型

审慎型学习者擅长思考和反思，习惯认真思索后再回答问题。

问题7：你在回答问题时习惯立刻回答还是考虑后再回答？

学生1：看情况吧，一些问题只有一个答案，比较简单的时候就会马上回答。更多时候，问题对我们来说有点儿难，就需要有一段时间考虑后再回答，因为我想回答正确的答案。

学生2：我会想清楚了再回答。因为我觉得回答问题要提前想好要说的，这样才不会在回答的时候说不清楚。

访谈结果显示，受试者偏向于审慎型学习风格的主要原因是她们关注答案的准确性与回答时语言的流利性。从社会心理因素来看，在大量语言与性别的关系研究中，人们发现女性比男性更倾向于使用标准的目的语（韩亚文，2004）。因此，女性对待目的语学习的规范性要求较高，更强调语言的准确性，在课堂上经常处于倾听或等待的状态，在学习风格上更多地表现为审慎型学习风格。

（二）对不同汉语学习时长的汉语学习者学习风格内部差异的分析

调查结果显示，受试者学习风格的内部差异表现为：在感知学习风格上，高年级学习者比低年级学习者更偏向于动觉型学习风格；在个性学习风格上，低年级学习者比高年级学习者更偏向于理智型学习风格；在认知学习风格上，高年级学习者比低年级学习者更偏向于演绎型学习风格，且低年级学习者偏爱局部型学习风格，高年级学习者偏爱区分型学习风格。

结合访谈，对不同汉语学习时长的菲律宾非华裔女性汉语学习者学习风格的内部差异分析如下：

1. 感知学习风格

高年级学习者比低年级学习者更偏向于动觉型学习风格。

问题8：你喜欢记笔记吗？为什么？

学生1：我喜欢记笔记，很多时候我会容易忘记一些事情，因为我们很忙。但是，如果把它记到笔记上，以后有时间可以再看一遍，然后复习。如果课程很难，笔记可以让我更容易理解课程的内容。我很喜欢记笔记，但是经常遇到不会写的汉字，我会写错，这是个问题。

学生2：我不喜欢记笔记。上课时，我很认真听老师讲话，我觉得只要听懂老师的话就够了。我的汉字写得不好，很多字我不会写，我觉得记笔记有点儿难。

访谈显示，高年级学习者偏向于动觉型学习风格是受到了汉语学习需求的影响。随着汉语学习的深入和学习内容的增多，学习难度也逐渐提高，高年级学习者在汉语学习过程中需要利用课堂笔记来对学习内容进行记忆和复习。尽管高年级和低年级学习者在汉语书写上都有一定困难，但高年级学习者由于掌握的汉字较多，所以对记笔记的畏难心理比低年级学习者要少一些。

根据 Reid（1987）的感知学习风格问卷调查进行的关于学历的调查结果显示，研究生比本科生的第二语言学习时间更长，在学习风格上更偏爱触觉型和动觉型学习风格。李超凤（2016）对扬州大学留学生的调查结果显示，汉语学习时长越长的学习者越偏爱动觉型学习风格，这与我们的调查结果一致。

2. 个性学习风格

低年级学习者比高年级学习者更偏向于理智型学习风格。

问题 9：你喜欢按照学习计划完成学习任务吗？

学生 1：我很喜欢汉语课，所以我会在截止时间之前完成任务。提前计划清楚会让我更容易完成任务。

学生 2：我不喜欢制订学习计划，因为这样会给我很大的压力。当我想做作业或复习考试时，那我就会做作业或复习，不需要学习计划。我只需要确保我可以按时提交，因为这是我作为一名学生的责任。

低年级学习者由于汉语水平有限，对于教师布置的任务，大部分学习者都会循规蹈矩地完成；而高年级学习者汉语水平较高，在学习时更加灵活、随性，喜欢提出新想法并大胆地进行尝试，她们完成任务的方式较为灵活多样。表现在学习风格上，低年级学习者比高年级学习者的理智型学习风格倾向更为明显。

3. 认知学习风格

（1）高年级学习者比低年级学习者更偏向于演绎型学习风格。

问题10：你喜欢学习并记忆语法规则吗？

学生1：当然，因为要学的语法很多，我会忘记。记住语法，我就可以写很多的句子，还可以用到日常生活中。

学生2：我喜欢学习并记忆语法规则。因为汉语中有很多语法，而且很有用。我常常把新学习的语法练习一下，想想在交流时怎么用。

访谈结果显示，两位高年级学习者都喜欢学习和记忆语法规则，并想将所学语法应用到日常交际中。高年级学习者受演绎教学法影响，大多习惯了从规则到一般的思维过程，所以记忆语法规则可以让她们更好地举一反三，应用到交际中。

（2）低年级学习者偏爱局部型学习风格。

问题11：你喜欢老师通过举例子的方式讲课吗？

学生1：喜欢，有一些成语对于外国人来说难度比较高，如果老师没有给我们具体的例子，考试的时候直接让我们造句，这就很难为我们。

学生2：我喜欢老师通过举例子的方式讲课。因为我的汉语还不够好，常常不清楚一些词的用法，我觉得举例子可以帮助我们更容易理解。

学生3：喜欢，但还是要先讲一下语法规则。有时候，老师讲了规则我就理解了，马上就可以自己造句。

访谈结果显示，低年级学习者偏爱局部型学习风格的主要原因是低年级学习者处于汉语学习的初级阶段，汉语水平较低，语言理解能力还不够强，需要依靠举例来理解语言知识。而高年级学习者理解能力较强，往往不需要教师过多地举例讲解。可见，低年级学习者偏爱局部型学习风格主要是因为受到自身汉语理解能力和汉语水平的限制。

（3）高年级学习者偏爱区分型学习风格。

问题 12：你喜欢区分意思相近或读音相近的词语吗？

学生 1：这是必须学会的，有一些是课本上要求学习的东西。将来我们要当汉语老师，如果不知道这些东西，那就很难教学生。

学生 2：我喜欢区分意思相近或读音相近的词语，如果我没有把它们分开学习，我会觉得很困惑，在考试的时候就会做错。我不希望考不好，所以我会去认真研究它们不一样的地方。

访谈发现，高年级学习者将认真学习汉语作为未来成为汉语教师的必备条件，将自身汉语水平与未来职业能力挂钩，所以在对待汉语学习这件事情上，她们的目标更为明确，学习态度更为认真。她们对自身的汉语学习要求较高，希望做到精益求精，表现在学习风格倾向上则是更偏爱区分型学习风格。

（三）菲律宾非华裔女性汉语学习者学习风格与其他国家已有研究结论的对比

我们针对菲律宾非华裔女性汉语学习者的研究，由于受到客观条件的限制，缺乏相应的对照组。为使研究更完整，特选择其他国家已有的关于汉语学习者学习风格的研究结论作为对比。本次对比分析主要针对学习风格的性别差异，分析女性学习者与男性学习者的学习风格差异，以及女性学习者学习风格的共同点，以此突出菲律宾非华裔女性汉语学习者独有的学习风格特点。

1. 菲律宾与东南亚女性汉语学习者学习风格的对比

菲律宾、马来西亚、泰国同处于东南亚地区，由于受地理、文化、政治等因素影响，东南亚国家的汉语教育发展在某种程度上具有相似性，李静静（2021）研究了马来西亚彭亨大学孔子学院的大学生的学习风格；方敏（2013）调查了泰国清迈大学中文系学生和泰国西北大学赴上海师范大学留学生的汉语学习风格。这两项研究成果与本研究具有较强的可比性，详见图 5.10。

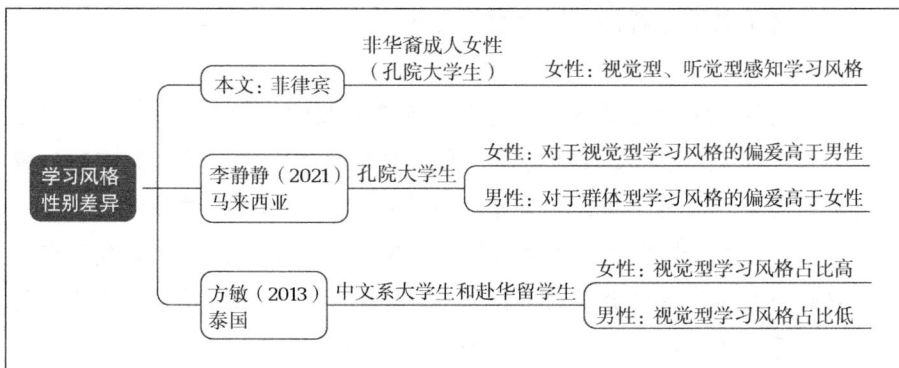

图 5.10　菲律宾与马来西亚、泰国女性汉语学习者学习风格的对比

李静静（2021）的研究结果显示，马来西亚受试者内部存在性别差异，具体表现为男性学习者比女性学习者更偏爱群体型学习风格，女性学习者比男性学习者更偏爱视觉型学习风格。方敏（2013）的调查结果显示，男性的感知学习风格倾向为触觉型＞听觉型＞动觉型＞视觉型，女性的感知学习风格倾向为视觉型＞听觉型＞触觉型＞动觉型，最显著的性别差异在于视觉型学习风格在女性学习者中占比高，视觉型学习风格在男性学习者中占比低。

通过对比可以发现，菲律宾、马来西亚和泰国的女性汉语学习者都具有明显的视觉型学习风格倾向。

2. 菲律宾与美国女性汉语学习者学习风格的对比

陈天序（2015）以非目的语环境下的美国汉语学习者为调查对象，同样采用 Cohen、Oxford 和 Chi（2006）设计的《学习风格调查问卷》作为调查工具，对美国大学生的三大类（感知学习风格、个性学习风格和认知学习风格）学习风格进行了调查，调查结果与本研究的对比如下。

陈天序（2015）针对美国南卡罗来纳大学和佐治亚州立大学的汉语学习者进行学习风格倾向性研究，研究结果显示：从性别角度来看，受试者存在显著的内部差异，女性学习者在感知学习风格上的倾向为视觉型＞听觉型＞动觉型，在个性学习风格上倾向于封闭型，在认知学习风格上倾向于整体型；男性学习者在感知学习风格上的倾向为视觉型≈听觉型＞

动觉型，在个性学习风格上倾向于直觉型和封闭型，在认知学习风格上倾向于直观型。

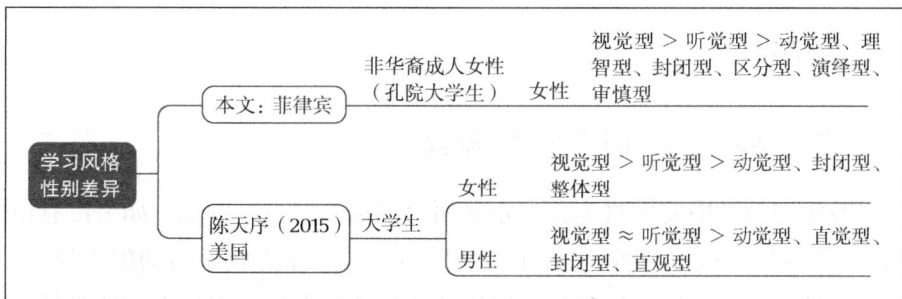

图 5.11　菲律宾与美国女性汉语学习者学习风格对比

通过对比可以发现，菲律宾非华裔女性汉语学习者与美国女性汉语学习者学习风格的相同点是感知学习风格都倾向于视觉型，个性学习风格都倾向于封闭型。不同点是在认知学习风格上，菲律宾女性汉语学习者倾向于区分型和演绎型，而美国女性汉语学习者则倾向于整体型。

综上，菲律宾、马来西亚、泰国和美国女性汉语学习者在感知学习风格上的倾向皆表现为视觉型＞听觉型＞动觉型，且与男性相比，女性的视觉型学习风格倾向性更明显。这与 Reid（2002）从感知角度对 147 名女性大学生展开的调查结果一致，女性的学习风格总体偏向于视觉型和听觉型。这有其独特的生理依据，随着女性年龄的增长，右脑逐渐占据主导地位，使得她们更习惯通过感觉来感知外界事物的刺激，擅长从整体上把握事物，所以女性的语言认知能力相对较强。女性较强的感性思维和认知能力使她们更偏向于视觉型和听觉型学习风格。

第四节　教学启示及结语

调查菲律宾非华裔女性汉语学习者学习风格的目的是为了了解她们学习风格的总体倾向，以及不同汉语学习时长的汉语学习者学习风格的内部差异，从而帮助汉语教师了解学习者的学习风格，并采用与学习者的学习风格相匹配的教学策略。

一、教学启示

（一）关注学习风格，因"性别"施教

教师在教学中要因材施教，正确面对性别差异。可以说，如果没有做到因"性别"施教，就无法真正实现因材施教。作为教学活动的主导者，教师对学习者的个体差异和学习风格的关注度与重视度直接影响课堂教学效果，教师的教学策略应该具有性别针对性（郑晓春，2011）。汉语教师在进行课堂设计的时候，要充分了解学习者学习风格的总体倾向性与内部差异性，熟知不同教学方式与不同学习风格之间的匹配程度。在尊重菲律宾汉语学习者不同学习风格的前提下，做到针对性和差异化教学。在对菲律宾汉语教师进行访谈时（具体参见附录），发现菲律宾的汉语教师对于学习者学习风格的关注程度还不够，对教师教学风格与学生学习风格的关系也缺乏正确的认识。

菲律宾女性汉语学习者的学习风格是视觉型、封闭型和演绎型，汉语教师在对菲律宾非华裔女性学习者开展教学时，要立足这一学习风格特征，在课堂上增加可视化内容，发挥学习者感知学习风格、个性学习风格和认知学习风格的优势。例如，要重视板书的设计，利用简洁明了、条理清晰、字迹美观的板书，直观地展示语言点，有针对性地突出教学重难点，帮助学习者理解和记忆，同时帮助其构建相应的知识理论框架。另外，还可以采用多媒体教学，使用投影仪投放 PPT、视频、图片，或者使用笔记本电脑、平板电脑、手机等电子设备进行影像展示，从而吸引学习者的注意力，提高教学效果。

听觉型学习者擅长通过听说的方式学习，对声音有着较为敏锐的刺激反应，因此教师在规范教学用语的同时也可通过"抑扬顿挫"的教学语言来吸引学习者的注意力。课堂上要引导学习者使用听觉感官来学习，组织多种听说类课堂活动，如唱歌、朗诵、讨论、主持、辩论等有声学习方式来刺激学习者的学习兴趣。

封闭型学习者喜欢按计划完成学习任务，学习努力，对不清楚的知识总是希望马上知道问题的答案。教师可以多使用直接的语言材料，减少对理论性知识的讲解。多采取不同形式的课堂活动，避免在活动中打断学生，尽量设计一些需要按照步骤的、具体的、线性的活动，并要求学生循序渐进地完成。

区分型学习者善于区分语言材料的特点和彼此间的差异，擅长分类别记忆各种语言项目。教师可以将语音、词汇、语法分模块教学，引导学生寻找各个模块之间的异同，如通过汉字游戏找出汉字间的异同，或对一些单词、短语进行细微的区分。

演绎型学习者喜欢先学习语法规则和理论，再学习具体的例句，这与目前国内较常用的归纳式教学法相悖。因此，教师在讲解语言知识时要注意，向学生介绍语法规则时应给予学生具体、详细的解释后，再给例句进行练习。

审慎型学习者擅长思考问题，在语言学习中注重语言的准确性，习惯在思考后给出正确的答案。该类型的学习者不喜欢主动在课堂上回答问题，害怕出错，经常在课堂上保持聆听或沉默的状态。鉴于此，教师可通过构建和谐的师生关系，营造轻松愉悦的学习氛围，让学习者在课堂上减少焦虑情绪。同时，在学习者回答问题时，给其留出恰当的思考时间，宽容对待其发言，多给予肯定性、鼓励性评价，帮助学习者树立汉语学习的信心。

汉语课堂教学要发挥最好的教学效果，需要教师采用与学习者学习风格相匹配的教学策略，创造符合学习者学习风格偏好的教学环境。菲律宾的汉语教学应根据学习者的学习风格，选择相应的教学策略，因"性别"施教。

（二）关注学习风格差异，分层教学

在访谈部分，就菲律宾非华裔女性汉语学习者学习风格内部差异的原因分析中，发现不同汉语学习时长的学习者学习理解能力不同，这主要是由学习的阶段性决定的。

菲律宾低年级非华裔女性更偏爱理智型与局部型学习风格，汉语教师可以一方面针对她们习惯按计划完成任务的特点，设计一些需要按照步骤的、具体的、线性的活动，并要求她们按步骤完成；另一方面针对其汉语理解能力较低的情况，可通过较为直观、形象的教学手段，如实物展示、例子展示，来帮助她们克服汉语学习的困难。

高年级菲律宾非华裔女性在认知学习风格上偏向于区分型。针对区分型学习者善于分类学习的特点，汉语教师可以将语音、词汇、语法分模块教学。培养她们的汉语交际能力时，利用多媒体等教学设备，分场景模拟汉语交际情境，营造交际氛围，通过形式多样的课堂交际活动，如角色表演、游戏活动等，培养分情境交际能力。

同时，在教学中教师要积极引导汉语学习者对自我学习风格进行调整，在学习者了解自身学习风格的基础上，引导其分析自身学习风格的利弊，充分发挥自身的优势，努力克服自己的不足，发挥主观能动性，通过自我调整的方式，适应教师的教学策略，使自己的学习效果达到最佳状态。教师应鼓励学习者根据自身的学习风格，采取与学习风格相匹配的学习策略，使学习风格与学习策略融会贯通。同时，教师应带领学习者尝试不同的思考方式和学习方式，了解其他学习风格和学习策略，朝着更有利于提高学习效率的方向发展。通过不断尝试、调整和操练，学习者可以丰富自己的学习策略，优化自己的学习风格。

二、结语

为了提高汉语教学质量，更好地践行因材施教原则，汉语教师在设计教学策略时，需要以学习者为中心，根据菲律宾汉语学习者的学习风格特点、学习风格的内部差异性以及学习的目的与需求，有针对性地提出教学策略。综合上述分析，我们可以得出以下结论：

（1）菲律宾非华裔女性汉语学习者学习风格的总体倾向是：在感知学习风格上，倾向于视觉型和听觉型学习风格；在个性学习风格上，倾向于理智型和封闭型学习风格；在认知学习风格上，倾向于区分型、演绎型和审慎型学习风格。

（2）不同汉语学习时长的菲律宾非华裔女性汉语学习者学习风格的内部差异性主要表现为：在感知学习风格上，高年级学习者比低年级学习者更偏向于动觉型学习风格；在个性学习风格上，高年级学习者比低年级学习者更偏向于理智型学习风格；在认知学习风格上，低年级学习者偏向于局部型和演绎型，高年级学习者偏向于区分型，且高年级学习者比低年级学习者更偏向于审慎型学习风格。

（3）根据研究与访谈结果，我们获得的启示有：菲律宾的汉语教学应根据学习者的学习风格，选择相应的教学策略，因"性别"施教，关注学习风格差异，进行分层教学。

当然，本次研究还存在不足之处。一是由于受到地理位置等因素的影响，样本数量有限，本研究的相关结论有待更大样本的检验；二是研究对象是菲律宾非华裔女性汉语学习者，虽与马来西亚、泰国和美国的相关研究结果做了对比，但未与菲律宾男性汉语学习者的学习风格进行对比。如果能进一步了解菲律宾汉语学习者学习风格的性别差异，研究结果将对菲律宾的汉语教学有更大的理论和应用指导价值。

附录　针对任课教师访谈的结果与分析

一、对学习者个体差异的关注度

汉语教学如何践行因材施教原则，需要任课教师关注和了解教学对象的个体差异，从学习者的个体差异出发，制订相应的教学计划，才能使课堂教学发挥最好的效果。访谈以学习者的个体差异作为切入点，引出作为个体差异研究内容的学习风格概念。以下为访谈记录：

问题3：在教学中，你关注过学生的个体差异吗？你觉得作为教师应该关注学生的个体差异吗？
教师1：关注过。作为教师肯定要照顾到每一个学生。但是，实际教学中很难兼顾到每个学生，只能尽可能地采用多种教学方法。
教师2：关注过。教师应该关注学生的个体差异，但是在教学中，不能因为过度关注某个学生而影响教学进度。在有时间和精力的情况下，可以考虑课后及业余时间积极关注学生的个体差异。

教师3：会在课堂上关注学生的差异，因为每个学生表现出来的特质都不一样。教师需要关注学生的个体差异，以便于教学计划更好地实施。

问题4：你了解过学习风格这个概念吗？
教师1：了解过，不同学生的学习风格不同，学习方式的偏好也不同。
教师2：不是很了解，只是大概听说过。
教师3：听说过这个概念，但没有具体了解。

访谈结果显示，任课教师在不同程度上都对学习者的个体差异有所关注。访谈中，任课教师都认为关注学生的个体差异是一个必要的行为，对学生个体差异的关注程度会对教学有所影响。其中，任课教师也提出了在实际教学中很难兼顾到每个学生，而且过分关注某个学生会影响到整体教学进度等问题，因此只能做到兼顾大部分学生群体。

二、对学习风格概念的了解程度

问题5：你觉得影响学生学习风格的因素有哪些？
教师1：生理因素、心理因素、社会因素。
教师2：家庭环境（父母的言传身教）、课堂环境（教师的教学态度、水平以及班级整体学习氛围）。
教师3：学生的个性、性别的差异，教师的教学方式、课型、教学内容等因素。

访谈发现，任课教师对于学习风格相关概念没有过多了解。同时，在访谈中，任课教师针对影响学习者学习风格的因素进行探讨，他们提及的因素主要有：生理因素（性别）、心理因素（个性）、社会因素、环境因素（家庭、课堂）、教师等。其中不乏一些错误的认识，如教学内容影响学生学习风格。由此可见，任课教师对学习者学习风格的相关概念和影响因素了解有限，甚至有误。

三、对教师教学风格和学生学习风格适配度的关注程度

问题6：你会关注自身教学风格和学生学习风格的适配度吗？

教师1：会关注。课堂教学效果较差的时候，我会反思采用的教学方式是否合适，是否符合学生的偏好，然后再针对具体情况对教学方式进行调整，尽量满足大多数学生的学习需求。

教师2：在遇到一些教学瓶颈或教学效果不好的时候，会考虑是不是教学方式不合适，不会考虑到教学风格和学习风格的匹配程度。

教师3：会去调整，但只能针对大部分学生的学习风格，一般会根据学生的动态学习情况去调整教学风格。

访谈发现任课教师对于教师教学风格和学生学习风格的适配度有所关注，主要针对大多数学习者的学习偏好和需求进行相应的教学策略调整。访谈中，针对教师教学风格和学生学习风格适配度问题，受访者都以教学方式和学生偏好适配度来代替回答，虽然两者有一定共通之处，但也说明了任课教师缺乏对于教师教学风格和学生学习风格适配度的了解与关注。

总体而言，通过此次对任课教师的访谈，我们发现任课教师存在以下两个问题：①对学习者学习风格不够关注，且缺乏正确的认识；②缺乏对教师教学风格与学生学习风格关系和适配度的认识。

第六章

菲律宾高校的中文教学及孔子学院发展

第一节　菲律宾高校的中文教学

一、菲律宾高校中文教学概况

长期以来，菲律宾高校的外语选修课大部分是西方国家的语言，而没有中文，直到 1971 年西里曼大学最早开设中文课。但是，此后 10 年里菲律宾没有高校再开设中文课，到了 1981 年才又有高校开设中文课。截至 2001 年，菲律宾真正开设中文课的高校也只有 12 所。2001 年 6 月，时任菲律宾总统阿罗约倡议菲律宾高校把中文列为外语选修课。随后，菲律宾高等教育委员会签署了一份致全国公立、私立高校备忘录，鼓励高校在本科、硕士和博士课程中将中文列为外语选修课。政府的鼓励有力地推动了菲律宾高校中文教学的发展，2001—2003 年，在菲律宾高校学习中文的学生人数是以往 30 年学习中文人数总和的 3.95 倍（符维，2013）。

近年来，随着中国综合国力不断增强，中菲交流日益频繁，中文在菲律宾的受重视程度更高了，菲律宾开设中文课程的高校也越来越多了。

我们通过搜索文献、查询学校网站、调查在菲汉语教师等多种方式，统计出目前菲律宾开设中文课程的高等院校（含分校）共有 38 所，具体如表 6.1 所示。

表 6.1　菲律宾开设中文课程的高校统计

序号	中文名	英文名	学校网址
1	西里曼大学	Silliman University	https://su.edu.ph/

序号	中文名	英文名	学校网址
2	菲律宾师范大学	Philippine Normal University	https://www.pnu.edu.ph/
3	雅典耀大学	Ateneo De Manila University	https://www.ateneo.edu/
4	圣路易斯大学	Saint Louis University	http://www.slu.edu.ph/
5	圣乔斯-尼古雷德斯大学	University of San Jose-Recoletos	https://usjr.edu.ph/
6	亚太大学	Asia Pacific College	https://www.apc.edu.ph/
7	碧瑶大学	University of Baguio	https://ubaguio.edu/
8	中央大学	Centro Escolar University	https://www.ceu.edu.ph/
9	利加智比省安基那斯大学	Aquinas University of Legazpi	https://aul.edu.ph/
10	南吕宋大学	Southern Luzon State University	http://slsu.edu.ph/
11	西北大学	Lyceum Northwestern University	https://lyceum.edu.ph/
12	菲律宾国立大学	University of the Philippines	https://www.pup.edu.ph/
13	圣托马斯大学	University of Santo Tomas	https://www.ust.edu.ph/
14	圣保罗大学	St. Paul University	https://www.spu.edu.ph/
15	东方大学	University of the East	http://www.ue.edu.ph/
16	德拉萨大学	De La Salle University	http://www.dlsu.edu.ph/
17	伊德润学院	Enderun Colleges	https://www.enderuncolleges.com/
18	玛布亚科技学院	Mapua Institute of Technology	https://www.mapua.edu.ph/
19	美廉学院	Miriam College	https://www.mc.edu.ph/
20	菲律宾中正学院	Chiang Kai Shek College	http://www.cksc.edu.ph/
21	菲律宾侨中学院	Philippine Culteral College	https://www.philippine-culturalcollege.edu.ph/

（续表）

序号	中文名	英文名	学校网址
22	菲律宾马科斯大学	Mariano Marcos State University	http://www.mmsu.edu.ph/
23	菲律宾莱西姆大学	Lyceum of the Philippines University	https://www.lpu.edu.ph/
24	拉萨尔大学	La Salle University	https://www.lsu.edu.ph/
25	三一大学	Trinity University	http://www.tu.edu.ph/
26	拉蒙马格赛赛总统国立大学	President Ramon Magsaysay State University	https://prmsu.edu.ph/
27	马卡蒂大学	University of Makati	https://www.umak.edu.ph/
28	安吉利斯城市学院	City College of Angeles	https://cca.edu.ph/
29	圣名大学	Holy Name University	https://hnu.edu.ph/
30	圣贝尼尔德学院	College of Saint Benilde	https://www.benilde.edu.ph/
31	卡罗坎大学	Caloocan University	http://www.cu.edu.ph/
32	永恒大学	University of Perpetual Help System Dalta	https://perpetualdalta.edu.ph/
33	宿务大学	University of Cebu	https://uc.edu.ph/
34	布拉卡国立大学	Bulacan State University	https://www.bulsu.edu.ph/
35	AMA 计算机学院	AMA Computer College	https://www.ama.edu.ph/
36	菲律宾莱康大学	La Consolacion University Philippines	https://lcup.edu.ph/
37	红溪礼示大学	Angeles University Foundation	https://www.auf.edu.ph/
38	新纪元大学	New Era University	https://www.neu.edu.ph/main/

　　从 1971 年的西里曼大学最早开设中文课程，到如今的 38 所高校（含分校）开设中文课程，菲律宾开设中文课程的高校数量在不断增加。但

是，根据菲律宾高等教育委员会的最新统计，菲律宾高等教育机构一共有2424所，开设中文课程的高校比例仍然很低，菲律宾高校的中文教学任重道远，还有很大的发展空间。

二、菲律宾高校中文教学现状

下面将从课程设置、教材选用、师资配置和教学资源四个方面对这38所高校的中文教学进行具体分析。

(一) 课程设置

课程是完成教学内容和实现教学目标的载体，课程设置规划是学科研究和建设的重要内容（李泉，2017）。所以，课程设置对于学科教学来说是非常重要的，课程设置是否合理会直接影响教学效果。

1. 菲律宾高校中文课程性质

根据菲律宾高校中文课程现状，我们将课程性质分为必修课程、选修课程、核心课程和替选课程四大类。这些课程的地位和重要性表现为：核心课程 > 必修课程 > 选修课程 > 替选课程。在这38所高校中，中文课程为选修课程的最多，有28所，在所有类型的课程中占比高达73.7%左右。中文作为必修课的学校有4所，作为核心课程的只有利加智比省安基那斯大学。具体情况如表6.2所示。

表6.2　菲律宾高校中文课程性质情况统计

课程性质	替选	选修	选、必替修	选、必修	必修	核心
高校数量	1	28	2	2	4	1

2. 菲律宾高校中文课程具体内容

国内对外汉语教学一般所讲的课程即把不同名目的"课"都称为课程，作为课程设置的对象。课程设置是教育机构为了实现培养目标，对学习者应当掌握的知识、技能、行为规范等内容进行确定、选择和划分后设置的相应的课程体系（崔永华，2008）。课程的设置既要符合本专业的性质、特点，也要符合培养目标。据调查，菲律宾高校中文课程的具体内容设置存在语言课与文化课的比例有待调整、课程具体内容未能充分体现其培养目标等问题。下面以菲律宾雅典耀大学和红溪礼示大学为例进行具体分析。

（1）雅典耀大学中文课程

雅典耀大学中文系在菲律宾高校中教学实力较强，影响力较大，课程设置相对较全，而且还设有专业性较强的中国研究项目，分为本科课程和研究生课程。本科课程旨在让学生掌握全面的中文知识，了解中国历史和文化，为学生进一步从事中国研究做好准备，为他们提供进一步参与中国不同层次和领域研究的工具。研究生课程旨在为 K—12 学校和大学培养高素质的专业中文教师。关于其本科课程和研究生课程具体内容设置情况，分别如表 6.3 和表 6.4 所示。

表 6.3　雅典耀大学中文本科课程情况

课程类别	课程名称	学分
中国普通话课程	中国普通话与文化 1	3
	中国普通话与文化 2	3
	中级汉语 1	3
	中级汉语 2	3
	中级汉语 3	3
	商务实用汉语	3
	古典汉语	3
	中国哲学	3
中国研究选修课	闽南语 1	3
	闽南语 2	3
	现代中国经济	3
	中国政府与政治	3
	中国外交政策	3
	中日关系	3
	中国社会概论	3
	美食与中国文化	3

课程类别	课程名称	学分
中国研究选修课	东亚当代冲突史	3
	东南亚华人移民的历史、文化和身份	3
	中国哲学	3
	现代中国哲学	3
	中国文学概论	3
	在中国做生意	3
	文化尽职调查：在中国开展业务的考量（跨学科选修课）	3
	中国电影的历史与文化	3
	中国大众传媒	3
	中国语境下的跨文化交流	3
	中药	3
	中医身心健康	3
	中文中的性别与性医学	3
	中国科学技术	3
	中国科学技术（跨学科选修课）	3
	中国绘画	3
	中国书法基础	3
	中国艺术与社会	3
	中国艺术与社会（跨学科选修课）	3
	中国山水画	3
	中国当代艺术导论	3
	菲律宾生活中的华人	3
	中国历史	3
	中国史（晚清至 21 世纪初）	3
	研究方法	3
	中国研究	3

表6.4　雅典耀大学中文研究生课程情况

课程类别	课程名称	学分
必修科目	教育基础	3
	教育哲学	3
	多媒体与技术应用	3
	研究方法与搜集材料	3
	数据统计	3
专业领域	中国概论	3
	现代汉语	3
	高级汉语	3
	对外汉语教学	3
	汉语教学的设计与实践	3
	汉语教学的测试与评估	3

由表6.3可知，雅典耀大学中文本科课程主要分为语言课和文化课两大类型。语言课包括了综合性的中文课程和具有针对性的特色中文课程；文化课内容十分丰富，涉及语言、政治、经济、文化等各个方面和商务、哲学、方言、文学、中医、历史、外交等不同领域。这样的课程内容安排有利于学生了解中国历史和文化，较好地满足了学生对中国文化知识的需求。但是，文化课程数量远远多于语言课程数量。中国普通话课程中，一共有8门课程，其中有5门课程涉及文化。中国研究选修课一共有34门，没有一门课程是完全纯粹学习中文的，除了《研究方法》，其他33门课程都和文化相关。另外，所有课程的学分都是3分。

由表6.4可知，雅典耀大学中文研究生课程主要分为知识课与技能课。知识课包括教育基础知识、教育哲学知识、中国文化知识、现代汉语知识、汉语教学知识等；技能课包括多媒体技术应用、研究方法与搜集材料、数据统计、中文教学相关能力等。通过必修科目的学习，学生能掌握教育学相关知识、多媒体技术、相关研究方法等；通过专业领域课程的学习，学生可以具备更高水平的中文知识与教学能力。研究生课程的培养目标是为K—12学校和大学培养高素质的专业汉语教师，可以看出其课程内容与培养目标是相符的。所有课程的学分也都是3分。

从整体上看，雅典耀大学中文课程安排的内容都是本专业学生应当掌握的知识、技能，符合本专业的性质和特点。本科课程与研究生课程有区别，本科课程内容侧重初、中级中文水平，研究生课程内容侧重中、高级中文水平，分别与其培养目标对应。

（2）红溪礼示大学中文课程

红溪礼示大学的中文选修课实为大学公共课，是教育学院、商学院、药学院、计算机学院和研究生院等学院的必修课，旨在培养更为专业的菲律宾本土中文教师，目前中文课在研究生院、药学院和商学院三个学院开设，课型均为综合课，考试为 HSK 一级（梁缘，2019）。

相较于雅典耀大学，红溪礼示大学中文课程类型单一，缺乏特色中文课，不太能满足学生对中文学习的需求。其中文课程内容偏基础，目标是培养零起点大学生对中文的兴趣。

（二）教材选用

教材是教师指导学生学习的一切教学材料，包括教科书、讲义、讲授提纲、参考书刊、辅导材料以及辅助教材，一般用教科书作为课堂教学的基础和主要依据（崔永华，2008）。在中文教学中，教材起着关键作用。我们对 38 所高校的中文教材使用情况进行了统计，相关数据如表 6.5 所示。

表 6.5　菲律宾高校中文教材使用情况统计

教材使用情况	高校数量
本土教材	0
中国教材	7
无教材（包括教师自编）	31

由表 6.5 可知，菲律宾大部分高校没有专门的中文教材，小部分高校使用的是中国编写的教材，至今没有一本供高校使用的本土中文教材。

菲律宾开设中文课程的高校中，有 7 所有中文教材，具体情况如表 6.6 所示。

表 6.6　菲律宾 7 所高校中文教材使用情况统计

高校名称	使用教材
雅典耀大学	《新实用汉语课本》《商务汉语入门》
菲律宾国立大学	《新实用汉语课本》
圣保罗大学	《基础汉语》《汉语会话 301 句》等
菲律宾中正学院	《成功之路》
三一大学	《HSK 标准教程》
布拉卡国立大学	《跟我学汉语（菲律宾语版）》
红溪礼示大学	《快乐汉语（菲律宾语版）》

由表 6.6 可以看出，菲律宾高校使用的中文教材参差不齐。有的使用一本教材，如菲律宾国立大学、菲律宾中正学院、三一大学、布拉卡国立大学、红溪礼示大学；有的学校使用两本教材，如雅典耀大学；而有的学校教材数量和种类都较多，如圣保罗大学。有的学校使用的教材是中文版的，而有的学校使用的教材是菲律宾语版的。

（三）师资配置

菲律宾高校中文教师数量非常少，除了红溪礼示大学、菲律宾国立大学的中文教师有 10 名以上之外，其他学校的中文教师数量都在 1—3 名，甚至有的高校虽然设有中文课程，但一直没有中文教师。这些中文教师大多数都是兼职教师或志愿者教师，不是专门从事中文教学工作的全职教师。有的教师不仅负责大学的中文课教学，甚至还会承担其他学段的中文课教学任务。比如，三一大学唯一的一名中文教师负责高中 12 年级和整个大学的中文课教学。调查统计，菲律宾 12 所高校的中文师资情况如表 6.7 所示。

表 6.7　2019—2020 年菲律宾高校中文师资情况统计

高校名称	中文教师数量（名）
菲律宾师范大学	1（兼职）
雅典耀大学	3（全职）

高校名称	中文教师数量（名）
菲律宾国立大学	10（兼职）
圣托马斯大学	0
圣保罗大学	3（兼职）
东方大学	1（兼职）
德拉萨大学	0
菲律宾马科斯大学	2（兼职）
菲律宾莱西姆大学	3（志愿者）
拉蒙马格赛赛总统国立大学	2（志愿者）
三一大学	1（全职）
红溪礼示大学	11（兼职）

（四）教学资源

中文教学资源是中文和中国文化走出去的重要载体，是国际中文教育事业发展和学科建设的重要内容，是构建更加开放、包容、规范的现代国际中文教育体系的重要力量（梁宇等，2023）。从教学的角度来说，教学资源是教学活动顺利开展的前提。对教学资源的深入研究和开发应用，既有利于提高教学效率和质量，也有利于教学资源相关理论体系构建（吴应辉，2022）。从广义上来讲，在教学过程中一切有利于教学的要素都可以称为教学资源。前文已经重点介绍了教材，此处的中文教学资源主要指除教材以外的其他辅助教师教学和学生学习的资源，如教学设备、课外书、学习平台等。

菲律宾由于网络技术欠发达，高校的教学设备等教学硬件资源不是很理想，缺乏利用多种传播渠道开展中文教学的能力，学生们能够获取的辅助性学习资源与工具很少（潘巍巍，2021）。各个书店和学校图书馆中与中文相关的书极少，为数不多的参考书也大多是语合中心赠送的或繁体字书籍。

三、菲律宾高校中文教学存在的问题

从菲律宾高校中文教学现状来看，中文教学方面存在课程设置不合理、教材资源缺乏、师资力量薄弱、教学资源不足的问题。

（一）课程设置不合理

1. 中文课地位不高

从课程性质来看，菲律宾开设中文课程的 38 所高校中，只有 1 所学校把中文课程设置为核心课程，4 所学校将中文课设置为必修课，大多数学校都是将中文课设置为选修课。只有菲律宾国立大学、雅典耀大学、德拉萨大学、红溪礼示大学、马科斯国立大学设有中国研究相关项目。只有雅典耀大学、红溪礼示大学设立了汉语师范教育硕士专业，红溪礼示大学、中正学院设置了汉语师范教育本科专业。据调查，菲律宾很多高校都将中文课程设在医学、饭店、旅游、餐饮、会计、工商管理等专业之中（黄端铭，2004）。这些都说明了菲律宾高校的中文课地位不高，没有自己的学科地位，中文课程还处于初级发展阶段。

2. 课程内容不合理

从课程内容来看，首先，各个学校根据各自的学科定位自行设定，缺少统一指导。例如，雅典耀大学中文课程比较成熟，本科课程内容十分丰富，涉及中文的方方面面和不同领域，与初、中级中文水平相对应；研究生课程旨在让学生掌握更专业的中文相关知识与更高水平的中文相关技能，与中、高级中文水平相对应。本科课程和研究生课程因培养目标不同而各有侧重。红溪礼示大学中文课的课型均为综合课，课程类型相对单一，考试是 HSK 一级，课程内容相对偏基础。相较于雅典耀大学，红溪礼示大学除了专业的汉语师范教育本科专业，其他学院的中文课程还比较基础，有待进一步完善。其次，语言课和文化课的比例分配有待进一步调整。例如，雅典耀大学的本科课程一共有 42 门，其中涉及文化的课程有 38 门，文化课占大部分。这满足了学生对了解中国历史和文化的需求，但是却不能很好地让学生掌握全面的中文知识以及运用中文的能力；研究生课程一共有11门，其中文化课只有2门，同样不能很好地满足其培养目标的需要。要真正掌握一种第二语言，单学语言本身还不够，必须同时学习该语言所代表的文化（刘珣，2000）。随着学习者语言水平的不断提高，他们对相应文化知识学习的要求也越来越高。研究生课程中，文化课太少，满足不了培养高素质中文人才的需求。在初级阶段，主要是培养学习者的中文表达能力，语言课程应占主要部分，文化课程作为补充，为语言教学服务；在高级阶段可以慢慢扩大文化课程所占的比例，满足学习者深入学习中文、了解中国、感知中国文化，从事相关专业的需要。

教学目的决定教学内容（刘珣，2000）。菲律宾高校中文课程的教学目标涉及中文的功能定位。语言的功能主要可分为工具功能和文化功能两大范畴。工具功能指的是，语言是人类最重要、最常用的交际工具和思维工具；文化功能主要包括一般文化功能和语言认同功能（李宇明、王春辉，2019）。要加强国际中文教育，应充分发挥中文工具功能的作用。有了使用汉语的需求，就会有更多的汉语学习者（李宇明、王春辉，2018），而事实也证明了这一点。海外大力实施的"中文＋"特色项目受到了越来越多国家的欢迎，目前已在全球14个国家建立了19个中文教学工作坊，受到各国中文学习者和企业本土员工的广泛欢迎。菲律宾不少高校将中文课程设置在医学、饭店、旅游、餐饮、会计、工商管理等专业之中，表明菲律宾高校的中文教学偏向于应用型的语言技能教育，也就是说学生学习中文主要是因为自己所学专业有应用中文的需求。菲律宾劳动就业部（DOLE）下属菲律宾海外劳工福利管理局（OWWA）设立国家奖学金，鼓励并要求学员在高校相关职业课程中学会使用对象国语言进行交际，提供的语言课程涵盖英语、汉语、阿拉伯语等多门语言。中文是免费培训，每期课程共100小时，平均每天学习3个小时，目前已培训44期。近年来，还有越来越多高校与菲律宾技术教育与技能发展局（TESDA）开设"中文＋职业"课程。

中文的工具功能归根结底是为了让学生把中文当成工具，能够使用中文这门语言。根据菲律宾高校开设中文课程的现状，课程设置应坚持"中文工具性"导向，以中文教学为主。另外，雅典耀大学所有课程的学分都为3分，未能体现出课程之间的差异性，学分设置也有待进一步改善。

（二）教材种类少且缺乏针对性

菲律宾高校的中文教材种类较少，可选性比较有限。不少学校使用的教材是中国国内编写的，如《新实用汉语课本》《成功之路》《HSK 标准教程》等。这些教材是综合性教材，更适用于综合课教学。而各个高校中文课程的培养目标不同，设置的中文课程性质也就不同；课时容量不同，课程内容也应有所差别。当前菲律宾高校所用中文教材满足不了各个高校各具特色、丰富多样的中文课程的需要。据统计，菲律宾开设中文课程的38 所高校中，有 31 所高校使用的是教师自编的中文教材或者没有教材。受到教师自身中文水平的影响，自编教材的专业性得不到保证。

（三）师资结构单一，专业能力不强

除了志愿者教师，菲律宾高校中文教师和从事学术研究的汉学家数量不多，而且与教育部中学的本土教师一样，高校中为数不多的中文教师以兼职为主。当前，菲律宾高校亟须熟悉菲律宾学生性格特点、了解本地风俗习惯的本土中文教师，同时也需要精通中文知识和中华文化的专家型中文教师。很多兼职教师或志愿者教师不是中文或中文相关专业出身，中文教学的专业知识比较缺乏，加上没有充足的时间钻研教学、提高自身教学水平，专业能力不够高，难以全面胜任菲律宾高校的中文教学工作。

四、对菲律宾高校中文教学的建议

（一）菲律宾政府加大支持

菲律宾高校的中文教学要想取得更好的发展，需要菲律宾政府和中国政府协同支持。语言政策与语言教学息息相关。菲律宾政府有关部门在充分摸清菲律宾高校中文教学需求的基础上，应尽快出台中文教学相关鼓励性政策，促进中文教学的发展。

随着"一带一路"的发展，中菲交流与合作越来越频繁，菲律宾需要大量高级中文人才。菲律宾高教委等政府部门应全面摸清各高校中文学习需求，根据培养目标进行统筹规划，出台相应政策，推动更多菲律宾高校开设中文或"中文＋"课程。对于条件较好、中文教学水平较高的高校，应鼓励其设置中文相关的专业课程，实现由选修课程到必修课程的转变，并出台中文教学政策，形成中文相关的独立学科。目前，菲律宾只有菲律宾国立大学、雅典耀大学、德拉萨大学、红溪礼示大学、马科斯国立大学设有中国研究相关项目，菲律宾国立大学、马科斯国立大学设有中国研究中心，雅典耀大学设立了中文本科和硕士专业，红溪礼示大学设立了汉语师范教育本科和硕士专业。

菲律宾高校的中文教学要取得长足的发展，还需要政府积极保障中文教学政策的实施。泰国与菲律宾同属于东南亚国家，但是泰国中文教学发展迅速，其势头在东南亚国家乃至世界范围都堪称前列（李昊，2010）。泰国能取得如此成绩，少不了泰国政府的帮助。泰国政府认识到了高校中文教学的重要性，积极为高校中文教学提供帮助，如为学习中文的优秀学生提供奖学金、给中文教师提供特殊待遇、给学校提供经费、在教学设施方面提供支持等（吴应辉等，2009）。菲律宾高教委、菲律宾劳动就业部（DOLE）、菲律宾技术教育与技能发展局（TESDA）除了通过加大对菲律宾高校中文教学的经费支持、提供签证优惠和工资补贴等方式积极推动菲律宾高校中文教学的发展外，还可以通过组织成立教研中心、中文教学联盟、中文研究协会、"中文＋职业"协会、中国研究协会等学术组织，为菲律宾高校中文教学与研究搭建交流平台。

（二）加强与中方的合作与交流

菲律宾高校中文市场内在需求旺盛但自主供给能力不足，需要母语国的资源支持，并加强中菲政府间的合作与交流。支持资源包括经济、中文人才、中文教学方案、中文标准等。例如，中方有关部门可以为菲律宾高校的中文教学提供经费资助，用于聘用高质量的专、兼职本土中文教师。高校中文教师是高级别中文人才，要有硕士以上学位，中方有关部门可以通过支持"汉学家项目""来华研修""专家赴外培训""新汉学计划"等项目，帮助菲律宾高校解决中文师资不足的问题。菲律宾高教委等政府部门应加强沟通协调，与中方签署有利于菲律宾高校中文发展的合作协议，为菲律宾高校中文发展提供政策保障。菲律宾高校还可以加强与驻菲使领馆和在菲华人社团的合作，充分利用驻菲使领馆的协调优势和华社的资金优势，为菲律宾高校中文教学发展助力。

高校中文教学发展较好的国家主张本国高校与中国的大学建立合作关系，联合办学。例如，韩国很多本、专科大学为了优化自身的教育结构，吸引更多的生源，提高学生的汉语实用技能，和中国的大学开展"1 + 1""3 + 1"联合培养学生的国际办学模式（张鹏、王斌，2006），泰国高校与中国高校通过"4 + 1""3 + 1""2 + 1"等模式合作办学。菲律宾高校中文教学还比较薄弱，可以通过加强与中国高校的合作与交流，来促进本国高校的中文教学，如"2 + 2""1 + 3"等模式。在这方面，中国福建师范大学、暨南大学等已做了良好的前期探索。菲律宾高校可以在总结经验的基础上，加大合作创办中文系的力度。在合作中，从政策工具上应采取激励型、协同发展型等"造血"类政策工具。相关政策除了关注中菲高校间管理、师资建设、资源供给等维度，更要重视在学科建设、学术研究和国际交流等方面的合作。

随着中资企业"走出去"，"一带一路"共建国家"中文 +"人才需求不断扩大，菲律宾作为"一带一路"共建国家，中文人才需求也必然旺盛。目前在菲中资企业达到 60 多家，大部分中资企业位于巴丹自由贸易区、三宝颜经济特区、卡加延经济特区这些主要园区内。菲律宾高校可以通过订单式职业人才培养、合作创建职业教育培训基地等方式，加强与中资企业的合作与交流。中资企业则可以与菲律宾高校合作建设"中文 + 职业""中文 + 技术"等产学研一体的培训中心，提高菲律宾高校应用型高水平中文人才的培养。在职业教育方面，中资企业可以与菲律宾的职业学校合作开展技能培训、师资交流、实习就业等项目，提高菲律宾的劳动力素质和就业率，还可以通过教育援助的方式，与菲律宾的教育部门合作捐赠教学设备、图书资料、奖学金等项目，支持菲律宾高校中文教育事业发展，助力菲律宾贫困地区的教育公平。

孔子学院是当地人了解中国文化的窗口，在推动中文教学方面起到了非常重要的作用，菲律宾高校应该加强与孔院的合作与交流，利用好孔子学院的平台开展中文教学与中文研究。孔子学院可以在课程设置、教学资源、中文师资、文化交流等方面提供专业支持。

（三）加强中文教学资源有效性建设

由于线上中文教学实践日益常态化，菲律宾传统学校教育形态与教育结构遭到一定程度的冲击，教育理论和教育模式加快变革，线上线下双线并行的中文教育新格局悄然形成，信息技术与国际中文教育的深度融合已成必然趋势（教育部中外语言交流合作中心，2021）。

菲律宾各高校在主管部门的领导下加强校际合作，组织建立中文教学资源库，依托现代教学技术加强数字化中文学习资源建设。一方面，关注菲律宾学生经常使用的主流媒体和网站，在学生熟悉的数字化空间构建信息传播和互动渠道，形成菲律宾高校中文学习的网络社区；另一方面，做好菲律宾高校中文学习相关网站、APP 等学习资源的建设，通过网站、APP 等学习平台，学生能进行课程报名、教学活动展示、学习资源下载、图书互借、在线课程学习等（潘巍巍，2021）。目前已有多个大型中文学习平台做出新的尝试，率先研发了一系列数字化中文产品并投入市场。在此情形下，菲律宾高校也要抓住机遇，适应需求，主动求变，加强中文教学资源有效性建设，开发符合菲律宾高校学生学习的数字化中文学习资源。

总之，随着菲律宾中文市场的不断扩大，菲律宾对高级中文人才的需求与日俱增。高校既是中文人才培养的高地，又是中文教学研究的重地（李宝贵、庄瑶瑶，2021）。但是，菲律宾高等院校的中文教学长期被忽略，为发挥出高级中文人才培养、中文学术交流和中文智库的作用，做强做优菲律宾高校中文教学，必将有助于其自主培养中文师资，自主研发本土化中文教材，制定中文教育标准，实现中文教育本、硕、博一体化培养，激活菲律宾高校中文教学的内生动能。

菲律宾高校的中文教学要想取得更好的发展，菲律宾政府和中国政府要加大政策沟通，签署合作协议，做好顶层设计规划，在摸清高校需求的基础上，出台中文教育支持性政策，对接中文人才市场需求。中国驻菲使领馆、中资企业、华人社团、中方高校、孔子学院等有关组织和机构应积极为菲律宾高校中文发展提供母语国支持。相信在中菲双方精诚合作的基础上群策群力，菲律宾高校中文教育必将释放出更大的发展空间，在中菲人文教育交流中发挥出应有的价值和作用。

第二节　菲律宾的孔子学院

一、菲律宾的孔子学院概况

（一）马尼拉雅典耀大学孔子学院

马尼拉雅典耀大学孔子学院成立于 2006 年 10 月 3 日，由马尼拉雅典耀大学与中山大学（广州）合作成立。雅典耀大学是菲律宾最著名的三所大学之一，创办于 1859 年。该校综合办学实力强，师资力量雄厚，已有 20 多年的汉语教学和研究历史。雅典耀大学孔子学院的建立标志着菲律宾汉语教学迈入了一个全新的阶段。雅典耀大学孔子学院通过全年提供中国语言和文化课程、汉语教师培训研讨会和管理汉语水平考试（HSK、HSKK 和 YCT）等方式，在菲律宾主流社会推广中国语言和文化。

此外，学院阅览室收藏了 8000 多本有关中国语言和文化的书籍以及相关视听资料，还有中国古典小说、中国当代文学获奖作品、非小说类作品、传记、中国历史、繁体中文的资料、医学作品、中国社会经济类作品等。孔子学院的学生来自不同的背景，如金融、房地产、IT 和法律等领域的专业人士，以及医生、政府官员、外交使团成员和学者等。学院不仅提供以学生为中心的有效学习方法，还提供活跃的语言社区，让学生体验人与人之间有意义的交流。

（二）布拉卡国立大学孔子学院

菲律宾布拉卡国立大学孔子学院位于菲律宾布拉卡省马洛洛斯市，正式成立于 2009 年 2 月 28 日，该孔子学院外方合作机构为菲律宾布拉卡国立大学，中方合作机构为西北大学，是中国政府在菲律宾建设的第二家孔子学院。布拉卡国立大学孔子学院主要提供的服务有汉语教学、汉语教师培训、提供汉语教学资源、组织 HSK 和汉语教师资格考试，提供中国教育、文化等方面的信息和咨询服务，以及开展中外语言文化交流活动。布拉卡国立大学孔子学院的图书馆不仅藏有书籍，还有在线 CD 和磁带，用于进行普通话的音频练习。各类书籍资料涉及文学、历史、地理、百科全书、汉语词典、经济学、社会科学、哲学与宗教等主题。布拉卡国立大学孔子学院拥有的资源不仅有利于想要学习普通话和中国文化的菲律宾人，也有利于那些已经了解中国及其文化的人。

（三）红溪礼示大学孔子学院

红溪礼示大学孔子学院是菲律宾第三所孔子学院，成立于 2010 年 1 月 15 日，中方合作高校为福建师范大学。在菲律宾孔子学院中，只有红溪孔院全权负责菲律宾国民教育体系中的汉语课程建设。2013 年，菲律宾教育部授牌红溪孔院为"菲律宾本土汉语师资培养培训中心"。2014 年，孔子学院总部与红溪礼示大学合作共建的菲律宾首个设于主流高校的"汉语师范专业"落户红溪孔院。2018—2019 学年，红溪孔院下设教学点 105 个，开设汉语言师范专业汉语课、大学汉语选修课、汉语师资培训课、中学生快乐汉语课、中华文化课、应用汉语课、商务汉语课、汉语考试辅导课等课程，学生总数已逾 3 万人，其中学分课程人数近 2 万人。同时，红溪孔院还为菲律宾总统府、外交部、军队、国家警察署、旅游局、移民局等政府部门开设相关语言文化课程。其中，外交部的汉语课程为非学分汉语培训课，主要为菲律宾外交部委任到中国北京、广州、重庆、上海、厦门的外交人员提供基础汉语与中国文化课程培训，学员主要来自总统办公室、联合国国际组织、亚太事务办公室、旅游部、军队、贸易与工业部、外交学院、领事办公室和法律事务厅（赖林冬，2017）。

十余年来，孔子学院已然成为红溪礼示大学引以为傲的重要组成部分，并在校方的全力支持下，确立了服务全菲、以推动菲律宾国民教育体系汉语课程建设为己任，以培养本土汉语师资、建设本土化汉语教材为核心任务的孔院发展路径。自建立以来，红溪孔院教学规模不断扩大、教学层次有序提升、教学点建设成果日益显著，享有"行走的孔子学院"的盛誉，在传播汉语、推广中华文化的同时积极推动中菲两国友谊的发展，成为中菲两国民心相通的桥梁。因发展成效显著，红溪孔院先后被中国孔子学院总部授予"海外优秀考点"和"汉语考试杰出贡献奖"，并3次被中国孔子学院总部评为"全球先进孔子学院"。

菲律宾总统、教育部长等政要盛赞红溪孔院在促进中菲两国教育文化交流、增进人民间的理解和友谊方面所作出的杰出贡献。菲律宾教育部长特别强调了红溪孔院推动汉语课程纳入菲律宾国民基础教育体系所具有的里程碑意义，以及红溪孔院作为菲律宾教育部汉语教学合作伙伴，在本土汉语师资培养项目上所取得的累累硕果。

（四）菲律宾大学孔子学院

菲律宾大学孔子学院是全球第476所孔子学院，是菲律宾境内的第四所孔子学院，于2015年月10月12日正式成立，中方合作高校为厦门大学，是厦门大学第16所共建孔子学院。菲大孔院致力于为国际中文教育事业增添新的活力。当前，菲大孔院已成为促进菲律宾中文发展和建立合作伙伴关系的重要平台，在菲律宾社会各领域建立了广泛的合作关系。在教育领域，菲大孔院与菲律宾城市联盟下属的146所城市学院和大学签订了合作协议；在商业领域，与菲律宾工商会总会和150个地方商会签署了合作备忘录；为总统通信运营办公室、外交部外交服务学院以及移民局等政府部门提供汉语课程培训；就旅游部门而言，对相关工作人员进行汉语和文化培训来应对中国游客和投资者的到访。

（五）达沃雅典耀大学孔子学院

2019年12月10日，达沃雅典耀大学校长在湖南长沙世界中文大会上与中国教育部中外语言交流合作中心正式签订建立孔子学院协议。自此，菲律宾第五所孔子学院暨菲南部第一所孔子学院正式宣告成立。

随着孔院的成立，达沃雅典耀大学将陆续在相关学院开设汉语必修课与选修课，并开始启动汉语专业建设计划、中小学孔子课堂及中国文化夏令营计划。达沃雅典耀大学孔子学院是目前唯一一所在吕宋岛之外设立的孔子学院，填补了菲律宾棉兰老地区的空白，结束了菲律宾南部没有孔院的历史，对中菲文化交流及菲南部汉语文化教育的推动无疑具有重大的意义。

综上所述，在菲律宾开设的第一所孔子学院是 2006 年 10 月成立的马尼拉雅典耀大学，目前已在菲律宾有 5 所孔子学院，具体情况如表 6.8 所示。

表 6.8 菲律宾 5 所孔子学院汇总

孔子学院名称	中方合作机构	成立时间
马尼拉雅典耀大学孔子学院 Confucius Institute at the Ateneo de Manila University	中山大学	2006 年 10 月 3 日
布拉卡国立大学孔子学院 Confucius Institute at Bulacan State University	西北大学	2009 年 2 月 28 日
红溪礼示大学孔子学院 Confucius Institute at Angeles University Foundation	福建师范大学	2010 年 1 月 15 日
菲律宾大学孔子学院 Confucius Institute at the University of the Philippines-Diliman	厦门大学	2015 年 10 月 15 日
达沃雅典耀大学孔子学院 Confucius Institute at Davao Oriental State University	华侨大学	2019 年 12 月 10 日

二、菲律宾孔子学院的课程体系及课程设置

（一）雅典耀大学孔子学院

1. 课程体系

雅典耀大学孔子学院课程体系在本科阶段分两种：一种为中国研究文学学士（Bachelor of Arts in China studies），一种为辅修中国研究（Minorin Chinese Studies）。研究生阶段的课程是汉语作为外语教学。

中国研究文学学士是本科阶段所学课程,学生毕业后将取得中国研究文学学士学位。这是菲律宾唯一致力于中国研究的学术项目,专注于中国的政治、经济、文化和社会动态,学习该项课程的学生可以从商业、人文和社会科学三个专业中进行选择。商业专业涵盖了中国背景下商业的基本原理,艺术和文化专业专注于中国的美学理论和文学艺术,社会科学专业广泛介绍了中国的社会现实及其分析框架。

辅修中国研究是为了补充学生重点领域知识,深化跨文化视角和观点、与中国有关的文化知识以及对中国社会问题的认识,为学生进一步学习中文做准备,为他们提供一个在不同水平和领域认识中国的工具。该项课程包括中文课程、国学选修课。中文课程包括:中国普通话与文化1、中国普通话与文化2、中级汉语1、中级汉语2、中级汉语3、商务实用汉语、古典汉语、中国哲学,每门课程包括三个单元。国学选修课包括:①语言类:闽南语1、闽南语2;②经济社会发展类:现代中国经济、中国政府与政治、中国外交政策、中日关系、中国社会概论、在中国做生意、文化尽职调查:在中国开展业务的考量、中国大众媒体、中国科学技术、菲律宾生活中的华人;③文化类:美食与中国文化、中国哲学、现代中国哲学、中国文学概论、中国电影的历史与文化、中国语境下的跨文化交流、中药、中医身心健康、中文中的性别与性医学、中国绘画、中国书法基础、中国艺术与社会、中国山水画、中国当代艺术导论、中国历史、研究方法、中国研究、中国史(晚清至21世纪初);④东亚当代冲突史、东南亚华人移民的历史、文化与认同。

汉语作为外语教学是为了培养具备中文能力的学生成为一名汉语教师,是为了给菲律宾培养专业的高素质汉语教师,由马尼拉雅典耀大学、中山大学、孔子学院总部合作开设。该课程将教育学、教育研究、汉语普通话、汉语研究、汉语作为外语教学相结合。课程由专任教师使用英语或者普通话授课。

汉语作为外语教学课程包括必修课程和专业学科课程。必修课程包括:教育基础、教育哲学、多媒体与技术应用、研究方法与搜集材料、数据统计。专业学科课程包括:中国概论、现代汉语、高级汉语、对外汉语教学、汉语教学的设计与实践、汉语教学的测试与评估。该项课程要求学生完成课程后,必须参加并通过包括笔试和口试在内的综合考试。

综上，菲律宾马尼拉雅典耀大学孔子学院的汉语课程体系包括三类，其中两类主要供本科学生学习，一类为研究生阶段所学课程。本科阶段学习的汉语课程一类是了解中国的政治、经济、文化等概况的课程，一类是专门学习汉语、了解中国历史文化的课程。研究生阶段的课程是汉语作为外语教学，所学内容广泛，学生既要了解中国的概况又要学习汉语语言知识，同时还要学习跨文化交际知识，其目的是为了培养优秀的汉语教师，为菲律宾的汉语教学助力。

2. 课程设置

雅典耀大学孔子学院主要面向社会人士和大学开设汉语课程，有本部和下设的教育重点课程。目前，雅典耀本部的汉语课程主要分为语言课和文化课两大类型。语言课包括综合类和技能类。综合类课型有初、中、高级汉语课程；技能类课型有汉语口语课等，同时还开设一些特殊用途汉语，如商务汉语、企业汉语培训、政府部门人员汉语培训、一对一汉语精英课以及其他定制汉语课。文化课包括丰富的中国文化内容，如太极、中国画、中国乐器（古筝、二胡、笛子）、中国书法、中国历史、哲学、诗歌、媒体、流行文化以及美食文化等。下面是雅典耀大学孔子学院各类课程开设安排表。

表 6.9　雅典耀大学孔子学院课程安排表

课程	课时	课程内容	教材
基础汉语 1—5	一期 30 个小时，一周 2 次，一次 2 个小时，或者一周 1 次，一次 3 个小时。	第 1—40 课	《新概念汉语 1》
		第 1—20 课	《新概念汉语 2》
中级汉语 1—5		第 21—40 课	《新概念汉语 2》
		第 1—15 课	《新概念汉语 3》
高级汉语 1—5		第 16—20 课	《新概念汉语 3》
		第 1—20 课	《新概念汉语 4》
商务汉语培训	30 个小时 / 期	基础对话	《商务汉语入门》
太极	15 个小时 / 期	基础太极动作	教师自备
国画、书法	30 个小时 / 期	山水画	教师自备
中国哲学	30 个小时 / 期	《道德经》	教师自备

（续表）

课程	课时	课程内容	教材
中国历史	30 个小时 / 期	当代中国	教师自备
中国乐器（古筝）	15 个小时 / 期	基础指法和歌曲	《手把手教你学古筝》

（二）布拉卡国立大学孔子学院

1. 课程体系

布拉卡国立大学孔子学院开设的特色项目是"英语、汉语本科专业双学位"。这门汉语课程主要是针对布拉卡国立大学教育学院英语专业的学生开设的，要求英语专业的学生从大学一年级开始同时学习英语和汉语课程，毕业后取得双语学位。该项目每学期开设两门汉语课程，每周六个学时，一共四个学年，毕业时学生可以达到 HSK 五级水平。布拉卡国立大学还开设了汉语选修课，即基础汉语学分课，以及面向社会人士开设的汉语课，即社会班课程。除此之外，布拉卡国立大学孔子学院还开设了不同系列的培训课，例如，针对本土汉语教师的汉语培训课，针对学员 HSK 考试的 HSK 培训，为赴中国的夏令营团队开设的"夏令营"行前培训课程。

2. 课程设置

布拉卡国立大学孔子学院同样设置了语言课和文化课。语言课主要是初级到高级的汉语课，即入门汉语、强化汉语和高级汉语。文化课目前仅开设了书法培训课，培训内容为汉字毛笔书写，主要针对对中国书法感兴趣的学员。以下是各类课程安排表。

表 6.10　布拉卡国立大学孔子学院课程安排表

课程	课时	课程内容	教材
"英、汉本科双学位"汉语专业课	一学期 96 个课时，一周 2 次，一次 3 个小时	初级汉语到高级汉语	《当代中文》《新实用汉语课本》

课程	课时	课程内容	教材
基础汉语学分课	一学期 24 个课时，一周 1 次，一次 1.5 个小时	初级汉语	《跟我学汉语》
社会班汉语课程	学员自定	初级汉语到高级汉语	《新实用汉语课本》
书法培训	52 个课时 / 期	汉字毛笔书写	《颜真卿楷书入门》
本土教师暑期培训班	18 个课时 / 期	中级汉语	《新实用汉语课本》
本土教师学期培训班	26 个课时 / 期	中级汉语	《新实用汉语课本》
HSK 培训班		HSK 一到五级、HSKK	
"夏令营"行前培训	10 个课时 / 期	中文实用口语	教师自备

（三）红溪礼示大学孔子学院

1. 课程体系

红溪礼示大学孔子学院是菲律宾发展最为迅速的一所孔院。为符合菲律宾发展需求，红溪孔院内设多种特色项目：本土教师培训项目、汉语师范专业。此外，红溪孔院还设有大学生汉语选修课、中学生快乐汉语班、社会班、政府课程等多种课程。

本土教师培训项目由菲律宾教育部委托，为菲律宾多所主流中学培养本土汉语教师。该项目充分利用本土教师的业余时间，为其提供进修汉语、提高汉语水平的机会，由菲律宾教育部和红溪孔院联合举办。

红溪孔院还与红溪礼示大学教育学院联合设立了菲律宾第一个高校"汉语师范专业"。2014 年 4 月，菲律宾高等教育委员会批准了汉语师范专业的申请，十几个来自公立学校的中学生脱颖而出，成为汉语师范专业的首届学生。红溪礼示大学选拔公立中学优秀毕业生，出资供其在红溪礼示大学主修英语专业，辅修汉语师范专业。在入学前，学生与孔子学院签订协议，承诺毕业后在菲律宾教学系统至少任教五年，在学习期间孔子学院为学生们提供奖学金支持。该专业采用五年本科学制，实行"4+1"培养模式。"4"是指在红溪孔院学习 4 年,"1"是指赴华在福建师范大学学习 1 年。

2. 课程设置

汉语师范专业课程包括听、说、读、写、译、教学观摩等不同课程,每周 20 个学时。选修课是指红溪礼示大学教育学院、商学院、药学院、信息技术学院、研究生院、附属中学均有开设的汉语选修(学分)课程。大学选修课为一周 3 个小时,附属中学选修课为一周 1 个小时,选修课课程都为综合课。学校的政府课程是为菲律宾总统府、移民局、军队、外交部等菲律宾政府部门的工作人员开设的课程。政府部门课程一期 40 个小时,一周 2 次课,一次 2 个小时。社会班课程则是社会人士通过网站、朋友推荐等途径了解到孔院的汉语课程自愿来咨询报名的课程,该课程分等级分期开班,同等级报名学生达到 5 人即可开班授课,一期 40 个小时,一周 1 次课,一次 3 个小时。此外,除了针对社会人士的汉语课,还有针对公司企业的汉语培训课,主要对红溪孔院附近的企业、公司、酒店等的员工进行汉语培训,一期 40 个小时,一周 2 次课,一次 3 个小时。红溪孔院各类课程安排如下:

表 6.11　红溪礼示大学孔子学院课程安排表

课程	课时	课程内容	教材
汉语师范专业	一学期 426 个学时,一周 20 学时	听、说、读、写、译等技能课,综合课,语法课,古代汉语,现代汉语	"成功之路"系列《发展汉语》《古代汉语》《现代汉语》
大学选修课	一学期 60 个小时,一周 2 次,一次 1.5 个小时	初级汉语	《成功之路·入门篇》
社会班汉语课程	一期 40 个小时,一次 3 个小时	初级汉语到高级汉语	"成功之路"系列
企业培训	一期 40 个小时,一周 2 次,一次 2 个小时	初级汉语	《成功之路·入门篇》

课程	课时	课程内容	教材
附属中学选修课	一学期20个学时，一周1次，一次1个小时	YCT汉语	"YCT教程"系列
政府部门课程	一学期40个小时，一周2次，一次2个小时	初级汉语	《成功之路·入门篇》

（四）菲律宾大学孔子学院

1. 课程体系

菲律宾大学孔子学院虽然建成较晚，但其课程在汉语传播方面影响颇大。目前，菲大孔院主要有四种课程类型。第一种是在菲律宾大学附属综合学校开设的中国语言文化体验课，课程设置在五至八年级。第二种是菲律宾各城市学院和不同政府部门下属学院的汉语课。目前，菲大孔院和菲律宾外交部签署了长期的教学协议，为菲律宾外交部下属的外交学院开设汉语必修课，规定其外交学院学生每个学期学习80个课时的汉语语言课和10个课时的中国文化课。另外，马巴拉卡特城市学院、菲律宾城市联盟下属的红溪礼示城市学院等学院也开设了汉语课程。第三种是政府课程，如菲律宾移民局的汉语课，即在菲律宾移民局里对其学员进行汉语培训。第四种是菲大孔院与克拉克旅游发展公司、苏比克湾大都会管理局签署正式协议，为其提供汉语教学，方便其为中国游客提供更好的服务，促进菲律宾旅游业的发展。

2. 课程设置

菲律宾大学孔子学院的汉语课程面向社会大众，因此课程的设置也是多元化的。根据学员的不同需求，菲大孔院的汉语课程主要包含以下几个方面。根据是否有学分，可以分为学分课和非学分课。学分课和非学分课又可以根据学员的汉语水平，细分为初级、中级、高级、教师培训等四类；根据学生的来源主要分为中小学、大学和社会人员三类。厦门大学汉语国际推广南方基地办公室的数据显示，2016 年至 2020 年 3 月，包括菲大孔院下属教学点的学员在内，菲大孔院注册人数总计 4752 人。

三、菲律宾孔子学院发展面临的主要挑战

孔子学院作为中外合作建立的非营利性教育机构，经过在菲律宾多年的发展，已经形成了较为完善的教育体系，为汉语在菲律宾的传播作出了重大贡献。随着"一带一路"倡议的推进与实施，菲律宾作为"一带一路"共建国家，对"一带一路"倡议的实施与开展起到了重要作用，而孔子学院也架起了重要的沟通桥梁，推动汉语作为跨文化交际语言的海外教学发展，在项目建设、互融互通、冲突调节等方面扮演着"润滑剂"角色，成为"一带一路"倡议的重要实践主体。然而，机遇与挑战并存，孔子学院大力发展的同时也面临着许多挑战。

（一）发展模式亟需转型

孔子学院在多年的发展过程中有八种具有代表性的合作办学模式，其中菲律宾的孔子学院采取的是中外高校合作办学模式，即由国内知名大学与国外汉语教学基础较好的大学联合开办孔子学院。这是最常见的孔子学院建设方式，也是目前大多数孔子学院采用的办学模式（徐丽丽、余可华，2020）。菲律宾孔子学院均采取由孔子学院总部、菲律宾当地举办大学和中方承办大学三方合作办学的模式建立。孔子学院总部给各孔子学院启动经费和部分年度项目经费支持，提供图书、教材和多媒体课件等教学资源，授权使用网上课程，根据菲方大学的需要派出中国专业教师和志愿者教师，菲方大学为孔子学院提供适合的场所，配备必备的办公设备并负责安装、管理和维护，为孔子学院选配必要的行政人员，同时承担相关费用。"中外方合作办学模式下的孔子学院主要是附属在国外大学里，缺乏学院应有的如招生、人事、财务等常态体系，其办学的规模、功能与地位无法匹配其他在大学里的学院"（赖林冬，2017）。自 2019 年原孔子学院总部改革后，菲律宾的孔院就由中外方承办大学共同运营，共同管理，更加突出中菲高校的办学主体地位。随着办学模式的转变以及菲律宾汉语教学的发展，未来菲律宾孔子学院的发展模式也需要转型。如果以 2019 年作为

改革元年，那么之前的发展模式更多的是追求规模发展，重视孔子学院教学点的数量、学习者人数、文化活动的场次等。这种追求规模发展的模式在孔子学院发展的起步阶段取得了不少成绩，扩大了孔子学院在菲律宾的影响力。然而经过十多年的发展，这种发展模式日益暴露出一些弊端，本土师资专业水平不高、课程设置不合理、教学资源匮乏、部分教学点办学热情下降、志愿者教师报考意愿不强、部分教学点汉语课程名存实亡等。这在一定程度上反映出未来菲律宾孔子学院要更重视办学质量，走提质增效的内涵式发展模式，由规模发展转向质量发展，由注重教学点数量的增加转向重视教学点质量的提升，甚至建立教学点退出机制，兼顾一般教学点的同时，重点培育一些具有区域示范性的汉语教学点。

此外，随着"一带一路"的发展建设，中菲关系日益紧密，双方确立了农业、基建、能源和人文四大重点领域的合作。在此基础上促进菲律宾当地的教育、交通、农业和基础设施建设，推动了菲律宾经济的发展，在一定程度上提升了汉语的社会应用价值，各专业领域需要懂得汉语的人数也不断增多，汉语需求不断扩大。然而，孔子学院现有的发展模式，让其在招收汉语学生时受到了许多限制。孔子学院应扩大在菲律宾当地的实际招生对象范围和招生规模，以满足不断扩充的中文人才需求。

（二）位置分布优化调整

孔子学院作为国际语言的传播机构，与国家政治、经济、文化、外交等因素紧密相关，也受到不同地区语言学习需求的影响。一般来说，不同国家或地区学习者人数与各机构分布数量呈正相关，机构数量越多，学习者数量越多（刘晶晶、吴应辉，2020）。在"一带一路"建设加速推进的情况下，中菲间的合作领域也在不断扩展，菲律宾上至政府下至普通百姓对汉语学习日益重视，学习汉语的人数也逐年上涨。但是，目前菲律宾五所孔子学院中有四所均位于吕宋岛，即大马尼拉地区及其周边城市。其中，雅典耀大学孔子学院与菲律宾大学孔子学院均位于马尼拉地区，布拉卡国立大学孔子学院位于马尼拉北部的布拉卡市，红溪孔院位于离马尼拉不远的红溪礼示市，四所孔子学院之间的距离都在一个小时车程内。2019年12月，在菲律宾南部棉兰老地区建立起了达沃雅典耀大学孔子学院，是目前为止第一所非吕宋地区的孔子学院。由此看出，菲律宾孔子学院大部分集中在首都马尼拉及其附近地区，中部、北部和南部较少。尽管菲律宾孔子学院的分部位置集中但是各孔院之间没有充分联系，虽有一些汉语教学活动探讨、信息交流，但基本上还是各自为政，缺少统一规划指导。由于地理位置很近，有时甚至存在竞争关系，这不利于整体资源的优势整合和有效利用。自 2021 年开始，中国驻菲律宾大使馆增派了教育参赞，加强了对菲律宾孔子学院的管理指导，相信未来菲律宾孔子学院的布局和协同将会有新的局面和成果。

（三）孔院教学与管理有待升级

就菲律宾孔子学院来说，个别孔子学院存在教学层次多样、教学点较为分散等现象，加之教师流动性强，教学点生活条件和交通条件欠发达，这些都会给师资配置、教师安全以及孔院管理带来一定困难。在教学结构上，菲律宾孔子学院仍以低水平的汉语学习者为主，文化教学多是表层文化内容，文化活动较多但主动性和创新性不够，难以满足多元文化受众的多层次需求，尤其是深层次的需求。表层文化内容和缺少创新的文化活动缺乏影响力和吸引力，受众群体在满足表层的"猎奇心理"后，无法真正理解、欣赏、悦纳中国文化。

教师和管理者均为孔子学院发展的核心支撑要素，恰如车之双轮、鸟之双翼，相辅相成，共同推动孔子学院的发展。孔子学院作为服务型教学机构，缺少招生、市场宣传、业务拓展和推广等方面的人才。这些日常行政管理工作主要由专业背景各异的孔院院长，尤其是中方院长负责。在人员结构上，协助院长工作的管理人员比例较低。其次，孔子学院的教师流动性大，结构稳定性不强，孔子学院中方院长和公派汉语教师的任期为 2—4 年，作为教学和文化活动主力的志愿者教师的任职时间为 10 个月，这不利于孔子学院的持续性建设。孔子学院稳定性的本土人员配比较低是全球孔子学院的共同情况，菲律宾亦是如此。目前，雅典耀大学孔子学院菲方工作人员的数量要比其他几所孔院乐观一些。

孔子学院采取理事会领导下的院长负责制，管理机制完善。孔子学院每年召开理事会，中外方院长向理事会汇报工作开展情况、财务情况和未来计划。理事会是孔子学院的最高决策机构，但由于管理文化差异、对孔院重视程度不同，理事会的管理效率并没有充分发挥出来。尤其是2019 年，面对孔子学院重要改革的关键时刻，理事会在如何指导菲律宾孔子学院正常转隶过渡、如何保障孔子学院教学管理正常运营方面，发挥了重要作用，给予了积极的指导和帮助。红溪孔院和雅典耀孔院体量较大，志愿者教师多，而且红溪孔院教学点众多，条件艰苦，有的教学点地理位置偏僻，志愿者教师的管理和离任困难较多，仅靠志愿者教师和中方院长难以解决。在这种关键时刻，理事会如何协调中菲资源，竭力帮助中方院长做好志愿者教师的管理工作就显得十分重要。未来孔子学院高质量发展需要中外双方高校不断提升在孔院发展理念、组织架构、资源供给、人才发展、课程建设等方面的支撑能力。

孔子学院教学管理工作是在中菲跨文化语境中进行的，在工作中双方精诚合作，共商共建共享，共同推进孔子学院的发展。合作是永恒的主题，但跨文化中的管理冲突也是需要客观面对的不可回避的问题。面对孔子学院中菲管理冲突，要明确冲突类型，分析冲突动机和原因，然后根据冲突类型和原因找准应对策略。孔子学院转隶后，中外方高校作为孔子学院的办学主体，中菲双方都要承担起各自的责任，在工作评价中应该抛弃早期"外方高兴"的单一标准，转为"外方高兴，中方满意"的双向标准，尝试采取"在外运营，中方评估"的方式。

孔子学院是世界了解中国的重要窗口，也是讲好中国故事，构建人类命运共同体的重要载体。除了传播中华文明，孔子学院管理文化也是中华文化的一部分，在精诚合作的基础上，坚持文化自信和中方立场，正确面对冲突也是孔子学院的运营不断走向成熟的重要表现。

（四）教学资源供给不足

1. 高质量的教师资源紧缺

菲律宾的汉语教学起步较晚，经济欠发达，工资水平不高。不管是本土汉语教师还是来自中国的志愿者教师，在质量和数量上还无法完全满足汉语教学的需要。本土汉语教师的汉语水平和专业化水平不高，以兼职教师为主，汉语多数是 HSK 二级水平；而志愿者教师多数是缺乏教学经验的研究生，在菲教学可以被视为教学实习。面对复杂的菲律宾汉语教学环境，新手教师有时难以应对。加上菲律宾教育部教学点因教学条件苦、位置偏僻，教学形式特殊（跟踪辅导），常常需要往返于多个教学点，对志愿者教师的吸引力不大。以红溪孔院为例，2017—2021 年平均每年的志愿者需求在 90 名左右，但每年的报考人数在 50—70 名，存在 20—40 人的需求空缺。报考菲律宾志愿者教师数量不足使得原有的竞争上岗机制失去了择优功能，导致只要报考菲律宾并通过语合中心的选拔基本就能被派出，这就无法保证赴菲志愿者教师的质量。虽然在正式上岗前各个孔子学院或语合中心会对这些志愿者教师进行岗前、岗中培训，帮助他们尽快适应在菲的汉语教学工作，但因志愿者教师教学任务不同，教学对象多样，适应能力各异，专业背景复杂，培训还是无法根本解决教师专业成长和发展中的问题。林秀琴（2012）曾对赴菲的 22 名志愿者教师进行了调查，结果发现有 70% 的志愿者认为课堂管理是教学中最困难的方面，30% 表示教学经验不足是他们遇到的一大问题。面对问题该怎么解决？培训能不能起到作用？下表是赴菲志愿者教师的解决途径。

表 6.12　菲律宾志愿者教师教学问题的解决途径（林秀琴，2012）

途径	人次	反映次数的比例	选择此项的志愿者比例
自己查资料	13	22.0%	61.9%
本土教师帮助	12	20.3%	57.1%
其他中国教师帮助	5	8.5%	23.8%
跟其他志愿者讨论	16	27.1%	76.2%
求助国内教师或语合中心	4	6.8%	19.0%
上网求助	9	15.3%	42.9%
其他方式	0	0.0%	0.0%
合计	59	100.0%	280.9%

由表 6.12 可以看出，"跟其他志愿者讨论"是志愿者教师解决教学问题的主要途径，占比 76.2%，其次是"自己查资料"和"本土教师帮助"。只有 19% 的志愿者教师会向语合中心求助。这个调查说明，岗前、岗中培

训不是解决志愿者教师教学问题的主要方式。那么，我们该如何有效地提升赴菲志愿者教师的质量？提高他们对教学问题的解决能力？岗前、岗中培训该发挥哪些作用？这些都是值得管理部门、孔子学院认真思考的问题。

2. 针对性的教学资源缺乏

教学资源是指为有效开展教学提供的各种教学素材，包括教材、教案、课程大纲、教学大纲、教学标准、教学课件、教学视频、图片、微课、慕课、网站、APP 等，也包括教具、教学设备、教学基础设施等。从广义上看，凡是被用于教学服务的人、财、物、信息、网站等都是教学资源。国际中文教育的教学资源是中文和中华文化"走出去"的重要载体，是国际中文教育事业发展和学科建设的重要内容。截至 2020 年底，全球共出版国际中文教材 19,530 种，注释语种达 80 种，其中欧洲语种 36 个，亚洲语种 28 个，非洲语种 13 个，大洋洲语种 3 个，82.42% 的国际中文教材将英语作为注释语种，韩语和法语作为注释语种的教材数量位列第二、三位（马箭飞等，2021）。然而，作为菲律宾汉语教学资源使用和供给平台的孔子学院，资源建设和供给能力明显不足。具体表现在：①适应菲律宾汉语教学的本土教材缺乏，部分教学点存在无教材可用的现象；②无论是学历教育还是非学历培训，孔子学院至今没有统一的教学大纲和统一的教学质量评估体系，教学进度、教学内容往往因教师的流动而发生变化，教学质量也因此无法得到保障，其中由菲律宾教育部和语合中心合作、红溪孔院参与制订的公立中学课程大纲于 2021 年立项，2022 年完成编写；③菲律宾孔子学院及其教学点目前采用的教材都是来自中国国内的普适性教材，缺少为菲律宾本土汉语学习者，尤其是非华裔学习者编写的汉语教材，也没有低龄化、满足中小学和幼儿园的分众化教材；④没有完整的采用"英语＋菲律宾语"注释的汉语教材；⑤菲律宾孔子学院信息技术欠发达，辅助教学的设备落后，不仅数字教学资源匮乏，连保障数字教学的基础设施也很简陋，有些教学点无法保障教学课件、视频、图片、微课、慕课等资源的有效运用。马箭飞等（2021）将各国资源建设从共时角度分为成熟型、成长型和薄弱型三种类型，从历时角度分为华文或汉学资源的起步阶段、"引进为主、本土为辅"阶段、"引进与本土并进"阶段、"本土为主、引进为辅"阶段、"本土为主、引进为辅、对外输出"阶段。对照菲律宾的情况，菲律宾为"薄弱型"，资源建设还处于华文或汉语资源的"起步阶段"。

值得一提的是，福建师范大学和"长城汉语智慧云平台"独立研发的菲律宾中文在线教学综合平台已面向全菲公立中学师生推广使用，该平台包括云学习、云教务、云考试系统，并且正在开发智慧课堂的 2.0 和 3.0 版本。除此之外，红溪孔院还围绕《快乐汉语》开发电子资源、教学微课、AI 自动练习等，积极进行数字化教学资源建设与探索。

四、菲律宾孔子学院发展策略

（一）依托国家发展，讲好中国故事

六年来，中菲经贸合作取得了丰硕成果，形成了政策沟通、设施联通、资金融通、贸易畅通与民心相通的互济互促的良性循环，中菲贸易额翻了一番，2021 年已达 820.5 亿美元。中国已连续六年成为菲律宾最大的贸易伙伴，成为菲律宾第二大出口市场，稳居菲律宾农产品第三大出口市场以及第二大进口来源地。中国和菲律宾是一衣带水的邻邦，自古以来就交往密切。文明交流互鉴是不可阻挡的历史潮流，孔子学院正是顺应文明交流互鉴的潮流和主流社会学习中文的需求而生。通过中文这个纽带，借助孔子学院这个平台，中菲相关机构应该加强联系、增进交流，在更多领域、更高层次、更广范围开展合作，共同为促进中菲人文交流、增进中菲人民友谊、促进中菲文明互鉴作出更大贡献。2018 年 11 月，中菲两国联合声明强调两国在人文领域的合作，鼓励落实的项目包括本国公民赴对方国家旅游，其中包括职业技术教育与培训在内的教育交流。近年来，中菲人员交流密切，两国商贸往来、交流访问、留学旅游等领域交往繁荣，作为目前菲律宾主流社会最主要的汉语教学平台之一，孔子学院被期待提供更多的语言服务。在良好的政治经贸环境下，孔子学院应主动顺应汉语市场的新变化、新形势、新需求，积极作为，讲好中国故事，为中菲人文交流互鉴、民心相通服务助力。

（二）不断深化改革，促进特色发展

2020 年，各高校联合成立了"中国国际中文教育基金会"（以下简称"基金会"），基金会以"为世界汉语学习者提供优质服务"为宗旨，旨在通过支持世界范围内的中文教育项目，促进人文交流，增进国际理解，为推动世界多元文明交流互鉴、共同构建人类命运共同体贡献力量。改革后，孔子学院由基金会负责运营，转隶后中外方高校的主体性和关键性作用得到进一步突显。在新的历史机遇面前，孔子学院一方面宜量力而行，有所为有所不为；另一方面，应主动应变、积极求变，结合菲律宾国别化、区域化特点走特色发展道路，避免孔子学院的同质化发展，不断推动孔子学院提质增效，走内涵发展道路，逐步实现孔院教师队伍专业化、教学资源本土化、课程设置规范化。在孔子学院的服务构建上，不仅要打造一批优秀的师资队伍，为汉语教学提供坚实的基础，还应充分重视行政管理人才的培养，在师资队伍之外再尝试打造一支专门的服务保障队伍，广泛吸收不同专业领域的人才，为孔子学院的管理革新、业务拓展、学术研究和信息技术支撑等保驾护航。

（三）加大资源开发力度，提高供给能力

随着菲律宾孔子学院的快速发展，中方合作院校和管理部门的支撑能力总体在不断提升。但就菲律宾而言，为了实现孔子学院的高质量发展，必须加大孔子学院各项资源的开发。首先，统筹国内外优质资源的开发与合作，建立起与菲律宾当地的人才资源共享机制，实现国内外信息资源、成果的共享，加强孔子学院与基金会、语合中心和中外方合作高校的良性互动，实现在培养人才、科学研究以及社会服务各个方面的高质量资源供给，打造一个坚实的孔子学院资源体系。其次，坚持标准引领，加大国际中文教育专业建设，赋能孔子学院中文教学和本土课程大纲建设，包括但不限于有针对性的教材和专门性教材，完善的汉语教学设备以及大量优质的汉语教学资源。同时，加强中菲高校的项目学习与合作，挖掘中菲文化的不同之处，充分调查并对接当地中文市场的需求，满足菲律宾多元化中文市场的需要。中菲合作日益紧密，各领域汉语人才需求不断扩大，推动

孔子学院合作模式的创新发展，实施"中文+"战略，不仅要培养基础汉语教师人才，更需要培养与菲律宾社会经济适配的职业型汉语教师人才，促进汉语与其他行业的紧密结合，加大对"汉语+"资源的构建，推动汉语与其他领域的结合，促进其他领域的汉语资源开发建设。最后，加强中外合作基础，中方高校选拔优秀中方院长，并为孔院提供更多优秀的中文师资力量，建立专业人才保障机制和人才发展规划。

总体来说，中方院校的供给能力体现在四个方面（俞苏洋，2018）：一是强化中方院校的主体责任，加强组织支撑，保证孔子学院相关政策的鼓励性和延续性；二是加强体制支撑，与外事、组织、人事、财务和宣传等部门共同研究制订孔子学院工作相关管理制度，力争实现"一院一策"；三是做好资源支撑，把好人才、教学资源、学术研究、项目和经费管理等五个关口；四是树立品牌意识，明确定位，增强对孔子学院品牌塑造的重视，充分利用菲律宾校友、华人华侨和中资企业资源，主动管理好孔子学院品牌。

（四）加强引导管理，激发协同效应

各国孔子学院发展具有国别化和区域化特征，没有也不可能有统一的发展模式，但这并不意味着孔子学院不需要规划管理。在孔子学院总部改革转隶之前，菲律宾孔子学院主要由原孔子学院总部进行统一指导管理，改革后将由基金会和中外方办学主体三方共同管理，在外由中国驻菲律宾大使馆文化处统筹。自2021年开始，中国驻菲律宾领事馆在文化参赞之外另增派了教育参赞，增强了对在菲五所孔子学院的指导，大大提高了孔院的协同能力，为未来孔子学院的发展注入了新动能，意味着菲律宾孔子学院的发展走上了管理指导常态化、标准化道路。孔子学院的办学主体是中外方高校，除了孔子学院之间的协同，还离不开相关资源提供方的协同，基金会和中外方院校在充分激活孔子学院内部协同效应的基础上，还应挖掘其他有关主体，如外方政府机构、中资企业等资源提供方，共同支持、参与菲律宾孔子学院的发展，推动菲律宾孔子学院协同发展效应最大化。

第三节　结　语

　　总体而言，菲律宾5所孔子学院成立14年来，在机构建设、生源拓展、业务拓展及影响等各方面都取得了突出成就，但同时也存在诸多问题。这表明菲律宾孔子学院的发展已经进入了一个相对平缓的时期，成绩和问题并存，机遇和挑战共在。当前，应该认真总结和反思，确保孔子学院实现良性可持续发展。只有高度重视这些问题，深入探讨，才能找到有效的方法。只有不断健全孔子学院的办学体制，才能促进孔子学院的健康发展。将孔子学院打造成传播中国文化的典范，为人们了解中国语言文化、认识中国（特别是当代中国）打开一扇窗，才能更好地促进中菲人文交流互鉴，为构建人类命运共同体作出自己的贡献。

　　中菲两国间的合作与交往日益密切，汉语在菲律宾的运用也越来越广泛，这给孔子学院的升级迭代带来了良好的机遇。面对新的环境和形势，孔子学院要充分发挥已有的优势，不断探索新的发展模式，不断扩大其服务范围和深度，提质增效，实现高质量可持续发展。

参考文献

[1] 安会云，等.学习风格研究综述 [J]. 现代中小学教育，2005（4）: 4-7.

[2] 奥斯本.东南亚史 [M]. 郭继光，译 . 北京：商务印书馆，2012.

[3] 曹云华.试论菲律宾华人与当地民族的关系 [J]. 东南亚研究，2001
（5）: 61-68.

[4] 曹云华.宗教信仰对东南亚华人文化适应的影响 [J]. 华侨华人历史研
究，2002（1）: 22-29.

[5] 陈丙先.菲律宾殖民当局的对华政策（16—17 世纪）[M]. 厦门：厦门
大学出版社，2015.

[6] 陈晨，等.西班牙中文教育发展现状与前瞻 [J]. 天津师范大学学报（社
会科学版），2021（3）: 16-23.

[7] 陈凤年.语言学习性别差异研究述评 [J]. 江西教育学院学报，2012, 33
（6）: 120-123.

[8] 陈恒汉.菲律宾文化的外来因素：殖民和开拓 [J]. 华侨大学学报（哲
学社会科学版），2010（2）: 96-102.

[9] 陈慧姗. 菲律宾本土汉语师资培养实例研究——以红溪礼示大学相
关专业为个案 [D]. 福建师范大学硕士学位论文，2021.

[10] 陈莉，生态语言视角下的汉语国际传播研究 [D]. 南京：南京大学，
2021.

[11] 陈丽君，胡范铸. 语言资源：一种可以开发利用的旅游资源 [J]. 旅游
科学，2010, 24（6）: 22-27.

[12] 陈楠，杨峥琳. 韩国汉语教材词汇编写本土化策略研究 [J]. 惠州学院
学报，2019（1）: 123-128.

[13] 陈楠.学习风格理论的研究焦点及新思路 [J]. 亚太教育，2016（36）:
135-139.

[14] 陈天序. 美国大学汉语学习者学习风格倾向性研究——以美国南卡罗来纳大学和佐治亚州立大学为例 [J]. 比较教育研究，2015（12）：16-23.

[15] 陈侠. 课程论 [M]. 北京：人民教育出版社，1989.

[16] 陈衍德. 马科斯时期菲律宾的穆斯林问题 [J]. 世界民族，2004（3）：23-30.

[17] 陈衍德. 试论菲华社会的宗教融合 [J]. 世界宗教研究，1995（1）：128-134.

[18] 陈艳艺，章石芳. 菲律宾公立中学本土汉语师资培养模式研究 [J]. 海外华文教育，2017（4）：9.

[19] 陈颖，冯丽萍. 论语言教学环境对本土教材编写的影响——兼谈泰国中学汉语本土教材的编写 [J]. 云南师范大学学报（对外汉语教学与研究版），2014，12（2）：17-20.

[20] 陈章太. 论语言资源 [J]. 语言文字应用，2008（1）：9-14.

[21] 陈自明. 亚洲音乐文化的多元性——印度、中国、菲律宾音乐现状的比较研究一 [J]. 黄钟（中国·武汉音乐学院学报），2004（3）：28-31.

[22] 程相文. 对外汉语教材的创新 [J]. 语言文字应用，2001（4）：36-42.

[23] 池晓兰. 本土教材《菲律宾华语课本》里中国形象的研究 [D]. 北京：中央民族大学，2019.

[24] 崔希亮. 汉语国际教育"三教"问题的核心与基础 [J]. 世界汉语教学，2010（1）：73-81.

[25] 崔永华. 对外汉语教学设计导论 [M]. 北京：北京语言大学出版社，2008.

[26] 戴炜栋，束定芳. 试论影响外语习得的若干重要因素——外语教学理论系列文章之一 [J]. 上海外国语大学学报，1994（4）：1-10.

[27] 丹·兰迪斯，等. 跨文化培训指南 [M]. 关世杰，等，译. 北京：北京大学出版社，2009.

[28] 狄国伟. 国际汉语教材本土化：问题、成因及实现策略 [J]. 课程·教材·教法，2013，33（5）：80-83.

[29] 丁安琪. 汉语国际教育硕士：专业发展十一年 [J]. 国际汉语教育（中英文），2018，3（4）：18-35.

[30] 丁红燕，等. 国外学习风格研究综述 [J]. 科教文汇（下半月），2006（5）：160-161.

[31] 丁力. 菲律宾 72 所公立中学汉语教学现状调查研究 [D]. 昆明：云南大学，2016.

[32] 丁念金. 课程论 [M]. 福州：福建教育出版社，2007.

[33] 丁献. 美国对按能力分班（组）教学效果的研究 [J]. 外国教育动态，1990（2）：51-53.

[34] 范丽萍. 关于新加坡、菲律宾社会的文化思考 [J]. 广西师范大学学报（哲学社会科学版），1998，34（3）：93-97.

[35] 范若兰. 试论东南亚妇女参与高等教育的前提和背景 [J]. 东南亚，2000（3）：69-75.

[36] 方敏. 泰国学生汉语学习风格及其学习效果研究 [D]. 上海：上海师范大学，2013.

[37] 方倩华. 试论美国统治菲律宾时期的宗教政策 [J]. 东南亚，2003（2）：38-43.

[38] 符维. 菲律宾汉语教学个案研究——以布拉卡国立大学孔子学院为例 [D]. 西安：西北大学，2013.

[39] 格雷戈里奥·F. 赛义德. 菲律宾共和国——历史、政府与文明 [M]. 吴世昌，温锡增，译. 北京：商务印书馆，1979.

[40] 顾明远. 多多关注教师的专业化成长 [N]. 中国教师报，2015-01-14.

[41] 管文虎. 国家形象论 [M]. 成都：电子科技大学出版社，1999.

[42] 郭风岚. 关于海外汉语教师培训的几点思考 [J]. 语言教学与研究，2012（2）：33-38.

[43] 郭熙. 论汉语教学的三大分野 [J]. 中国语文，2015（5）：475-478.

[44] 韩冰. 基于对外汉语教学实践的泰国中学生汉语学习风格研究 [D]. 南宁：广西大学，2015.

[45] 韩凝. 美国国际开发署对菲律宾援助政策的演变及其影响 [J]. 东南亚南亚研究，2012（2）：46-51.

[46] 韩晴晴.《中国文化》第 1 版与第 3 版中的中国国家形象分析 [D]. 上海：上海师范大学，2020.

[47] 韩亚文. 语言习得中的性别差异探析 [J]. 南京工业大学学报（社会科学版），2004（4）：101-104.

[48] 合田涛. 菲律宾的文化交融与民族问题 [J]. 宋建华，译. 民族译丛，1986（5）：67-69.

[49] 何平，段宜宏. 菲律宾民族国家的建构与民族整合进程 [J]. 南亚东南亚研究，2020（4）：40-52.

[50] 何思源. 中国春节在东南亚 [J]. 节日研究，2013（2）：87-113.

[51] 贺莉娜，任承炫. 韩国中文教学资源发展研究 [J]. 云南师范大学学报（对外汉语教学与研究版），2022，20（1）：82-92.

[52] 洪玉华. 宗教的融合 [M]. 马尼拉：菲律宾华裔青年联合会，1990.

[53] 胡范铸，等. 汉语国际教育的根本目标与核心理念——基于"情感地缘政治"和"国际理解教育"的重新分析 [J]. 华东师范大学学报（哲学社会科学版），2014（2）：145-150.

[54] 胡范铸，等. 目标设定、路径选择、队伍建设：新时代汉语国际教育的重新认识 [J]. 世界汉语教学，2018（1）：3-11.

[55] 胡红波. 学习风格理论下的在泰中学汉语教学研究 [D]. 武汉：湖北大学，2015.

[56] 胡继渊，等. 中外学习风格研究现状综述 [J]. 外国中小学教育，1999（3）：16-20.

[57] 胡明扬. 对外汉语教学基础教材的编写问题 [J]. 语言教学与研究，1999（1）：4-16.

[58] 胡若雪. 近二十年我国成人学习风格研究综述 [J]. 河北大学成人教育学院学报，2013，15（3）：54-58.

[59] 胡渝镛. 语言学习风格之性别差异与外语的因材施教 [J]. 唐山师范学院学报，2008，30（3）：19-21.

[60] 华国栋. 差异教学论 [M]. 北京：教育科学出版社，2007.

[61] 黄端铭. 对菲律宾高校汉语教学的一次问卷调查 [J]. 暨南大学华文学院学报，2004（1）：33-36.

[62] 黄端铭. 世界汉语热背景下的菲律宾汉语教学 [J]. 世界汉语教学学会通讯，2011（4）：18-19.

[63] 黄建如. 美国教育对菲律宾的影响 [J]. 南洋问题研究，1991（2）：49-54.

[64] 黄丽. 对外汉语教材《中文》里中国国家形象的研究 [D]. 南宁：广西大学，2017.

[65] 黄淑婷. 韩国汉语改编教材的本土化研究——以《易捷汉语—实用会话》为例 [D]. 广州：中山大学，2012.

[66] 黄珠玉. 菲律宾宿务华校师资现状调查及探讨 [D]. 广州：中山大学，2012.

[67] 黄滋生，何思兵. 菲律宾华侨史 [M]. 广州：广东高等教育出版社，1987.

[68] 黄滋生. 十六—十八世纪华侨在菲律宾经济生活中的作用 [J]. 暨南学报（哲学社会科学版），1982（1）：13-22.

[69] 贾益民. 关于海外华语文教师专业发展研究的思考 [J]. 世界汉语教学，2014（3）：345-355.

[70] 江健. 东南亚国家语言教育政策的发展特征及趋势 [J]. 比较教育研究，2011（9）：73-76.

[71] 姜兴山. 美国殖民统治时期菲律宾的华文教育 [J]. 世界历史，2014（3）：92-102.

[72] 姜瑛. 菲律宾主流中学学生汉语学习动机与中华文化认同相关度研究 [D]. 福州：福建师范大学，2018.

[73] 蒋小栋. 汉语国际教育硕士专业课程设置研究 [M]. 北京：世界图书出版公司，2009.

[74] 教育部中外语言交流合作中心. 国际中文教育教学资源发展报告2021[R]. 北京：北京语言大学出版社，2021.

[75] 金盛华，等. 当代中国人价值观的结构与特点 [J]. 心理学报，2009，41（10）：1000-1014.

[76] 金应熙. 菲律宾史 [M]. 开封：河南大学出版社，1990.

[77] 康淑敏. 学习风格理论——西方研究综述 [J]. 山东外语教学, 2003 （3）: 24-28.

[78] 赖林冬. "一带一路"背景下东盟孔子学院的发展与创新 [J]. 南洋问题研究, 2017（3）: 37-52.

[79] 赖林冬. 菲律宾华人参政文化的重构 [J]. 沈阳大学学报（社会科学版）, 2017, 19（1）: 115-126.

[80] 兰余美慧. 菲律宾公立中学汉语课程设置研究——以 Don Jesus Gonzales High School 为例 [D]. 福州: 福建师范大学, 2016.

[81] 李宝贵, 吴晓文. 中文纳入海外各国国民教育体系: 价值、演进与表征 [J]. 云南师范大学学报（对外汉语教学与研究版）, 2022, 20（4）: 1-8.

[82] 李宝贵, 庄瑶瑶. 汉语纳入海外各国国民教育体系之方略探索 [J]. 现代传播, 2020a（1）: 84-88.

[83] 李宝贵, 庄瑶瑶. 中文纳入"一带一路"沿线国家国民教育体系的特征、挑战与对策 [J]. 语言文字应用, 2020b（2）: 89-98.

[84] 李宝贵, 庄瑶瑶. 中文纳入意大利国民教育体系的现状、特点及启示 [J]. 国际中文教育（中英文）, 2021, 6（3）: 75-84.

[85] 李宝贵. 新时代孔子学院转型发展路径探析 [J]. 云南师范大学学报（哲学社会科学版）, 2018（5）: 27-35.

[86] 李长傅. 菲律宾史 [M]. 北京: 商务印书馆, 1936.

[87] 李德斯. 菲律宾公立中学汉语教学研究——以冈萨雷斯中学为例 [D]. 福建: 福建师范大学, 2020.

[88] 李芳. 基于女性语言学习风格的教育初探 [J]. 湖南工业职业技术学院学报, 2012, 12（5）: 86-87.

[89] 李芳. 基于女性语言学习风格的课程建设构想 [J]. 语文学刊, 2012（10）: 130-132.

[90] 李芳. 女性语言学习风格探究 [J]. 湖南社会科学, 2013（1）: 238-241.

[91] 李芳. 性别视角下的语言学习风格应用 [J]. 湖南城市学院学报, 2012, 33（3）: 74-76.

[92] 李峰, 王美楠. 性别论视域下的女性学习风格探究 [J]. 高等函授学报（哲学社会科学版）, 2010, 23（3）: 61-63.

[93] 李凤超. 留学生汉语学习风格调查研究——以扬州大学南亚及韩国留学生为例 [D]. 扬州：扬州大学，2016.

[94] 李昊. 中泰合作背景下泰国高校汉语教学的发展及问题 [J]. 华文教学与研究，2010（1）：3-9.

[95] 李浩江. 第二语言学习风格在语言教学中的应用 [J]. 教学管理与教育研究，2017，2（4）：71-72.

[96] 李鸿亮，杨晓玉. 试论对外汉语教材对中华文化的呈现方式 [J]. 长春工业大学学报（高教研究版），2011，32（2）：68-70.

[97] 李金明. 闽南人与中华文化在菲律宾的传播 [J]. 华侨华人历史研究，1998（1）：25-30.

[98] 李静静. 马来西亚大学生汉语学习风格研究与分析 [D]. 保定：河北大学，2021.

[99] 李娜. 菲律宾女子高等教育 [J]. 煤炭高等教育，2010，28（3）：54-57.

[100] 李秋杨，等. 西班牙中文教育本土化特征、动因与发展策略 [J]. 语言文字应用，2022（2）：15-25.

[101] 李泉，宫雪. 通用型、区域型、语别型、国别型——谈国际汉语教材的多元化 [J]. 汉语学习，2015，（1）：76-84.

[102] 李泉. 对外汉语教材通论 [M]. 北京：商务印书馆，2012.

[103] 李泉. 对外汉语教材研究 [M]. 北京：商务印书馆，2006.

[104] 李泉. 汉语教材的"国别化"问题探讨 [J]. 世界汉语教学，2015（4）：526-540.

[105] 李泉. 论对外汉语教材的针对性 [J]. 世界汉语教学，2004（2）：49-57.

[106] 李泉. 2020：国际中文教育转型之元年 [J]. 海外华文教育，2020（3）：3-10.

[107] 李泉. 对外汉语课程、大纲、教学模式研究 [M]. 北京：商务印书馆，2006.

[108] 李泉. 对外汉语课程设置：总反思与再规划 [J]. 语言战略研究，2017，2（2）：84-90.

[109] 李涛，陈丙先. 菲律宾概论 [M]. 广州：世界图书出版公司，2012.

[110] 李晓琪. 汉语国际推广事业中的教材建设 [J]. 世界汉语教学, 2007（3）: 11-12.

[111] 李晓琪. 新时代汉语国际教育学科建设与发展的新机遇 [J]. 国际汉语教学研究, 2019（4）: 18-23.

[112] 李晓延. 新时代教师队伍建设的重要意义 [J]. 人民论坛, 2018（35）.

[113] 李娅玲. 菲律宾语言教育政策的历史演变及启示 [J]. 外语教学与研究, 2011, 43（5）: 756-762.

[114] 李莹莹. 菲律宾公立中学本土汉语教师教学现状研究 [D]. 兰州: 兰州大学, 2020.

[115] 李宇明, 施春宏. 汉语国际教育"当地化"的若干思考 [J]. 中国语文, 2017（2）: 245-256.

[116] 李宇明, 王春辉. 论语言的功能分类 [J]. 当代语言学, 2019（1）: 1-22.

[117] 李宇明, 王春辉. 全球视域中的汉语功能 [J]. 云南师范大学学报（哲学社会科学版）, 2018, 50（5）: 17-26.

[118] 李宇明. 海外汉语学习者低龄化的思考 [J]. 世界汉语教学, 2018, 32（3）: 291-301.

[119] 李宇明. 语言的文化职能的规划 [J]. 民族翻译, 2014（3）: 22-27.

[120] 李园园. 中英经典语言教材中的国家形象对比研究 [D]. 北京: 北京外国语大学, 2019.

[121] 梁宇, 等. 内涵式发展之"内涵": 国际中文教育教学资源建设的维度 [J]. 天津师范大学学报（社会科学版）, 2023（1）: 38-44.

[122] 梁宇. 东南亚汉语教材发展评估的国别比较研究 [J]. 民族教育研究, 2017（5）: 113-121.

[123] 梁宇. 孔子学院教学资源发展研究 [J]. 教育学月刊, 2021（5）: 24-30.

[124] 梁缘. 菲律宾孔子学院汉语课程设置调查研究——以红溪礼示大学孔子学院为例 [D]. 福州: 福建师范大学, 2019.

[125] 林洁琼.《菲律宾版新编华语课本》教材研究 [D]. 福州: 福建师范大学, 2017.

[126] 林金枝. 福建文化在东南亚的传播及其影响 [J]. 福建论坛（文史哲版）, 1989（6）: 40-44.

[127] 林秀琴. 赴菲律宾汉语教师志愿者培训问题的调查与思考 [J]. 国际汉语教育，2012（1）：62-70，209.

[128] 林子涵. 培养高素质教师 改善华教工作者待遇 为菲律宾华教事业注入新动力（侨界关注）[N]. 人民日报（海外版），2022-08-19.

[129] 刘晶晶，吴应辉. 孔子学院与其他国际语言传播机构学态比较研究（2015—2017 年）[J]. 民族教育研究，2020，31（6）：126-134.

[130] 刘娜. 菲律宾宿务地区公立中学本土汉语教师教学现状调查 [D]. 西安：西安石油大学，2021.

[131] 刘颂浩. 现象和解释：重现率及其他 [J]. 暨南大学华文学院学报，2006.

[132] 刘小燕. 关于传媒塑造国家形象的思考 [J]. 国际新闻界，2002（2）：61-66.

[133] 刘珣. 对外汉语教育学引论 [M]. 北京：北京语言大学出版社，2000.

[134] 刘珣. 新一代对外汉语教材的展望——再谈汉语教材的编写原则 [J]. 世界汉语教学，1994（1）：58-67.

[135] 刘珣. 试谈汉语水平测试 [J]. 语言教学与研究，1983（4）：57-67.

[136] 刘燕. 菲律宾语言教育政策研究综述 [J]. 吉林省教育学院学报，2020，36（4）：155-158.

[137] 刘芝田. 菲律宾华侨史话：华侨海外开发史之十二 [M]. 台北：海外文库出版社，1958.

[138] 柳星. 浅析性别语言差异与发展特点对女性语言学习的影响 [J]. 科教文汇，2006（1）：20-21.

[139] 柳英绿、金基石. 对外汉语教学的理论与实践 [M]. 延吉：延边大学出版社，1997.

[140] 卢伟. 关于对外汉语教材研发几个问题的思考 [J]. 海外华文教育，2009（2）：1-80.

[141] 陆俭明. 汉语教师应有的素质——兼谈汉语教师的培养与培训问题 [J]. 汉语国际传播研究，2013（2）：117-123.

[142] 罗伯特·卡普兰，小理查德·巴尔道夫. 太平洋地区的语言规划和语言教育规划 [M]. 梁道华，译. 北京：外语教学与研究出版社，2014.

[143] 罗青松. 试论定向汉语教材编写的环境文化因素 [J]. 语言文字应用，2005（4）：87-93.

[144] 罗庆铭. 菲律宾语中的汉语借词 [J]. 语文建设，1997（4）：15，42.

[145] 吕佩玉. 语言学习风格研究概述 [J]. 广东教育（教研版），2006（5）：70-71.

[146] 吕文华. 对外汉语教材语法项目排序的原则及策略 [J]. 世界汉语教学，2002（4）：86-95.

[147] 马箭飞. 强化标准建设，提高教育质量——国际中文教育标准与考试研讨会大会致辞 [J]. 国际汉语教学研究，2021（1）：4-5.

[148] 马箭飞，等. 国际中文教育教学资源建设 70 年：成就与展望 [J]. 天津师范大学学报（社会科学版），2021（6）：15-22.

[149] 马小玉. 菲律宾 Zambales 省公立中学本土汉语教师现状调查与分析 [D]. 西安：西安石油大学，2021.

[150] 米倩，肖翠云. 菲律宾公立中学本土汉语师资培养存在的问题及对策——以 2017 ~ 2018 年菲律宾公立中学本土汉语教师的长期跟踪培训为例 [J]. 海外华文教育，2019（5）：116-126.

[151] 宁继鸣. 汉语国际推广：关于孔子学院的经济学分析与建议 [D]. 济南：山东大学，2006.

[152] 帕特里克·曼宁. 世界历史上的移民 [M]. 李腾，译. 北京：商务印书馆，2015.

[153] 潘巍巍. 菲律宾中文教学资源现状及发展策略研究 [J]. 云南师范大学学报（对外汉语教学与研究版），2021，19（4）：27-35.

[154] 潘夏楠. "汉语特别项目"框架下菲律宾汉语师资文化及职业认同培养实证研究 [D]. 福州：福建师范大学，2019.

[155] 裴希山，窦同沛. 语言学习风格性别差异研究 [J]. 沈阳建筑大学学报（社会科学版），2009，11（4）：497-500.

[156] 彭慧. 论菲律宾穆斯林群体的性质和影响 [J]. 东南亚研究，2007（4）.

[157] 彭增安. 国际汉语教材中的独生子女形象分析 [J]. 河南大学学报（社会科学版），2015，55（6）：124-130.

[158] 秦惠兰. 在汉语教材文本中构建中国"国家形象"的话语策略 [J]. 汉语国际传播研究，2013（4）：167-176.

[159] 邱皓政. 量化研究与统计分析 [M]. 重庆：重庆大学出版社，2013.

[160] 邱丽慧. 菲律宾公立中学汉语教学现状调查——以菲律宾教育部汉语合作项目为中心 [D]. 曲阜：曲阜师范大学，2018.

[161] 任娜. 菲律宾社会生活中的华人（1935—1965）——从族际关系的角度所做的探索 [M]. 贵阳：贵州人民出版社，2004.

[162] 桑晓庆. 国内外学习风格研究综述 [J]. 海外英语，2011（4）：364-365.

[163] 申丹丹. 日本留学生汉语学习风格调查研究 [D]. 大连：大连外国语大学，2021.

[164] 申韬，缪慧星. 菲律宾经济社会地理 [M]. 广州：世界图书出版广东有限公司，2014.

[165] 施雪琴. 16—17世纪西班牙传教士与菲律宾民族语言的发展 [J]. 东南亚，2003a（3）：59-64.

[166] 施雪琴. 菲律宾天主教研究：天主教在菲律宾的殖民扩张与文化调适（1565—1898）[M]. 厦门：厦门大学出版社，2007.

[167] 施雪琴. 菲律宾天主教宗教节日的文化特征与功能嬗变 [J]. 东南亚研究，2003b（6）：72-76.

[168] 施雪琴. 简论菲律宾民族的原始宗教信仰 [J]. 南洋问题研究，2002a（3）：76-83.

[169] 施雪琴. 普世福音与新殖民主义——20世纪初期基督教在菲律宾的传播剖析 [J]. 南洋问题研究，2007（1）：85-92.

[170] 施雪琴. 战后菲律宾穆斯林分离主义运动兴起的原因 [J]. 东南亚，2002b（1）：35-40，45.

[171] 史阳. 全球视野中的菲律宾伊斯兰化历史进程 [J]. 东南亚研究，2006（2）：68-72.

[172] 宋璟瑶. 高级汉语口语教材中的国家形象建构 [J]. 汉语教学学刊，2020（4）：115-132.

[173] 宋煜华. 学习风格理论研究概述 [J]. 科技视界，2014（33）：255-256.

[174] 宋云伟. 美国对菲律宾的殖民统治及其影响 [J]. 世界历史，2008（3）：48-58.

[175] 苏新春，等. 话题分析模块及七套海外汉语教材的话题分析 [J]. 江西科技师范学院学报，2011（6）：58-65.

[176] 粟明鲜. 菲律宾穆斯林运动的历史背景和根源 [J]. 东南亚研究，1988（3）：41-48.

[177] 孙波. 菲律宾多元文化背景下的民间音乐探析 [J]. 音乐生活，2020（7）：34-36.

[178] 孙娈娈. 语言学习中的性别差异及其对英语教学的启示 [J]. 现代商贸工业，2017（14）：166-167.

[179] 孙玫璐. 西方成人女性学习研究述评 [J]. 全球教育展望，2006，35（12）：60-62，8.

[180] 孙有中. 国家形象的内涵及其功能 [J]. 国际论坛，2002，4（3）：14-21.

[181] 覃玉荣，王璐. 菲律宾语言政策生态观探析 [J]. 海外英语，2022（7）：7-9，12.

[182] 谭顶良. 学习风格论 [M]. 南京：江苏教育出版社，1995a.

[183] 谭顶良. 学习风格与教学策略 [J]. 教育研究，1995b（5）：72-75.

[184] 汤羽扬. 本土建筑与外来文化的相融——菲律宾建筑给我们的启示 [J]. 华中建筑，1990（2）：76-80.

[185] 唐继新. 菲律宾语言生活的新发展 [J]. 语文建设，1989（6）：60-61.

[186] 唐悦. 美国密歇根州基础中文教材本土化研究 [D]. 武汉：华中科技大学，2012.

[187] 佟秉正. 初级汉语教材的编写问题 [J]. 世界汉语教学，1991（1）：33-39.

[188] 涂亚北. 基于达沃地区的菲律宾公立中学本土汉语教师现状调查研究 [D]. 福州：福建师范大学，2016.

[189] 汪敏锋. 从职业化到专业化——印尼本土华语师资培育路径 [J]. 福建师范大学学报（哲学社会科学版），2016（1）：163-170.

[190] 汪敏锋. 印度尼西亚本土汉语师资培训中的一些问题及策略 [J]. 东南亚纵横，2013（1）：75-79.

[191] 王栋，戴炜栋. 学习风格与二语学习任务相关性——一项基于Kolb学习风格模型的实验研究 [J]. 外语界，2013（1）：28-35.

[192] 王虎，杨静林.菲律宾的印度人 [J].世界民族，2011（3）：62-66.

[193] 王建勤.第二语言习得研究 [M].北京：商务印书馆，2016.

[194] 王金阳.国家形象建构视阈下国际汉语教材中国女性人物形象设计研究 [D].大连：大连外国语大学，2019.

[195] 王静.对外汉语教学分班标准研究 [D].武汉：华中师范大学，2011.

[196] 王炯，洪明.菲律宾华文师资队伍现状与建设思考 [J].海外华文教育，2011（4）：99-103.

[197] 王美楠.女性性别论视角下学习风格的反思 [J].中国商界（下半月），2009（2）：328.

[198] 王敏.菲律宾大马尼拉地区高等院校汉语教学现状调查与分析 [D].广州：中山大学，2012.

[199] 王秋彦，史仁民.孔子学院的运行路径、问题及对策探究 [J].文化创新比较研究，2022（5）：169-172.

[200] 王添森.基于认知风格理论的对外汉语教学策略 [J].汉语学习，2009（2）：91-97.

[201] 王婷.泰国中学生汉语学习风格与民族性格的相关性研究 [D].南宁：广西大学，2016.

[202] 王阳.意大利高中生汉语学习风格研究 [D].辽宁师范大学，2021.

[203] 王祖嫘.东南亚五国汉语传播与中国国家形象认知的相关性研究 [D].北京：中央民族大学，2018.

[204] 韦书蕾.韩国留学生汉语学习风格与民族性格相关性研究 [D].济南：山东师范大学，2012.

[205] 魏然.对外汉语教材国家形象的话语建构研究 [D].山东大学，2017.

[206] 吴航.亚美尼亚学生汉语学习风格调查研究 [D].大连外国语大学，2020.

[207] 吴杰伟.东南亚教堂艺术的表现形式与本土化特点 [J].南洋问题研究，2010（4）：70-77，91.

[208] 吴杰伟.菲律宾天主教对政治的介入 [J].东南亚研究，2005（6）：16-19.

[209] 吴平.对外汉语教材与国家形象 [C].第二届国际语言传播学前沿论坛论文集，2013.

[210] 吴思娜. 匈牙利学生的学习风格及其对汉语课堂活动偏好的影响 [J]. 国际汉语教育，2009（4）：51-60.

[211] 吴伟杰. 菲律宾政治文化的发展过程及其特点 [J]. 东南亚研究，2001（3）：24-27，32.

[212] 吴应辉，等. 泰国促进汉语教学，提高国家竞争力战略规划 [J]. 国际汉语教育，2009（1）：39-47.

[213] 吴应辉. 关于国际汉语教学"本土化"与"普适性"教材的理论探讨 [J]. 语言文字应用，2013（3）：117-125.

[214] 吴应辉. 国际汉语师资培养"六多六少"问题与解决方案 [J]. 语言战略研究，2018，3（6）：62-63.

[215] 吴应辉. 国际中文教育新动态、新领域与新方法 [J]. 河南大学学报（社会科学版），2022，62（2）：103-110.

[216] 吴应辉. 汉语国际教育面临的若干理论与实践问题 [J]. 云南师范大学学报（哲学社会科学版），2016，48（1）：38-46.

[217] 吴有进. 泰国汉语传播对中国国家形象认知影响研究 [D]. 北京：中央民族大学，2018.

[218] 吴中正. 基于留学生学习风格的汉语课堂学习需求分析 [D]. 上海：复旦大学，2013.

[219] 夏娜娜，董悦. 浅析性别因素对第二语言习得的影响 [J]. 同行，2016（5）：1.

[220] 项颖. 菲律宾中学汉语课堂管理问题研究——以红溪礼示大学附属中学和中正学院为例 [D]. 福州：福建师范大学，2018.

[221] 谢亚梅. 浅析对外汉语教学现状及其发展前景 [J]. 文学教育(上)，2018（7）：181.

[222] 徐丽丽，余可华. "一带一路"新形势下的菲律宾汉语教学发展策略探析 [J]. 国际汉语教育（中英文），2018，3（1）：91-99.

[223] 徐丽丽，余可华. 菲律宾孔子学院的建设现状与发展探析 [J]. 内蒙古师范大学学报（教育科学版），2020，33（5）：25-31.

[224] 徐丽丽. "一带一路"倡议下中菲汉语教学合作的挑战与对策——以孔子学院为视角 [J]. 国际中文教育（中英文），2021，6（2）：74-82.

[225] 徐爽. 神经语言学视域下二语习得性别差异研究 [J]. 文化学刊, 2018 （8）: 179-181.

[226] 徐光琦. 国内外学习风格和学习策略关系研究综述 [J]. 海外英语, 2014（3）: 26-28.

[227] 徐亚文, 赵菊敏. 论中国——东盟自由贸易区跨文化的争端解决机制的构建模式[J]. 中国国际私法与比较法年刊, 2004（7）: 439-453.

[228] 徐小鸽. 国际新闻传播中的国家形象问题 [J]. 新闻与传播研究, 1996 （2）: 36-46.

[229] 许琳. 汉语国际推广的形势和任务 [J]. 世界汉语教学, 2007（2）: 106-110.

[230] 闫新艳. 哈萨克斯坦汉语教材使用现状及对本土化教材编写的启示 [J]. 兵团教育学院学报, 2015, 25（5）: 32-36, 58.

[231] 严晓鹏. 孔子学院与华文学校发展比较研究 [M]. 杭州: 浙江大学出版社, 2014.

[232] 阳阳, 等. 菲律宾文化概论 [M]. 广州: 世界图书出版广东有限公司, 2014.

[233] 杨丹志. 行稳致远, 构建面向未来的中菲关系 [EB/OL].（2018-11-28）[2023-03-20]. https: //theory.gmw.cn/2018-11/28/content_32061856. htm.

[234] 杨寄洲. 编写初级汉语教材的几个问题 [J]. 语言教学与研究, 2003 （4）: 52-57.

[235] 杨寄洲. 对外汉语教学初级阶段语法项目的排序问题 [J]. 语言教学与研究, 2000（3）: 9-14.

[236] 杨建芳. 学习风格研究综述 [J]. 科技信息（科学教研）, 2007（32）: 534.

[237] 杨静林. 古代中菲关系与贸易 [J]. 东南亚纵横, 2010（6）: 73-76.

[238] 杨丽琴（MOE MOE THEW）. 缅甸中学生汉语学习风格探讨 [D]. 北京: 中央民族大学, 2016.

[239] 杨琴. 菲律宾华人社团和谐共生文化环境营造研究 [J]. 广西民族大学学报（哲学社会科学版）, 2018, 40（3）: 104-108.

[240] 杨星. 中外使用社区汉语教材的"国家形象修辞"对比研究 [D]. 烟台：鲁东大学，2019.

[241] 杨亦鸣，赵晓群."一带一路"沿线国家语言国情手册 [M]. 北京：商务印书馆，2016.

[242] 野建峰. 不同年级意大利高中生汉语学习风格调查研究 [D]. 北京：北京外国语大学，2017.

[243] 叶志芬. 瑞典中学汉语本土化教材建设探究 [D]. 西安：西安建筑科技大学，2018.

[244] 易红，符冬梅. 新疆少数民族预科学生感知学习风格与汉语成绩的相关研究——以新疆师范大学为例 [J]. 长春理工大学学报（高教版），2009，4（9）：137-138.

[245] 易红，闫丽萍. 学习风格研究的现状与思考 [J]. 新疆教育学院学报，2009，25（1）：91-95.

[246] 易红. 中亚留学生汉语学习风格调查研究 [D]. 乌鲁木齐：新疆师范大学，2009.

[247] 易如成. 谈菲律宾文化的中国"元素" [EB/OL].（2010-04-14）[2023-03-20].http：//fangtan.china.com.cn/2010-04/13/content_19804151.htm.

[248] 殷佳怡. 印尼来华留学生汉语学习风格与成绩相关性研究 [D]. 上海：上海外国语大学，2019.

[249] 俞苏洋. 孔子学院中方合作院校支撑能力初探 [J]. 武汉科技大学学报（社会科学版），2018，20（4）：461-464.

[250] 俞燕君. 语言经济学视野下的汉语国际教育 [J]. 高教探索，2017（5）：62-65.

[251] 曾海燕. 英国中学国别化汉语教材编写研究 [D]. 北京：北京语言大学，2009.

[252] 曾健. 游戏在二语习得和教学中的应用 [J]. 湖北成人教育学院学报，2006，12（2）：61-62.

[253] 曾曦. 菲律宾本土汉语师资暑期培训调查研究 [D]. 长沙：湖南大学，2016.

[254] 张成霞. 菲律宾多元文化与教育发展探析 [J]. 教育文化论坛，2009（2）：86-89.

[255] 张成霞. 西方文化在菲律宾的传播与融合——以西班牙、美国为例 [J]. 贵州大学学报（社会科学版），2013，31（6）：43-46，68.

[256] 张春静.《菲律宾华语课本》的本土化研究——以《汉语教程》为参照 [D]. 广州：暨南大学，2013.

[257] 张发钧. 育新机、开新局，推动孔子学院转型升级、创新发展 [J]. 世界教育信息，2021，34（6）：33-37.

[258] 张国辉. 论教学风格和学习风格的相互作用 [J]. 中国成人教育，2007（15）：117-118.

[259] 张凯. 汉语作为第二语言测试研究 [M]. 北京：商务印书馆，2019.

[260] 张莲英. 明清时期福建华侨对中菲经济文化交流的作用 [J]. 福建论坛（文史哲版），1984（3）：75-80.

[261] 张迈曾，郑荣萱. 社会语言学变异研究的若干问题 [J]. 外语与外语教学，1999（1）：10-18.

[262] 张鹏，王斌. 韩国大学中文教学的现状和展望 [J]. 云南师范大学学报（对外汉语教学与研究版），2006，4（2）：87-92.

[263] 张琴，魏晓旭. 外语学习中的学习风格理论概述 [J]. 社科纵横，2006，21（6）：153-155.

[264] 张如梅. 泰国中小学汉语教材本土化编写研究 [J]. 大理大学学报，2016，1（1）：92-96.

[265] 张世涛. 菲律宾华文教育的变革与主流社会汉语推广的突破 [C]// 安然，崔淑慧. 文化的对话：汉语文化与跨文化传播. 北京：北京大学出版社，2010：111-127.

[266] 张小倩. 20 世纪 80 年代之前菲律宾的政治文化发展研究 [J]. 东南亚纵横，2014（8）：24-28.

[267] 张瑶. 学习风格研究综述 [J]. 重庆职业技术学院学报，2007，16（1）：31-33.

[268] 张英. 论对外汉语文化教学 [J]. 汉语学习，1994（5）：46-50.

[269] 张渝敏. 面向菲律宾学生的汉语语音教学研究 [D]. 长春：吉林大学，2014.

[270] 张长明，初良龙. 从语言规划视角看菲律宾英语教育的海外输出 [J]. 南方论刊，2021（4）：100-102，112.

[271] 章石芳，范启华. 菲律宾三语关系演变与思考 [J]. 语言战略研究，2021（2）：86-96.

[272] 章石芳. 菲律宾中文教育发展报告（2019）[J]. 云南师范大学学报（对外汉语教学与研究版），2022（3）：28-35.

[273] 赵晖. 菲律宾大马尼拉地区公立中学汉语学生感知学习风格研究 [D]. 福州：福建师范大学，2016.

[274] 赵金铭. 何为国际汉语教育"国际化""本土化" [J]. 云南师范大学学报，2014，12（2）：24-31.

[275] 赵金铭. 教学环境与汉语教材 [J]. 世界汉语教学，2009，23（2）：210-223.

[276] 赵金铭. 论对外汉语教材评估 [J]. 语言教学与研究，1998（3）：4-19.

[277] 赵乐. 语言教育规划视角下的菲律宾公立中学汉语教育研究 [D]. 福州：福建师范大学，2019.

[278] 赵王勉. 中亚留学生汉语学习风格与民族性格相关性研究 [D]. 西安：西安外国语大学，2019.

[279] 赵宇佩. 对外汉语国情教材中的中国形象分析 [D]. 昆明：云南师范大学，2016.

[280] 肇群. 新形势下菲律宾华文学校本土师资现状分析研究 [D]. 福州：福建师范大学，2016.

[281] 郑甫弘. 十六、十七世纪南洋华人移民与生产技术的传播 [J]. 南洋问题研究，1993（1）：62-75.

[282] 郑通涛，等. 东南亚汉语教学年度报告之二 [J]. 海外华文教育，2014（2）：115-133.

[283] 郑炜，戚德祥. 汉语国际教育出版物的内容设计与海外推广 [J]. 现代出版，2018（4）：44-46.

[284] 郑晓春. 性别差异与二语习得研究 [J]. 现代商贸工业，2011（16）：224-225.

[285] 郑一省. 菲律宾民族发展特征的历史考察 [J]. 华侨大学学报（哲学社会科学版），2008（2）：74-82.

[286] 周健，唐玲. 对汉语教材练习设计的考察与思考 [J]. 语言教学与研究，2004（4）：67-75.

[287] 周健.《新编菲律宾华语课本》的探索 [J]. 华文教学与研究，2010（1）：10-15.

[288] 周健. 对外汉语语感教学探索 [M]. 杭州：浙江大学出版社，2005.

[289] 周小兵，等. 汉语教材本土化方式及分级研究 [J]. 华南师范大学学报，2014（5）：73-77.

[290] 周小兵，陈楠. "一版多本"与海外教材的本土化研究 [J]. 世界汉语教学，2013（2）：268-277.

[291] 周小兵. 汉语教材需要本土化吗 [J]. 国际汉语教学研究，2014（1）：10-11.

[292] 周燕飞. 基于国际中文教育视角的"文化走出去战略"探究 [J]. 文化创新比较研究，2020，4（32）：190-192.

[293] 周有光. 汉语的国际地位 [J]. 语言教学与研究，1989（2）：6-12.

[294] 周子伦，等. 菲律宾语言政策和英语研究 [M]. 成都：四川大学出版社，2015.

[295] 朱东芹. 20世纪90年代以来的菲律宾华文教育改革：探索、成效与思考 [J]. 华侨大学学报（哲学社会科学版），2014（3）：14-22.

[296] 朱东芹. 菲律宾华人宗教信仰的特点及成因分析 [J]. 华侨华人历史研究，2021（2）：42-51.

[297] 朱东芹. 闽南文化在菲华社会的传播 [J]. 八桂侨刊，2009（2）：7-12.

[298] 朱勇，倪雨婷. 匈牙利汉语学习者动机激励策略研究 [J]. 云南师范大学学报（对外汉语教学与研究版），2021，19（6）：1-8.

[299] 左梵力. 美国殖民菲律宾初期基督教新教的传播及影响（1898—1913）[D]. 福州：福建师范大学，2018.

[300] ANNE A. Psychological Testing [M]. London: Collier Macmillan, 1982.

[301] ANTONIO L R, LIONEL W. Language Policy and Modernity in Southeast Asia [M]. New York: Springer Verlag, 2006.

[302] BACHMAN L F, PALMER A S. Language Testing in Practice: Designing and Developing Useful Language Tests [M]. Oxford: Oxford University Press, 1996.

[303] COHEN A D, WEAVER S J. Styles and Strategies-Based Instruction Teacher's Guide [M]. Minneapolis: Center for Advanced Research on Language Acquisition, University of Minnesota, 2006.

[304] CORPUZ O D. An Economic History of the Philippines [M]. Malina: University of the Philippines Press, 1997.

[305] DELL H. 论交际能力 [D]. 北京: 北京大学出版社, 1971.

[306] DIANE D, et al. Mother Tongue Based Multilingual Education and Classroom Strategies[EB/OL]. (2010-02-18)[2023-03-20]. https://mlephil.wordpress.com/2010/03/04/mother-tongue-based-multilingual-education-and-classroom-strategies.

[307] DUNN R, DUNN K. Teaching Secondary Student Through Their Individual Learning Style [M]. Reston: Reston Publishing Company, 1978.

[308] FINN J D, ACHILLES C M. Tennessee's Class Size Study: Findings, Implications, Misconceptions [J]. Educational Evaluation and Policy Analysis, 1999, (21): 97-109.

[309] GONZALEZ A. Language and Nationalism: The Philippine Experience Thus Far [M]. Quezon City: Ateneo de Manila University Press, 1980.

[310] GREENHILL, et al. Population Size and the Rate of Language Evolution: A Test Across Indo-European, Austronesian, and Bantu Languages [M]. Frontier Research Foundation, 2018.

[311] GRIN F. Economic Approaches to Language and Language Planning: An Introduction [J]. International Journal of the Sociology of Language, 2009 (121): 1-16.

[312] HORACIO DE LA COSTA S J. The Jesuits in the Philippines, 1581-1768 [M]. Cambridge: Harvard University Press, 1961.

[313] JOCELYN A. Evaluation of the Philippine National Foreign Language Program in Public Secondary Schools [J]. International Journal of Language and Linguistics, 2020, 8(6): 240-245.

[314] JOY M R. ESL/EFL 英语课堂上的学习风格 [M]. 北京：外语教学与研究出版社，2003.

[315] KEEFE J W. Learning Style Theory and Practice [M]. Reston: National Association of Secondary School Principals, 1987.

[316] KOLB. Experiential Learning [M]. Englewood Cliffs: Prentice Hall, 1984.

[317] LEDESMA H M L, MORRIS R D. Patterns of Language Preference Among Bilingual (Filipino-English) Boys [J]. International Journal of Bilingual Education and Bilingualism, 2005, 8(1): 62.

[318] LLAMZON T A. Standard Filipino English [M]. Manila: Ateneo de Manila University Press, 1969.

[319] MAGTANGGOL T G. Language-in-Education Policy Making in the Philippines [EB/OL]. (2010-02-18)[2023-03-20]. https://mlephil. wordpress.com/2010/02/24/language-in-education-policy-making-in-the-philippin.

[320] MARTIN I M, EROGLU S. Measuring a Multi-dimensional Construct: Country Image [J]. Journal of Business Research, 1993 (28): 193.

[321] NORMA D, DIANE D. Mother Tongue Based Multilingual Education—The Lubuagan Experience [EB/OL]. (2010-02-18)[2023-03-20]. https://mlephil.wordpress.com/2010/03/06/mother-tongue-based-multilingual-education-the-lubuagan-experience.

[322] OXFORD R L. Use of Learning Strategies: Synthesis of Studies with Implications for Strategy Training [J]. System, 1989, 17 (2): 235-247.

[323] KOTLER P. Marketing Places, quoted from Ingeborg Astrid Kleppe, Country Images in Marketing Strategies: Conceptual Issues and Experiential Asian illustrations [J]. Journal of Brand Management, 2002 (10): 42.

[324] Philippine Department of Education. Deped Enhances Learners' Foreign Language Skills Through Special Program in Foreign Language [EB/OL]. (2017-02-20)[2023-03-20]. https://www.deped.gov.ph/2017/02/20/deped-enhances-learners-foreign-language-skills-through-special-program-in-foreign-language/.

[325] Philippine Department of Education. Institutionalizing Mother Tongue-Based Multilingual Education (MLE) [EB/OL]. (2009-07-14)[2023-03-20]. https://www.deped.gov.ph/2009/07/14/do-74-s-2009-institutionalizing-mother-tongue-based-multilingual-education-mle.

[326] Philippine Department of Education. Standard Curriculum for Elementary Public Schools and Private Madaris [EB/OL]. (2011-05-19)[2023-03-20]. https://www.deped.gov.ph/2011/05/19/do-40-s-2011-amendment-to-deped-order-no-51-s-2004-standard-curriculum-for-elementary-public-schools-and-private-madaris/.

[327] Philippine Department of Education. Confucius Institute Headquarters Ink Agreement on Upskilling Teachers[EB/OL]. (2019-12-03)[2023-03-20]. https://www.deped.gov.ph/2019/12/12/deped-confucius-institute-headquarters-ink-agreement-on-upskilling-teachers/.

[328] Philippine Department of Education. Operational Guidelines for the Implementation of Deped Order No. 51, S. 2004 Prescribing the Enriched Curriculum for Public Schools and Standard Curriculum for Private Schools[EB/OL]. (2005-08-16)[2023-03-20]. https://www.deped.gov.ph/2005/08/16/do-46-s-2005-operational-guidelines-for-

the-implementation-of-deped-order-no-51-s-2004-prescribing-the-enriched-curriculum-for-public-schools-and-standard-curriculum-for-private-schools/.

[329] Philippine Department of Education. Special Program in Foreign Language [EB/OL]. (2008-12-11)[2023-03-20]. https://www.deped.gov.ph/wp-content/uploads/2018/10/DM_s2008_560.pdf.

[330] QUEBRAL C. Help! My Child Can't Speak Filipino[EB/OL]. (2018-09-25)[2023-03-20]. http://www.familywiseasia.com/help-my-child-cant-speak-filipino.

[331] SEYHMUS B, KEN W C. A Model of Destination Image Formation, Annals of Tourism Research, 1999, 26(4): 868-897.

[332] SICAM F P M, LUCAS R I G. Language Attitudes of Adolescent Filipino Bilingual Learners Towards English and Filipino[J]. Asian Englishes, 2016, 18(2): 109-128.

[333] TUPAS T R F. History, Language Planners and Strategies of Forgetting: The Problem of Consciousness in the Philippines [J]. Language Problems and Language Planning, 2003, 27(1): 1-25.

[334] VIZCONDE C J. Attitudes of Student Teachers towards the use of English as Language of Instruction for Science and Mathematics in the Philippines [J]. Linguistics Journal, 2006 (3): 7-33.

[335] WELLS J C. Accents of English [M]. New York: Cambridge University Press, 1982.

[336] WITKIN H A. Field Dependent and Field Independent Cognitive Styles and Their Educational Implications [J]. Review of Educational Research, 1997, 47(1): 1-64.

[337] ZOLTÁN D. Motivation and Motivating in the Foreign Language Classroom[J]. The Modern Language Journal, 1994, 78(3): 273-284.

后　记

　　2019 年 5 月，怀着对国际中文教育事业的热忱，我踏上了菲律宾的土地，开始了作为孔子学院中方院长的新征程。

　　菲律宾红溪礼示大学孔子学院作为菲律宾规模最大的孔子学院之一，肩负着在菲律宾公立中学推广汉语教学的重任。多年前我曾在印尼任教，这段经历让我对东南亚国家的汉语教学有了初步观察和思考。这次来到菲律宾，我很快就意识到，尽管东南亚各国情况不同，但在汉语教学方面却有许多共通之处，这些异同点都值得探索和研究。菲律宾于 2011 年将汉语纳入国民教育体系，如今十多年过去了，却还未见研究本土汉语教学的专著，于是我萌发了带领团队进行研究的想法。在研究过程中，我们深入菲律宾各地，走访了众多教学点，与当地的汉语教师和学生进行了广泛而深入的交流，通过实地调研、问卷调查、访谈等多种方式收集资料和数据，力求全面、客观地了解菲律宾本土汉语教学的现状、特点以及面临的挑战。

　　在这个过程中，我们也遇到了诸多困难和挑战。2019 年菲律宾塔尔火山爆发、原孔子学院总部改制……一次次的挑战和变化，考验着我们的应变能力，也让我们变得更具韧性。然而，因为有全体工作伙伴和汉语教师的并肩作战，我们总能够化险为夷，顺利渡过难关。

　　本书是集体智慧的结晶。我策划并制订编写大纲，负责研究设计，参与第四、第六章的编写，统筹书稿，并对全部内容进行审订和修改。其他各章节分工如下：

　　第一章，倪重阳；

　　第二章，苏娟；

　　第三章，缪彧、邱毅红；

　　第四章，汪敏锋、王师诗；

　　第五章，陈慧宁、刘根芹；

　　第六章，刘根芹、张红、汪敏锋。

参与校对工作的研究生有杨美青（福建师范大学 2021 级硕士研究生）、顾婷婷（福建师范大学 2021 级硕士研究生）等。

在研究过程中，承蒙在菲多位专家好友的支持，或帮忙查找资料，或核实信息。他们是黄凤祝教授（Prof. Dr. Ng Hong Chiok，菲华作家，上海同济大学欧洲文化研究院教授，菲律宾中正学院教育系主任）、施纯青先生（菲华作家，曾任菲律宾中正学院初中部中文主任兼院长助理、大学部及语言中心汉语讲师、高中部中文主任、中正学院文学馆主任）、菲华作家许露麟先生和施逸谋先生。

本书得到中国教育部中外语言交流合作中心（以下简称"语合中心"）资助，在此谨向语合中心表示诚挚的谢意。感谢支持本书编写和出版的福建师范大学海外教育学院朱峰院长、沙平教授、姜兴山教授、菲律宾红溪礼示大学孔子学院首任中方院长章石芳副教授、菲律宾雅典耀大学孔子学院前中方院长梁广寒副教授、菲律宾大学孔子学院前中方院长黄佳佳副教授和菲律宾布拉卡大学孔子学院前中方院长刘园副教授。同时，感谢本书的出版方外语教学与研究出版社。

由于水平有限，书中难免有不妥和疏漏之处，敬请专家、学者和读者们批评指正。

汪敏锋

2024 年 7 月